THE SOCIAL ATOM
사회적 원자

THE SOCIAL ATOM:
Why the Rich Get Richer, Cheaters Get Caught, and Your Neighbor Usually Looks Like You
by Mark Buchanan

Copyright © 2007 by Mark Buchanan
All rights reserved.

Korean Translation Copyright © ScienceBooks 2010, 2017

Korean translation edition is published by arrangement with
Mark Buchanan c/o The Garamond Agency, Inc. through Duran Kim Agency.

이 책의 한국어 판 저작권은 듀란킴 에이전시를 통해
The Garamond Agency, Inc.와 독점 계약한 ㈜사이언스북스에 있습니다.

저작권법에 의해 한국 내에서 보호를 받는 저작물이므로
무단 전재와 무단 복제를 금합니다.

THE SOCIAL ATOM
사회적 원자

세상만사를 명쾌하게 해명하는 사회 물리학의 세계

마크 뷰캐넌
김희봉 옮김

책을 시작하며

물리학으로 들여다본 인간 세상

    1970년대 초반 뉴욕이나 시카고 같은 미국의 도시에는 인종 분리의 경향이 뚜렷하게 존재했고, 이것은 당연히 인종주의 때문이라고 생각되었다. 흑인들은 도심 지역에 고립된 채 절대 빈곤에 허덕였고, 백인들은 부유한 교외에 살았다. 연구에 따르면 고용, 승진, 급여에서 인종 차별이 널리 퍼져 있었고, 부동산 업계에서는 백인들이 사는 곳에 흑인들이 접근하지 못하게 하려 했다. 인종주의와 인종 분리 사이에는 부인할 수 없는 연관성이 있어 보였다. 그러나 하버드 대학교의 한 경제학자는 어쩌면 더 중요한 요인이 간과되지 않았는지 의심했다. 토머스 셸링(Thomas Schelling, 1921년~)은 인종 분리가 원리적으로 인종주의와 무관하지 않을까 하고 의심했던 것이다.

    셸링은 이 생각을 특이한 방법으로 탐구했다. 그는 체스 판과 동전 한 줌을 사용했다. 체스 판의 사각형 칸은 집이고 동전은 사람을 나타내며, 그중에서도 흰 동전은 백인, 검은 동전은 흑인을 뜻했다. 처음에는 같은 수의 흰 동전과 검은 동전을 마구잡이로 골고루 섞어 체스 판 위에 놓았다. 이것은 잘 통합된 사회를 나타낸다. 그런 다음에 동전들을 이리저리 옮기면서 사회가 어떻게 변하는지 보았다. 동전을 옮기는 규칙을 가정해 놓고(이것이 바로 체스 세상의 백인과 흑인이 이사 가는 이유가 된다.) 어떤 결과가 나오는지 알아보는 것이다. 첫 번째 실험에서 셸링이 세운 규칙은, 사람들이 인종주의자여서 이웃에 자기와 다른 인종이 하나라도 있으면 이사를 간다는 것이었다. 놀랄 것도 없이 이때는 사회의 분리가 아주 빠르게 일어났다. 검은 동전과 흰 동전이 빠르게 따로 모인 것이다. 인종주의는 분리를 일으킬 수 있다. 여기에는 놀랄 것이 없다.

그러나 분리가 있을 때 그것이 반드시 인종주의 때문일까? 이것은 다른 질문이고, 여기에 대한 답은 없었기 때문에 셸링은 두 번째 실험을 고안했다. 이번에는 모든 사람들이 이웃에 다른 인종이 살아도 상관하지 않는다고 가정했다. 하지만 다른 인종에 관대한 사람들도 절대적인 소수가 되기는 싫어한다고 보았다. 흑인 친구들과 잘 지내는 백인들도 주위가 온통 흑인인 곳에서 홀로 백인으로 살고 싶어 하지는 않는다는 것이다. 이것을 '인종주의'라고 부르지는 않는다. 이 실험에서 셸링은 모든 사람들이 극단적인 소수가 아닌 한 이사를 가지 않는다고 가정했다. 예를 들어 30퍼센트 미만의 소수가 되어야 이사를 간다는 조건을 붙였다.

모든 사람들이 완전한 인종 통합에 만족하는 상황에서는, 처음에 흑백이 잘 섞여 있으면 그 상태가 지속될 것으로 기대할 것이다. 그러

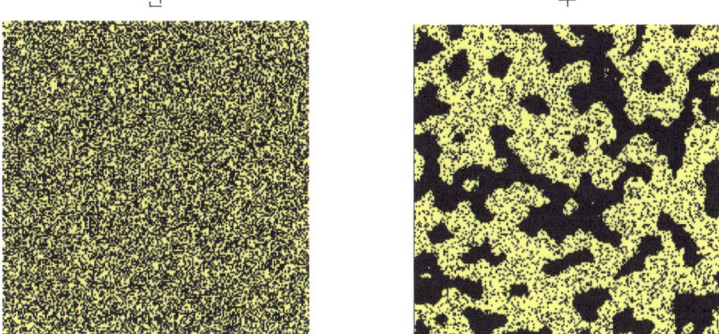

그림 1 토머스 셸링의 실험을 컴퓨터 모의 실험으로 재현한 그림. 처음에 무작위로 섞여 있던 흑과 백의 동전들이 검은 것은 검은 것끼리, 흰 것은 흰 것끼리 자연스럽게 분리되었다.

나 셸링의 연구에서는 이번에도 동전들이 완전히 흑과 백으로 나뉘었다. 그림 1은 이 실험을 현대의 컴퓨터로 재현한 것이다. 이 그림은 잘 섞여 있던 사회가 저절로 분리되는 것을 보여 준다. 어느 누구도 이렇게 되기를 바라지 않았는데도 말이다.

극단적인 소수가 되기를 꺼리는 정도는 비난할 수 없는 자연스러운 성향이지만, 이것 때문에 조화로운 사회가 사라져 버리는 것이다. 셸링은 1971년에 발표한 짧은 논문에서 이 기괴한 결과를 보여 주었다. 미래에 인종주의가 완전히 사라진다고 해도, 물리 법칙과 비슷한 그 무엇 때문에 인종들이 분리될 것이다. 이것은 물과 기름이 섞이지 못하는 것이나 마찬가지이다.[1]

셸링의 분리 게임은 사회 과학의 고전이 되었다. 이 연구의 명백한 함의는 인종 분리가 있다고 해서 곧바로 인종주의를 비난하는 것은 신중하지 못하다는 것이다. 여기에는 더 큰 메시지도 들어 있다. 공동체의 행위는 곧바로 그 구성원들의 품성에서 나온다고 보는 경향이 있다. 많은 사람들이 미쳐서 강도질을 하고 가게를 때려 부순다면 대개 개인의 분노에 초점을 맞추고, 왜 그런 분노를 느끼게 되었는지 살펴보려고 할 것이다. 이것은 너무나 당연해 보이지만 셸링의 게임은 이런 생각이 잘못일 수 있음을 지적한다. 사회 전체의 결과는 특정한 사람들의 욕망이나 의도, 습관이나 태도에서 비롯되지 않을 때도 있다는 것이다. 이것이 옳다면 세상이 어떻게 돌아가는지에 대한 우리의 직관이 어딘가 크게 잘못되었다는 것이다.

그러나 셸링의 연구에는 긍정적인 메시지도 있다. 인간 세계에 대한 통찰을 얻으려면, 구성원 개인의 심리를 살펴봐야 한다는 고정 관념을 버리고, 더 단순한 접근법을 따라야 한다는 것이다. 사람이 원자나 분자처럼 단순한 법칙을 따른다고 생각하고, 그 법칙에서 나오는 결과가 어떤 패턴을 보이는지 알아보자는 것이다. 셸링의 연구에 숨겨진 핵심은 다음과 같다. 겉보기에 복잡한 사회 현상이 실은 아주 단순한 이유에서 시작될 수 있으며, 사람들은 물리 법칙에 버금가는 법칙들의 지배를 받는다. 인간들이 어떻게 이러한 법칙들에 휘둘리는지 살펴보면 복잡한 사회 속에서 단순한 패턴이 드러난다. 이 책은 이러한 생각에 대한 탐구이고, 인간을 다루는 과학의 심대한 변화에 대한 책이다.

몇 년 전까지 나는 세계 최고의 과학 잡지라고 할 수 있는 《네이처》의 편집자로 일했다. 그때 내 책상으로 배달된 논문 중에는 물리학에서나 나타나는 정도의 수학적 규칙성을 인간 세상에서도 찾아내려는 진지한 시도들이 있었다. 그 연구자들은 물리학의 방법으로 사회과학을 연구하고 있었다. 지금 와서야 나는 그때 일어났던 일을 이해할 수 있을 것 같다. 오랫동안 무시당하던 셸링의 사고 방식이 결국 진지하게 조명받기 시작한 것이다.[2] 그때 이후로 '사회 물리학(social physics)'이라고 할 만한 연구들이 봇물 터지듯 쏟아졌다. 우리는 지금 사회 과학의 역사에서 중요한 시기에 있다고 할 만하다. 인간 세계에 적용되는 엄밀한 '법칙'을 찾는 일은 아직 멀었는지 모르지만, 과학자들은 인간 세상에서도 법칙에 가까운 규칙성들을 발견해 가고 있다. 지금은 이러한 규칙성이 개인의 자유 의지와 아무런 충돌을 일으키지 않는다는 것이 밝혀졌다. 우리는 자유로운 개인이고 각자 자기 뜻대로 행동할 수 있는데도 그 행동의 총합은 예측 가능하다는 것이다. 이것은 물리학의 상황과 비슷해서, 엉망으로 얽혀 돌아가는 원자들에서 정교한 열역학이 나오고, 더 나아가 시계처럼 정밀한 행성의 운행까지 나오는 것이다.

오래전부터 물리학자들이 그랬던 것처럼, 사회 물리학을 추구하는 연구자들은 과학의 도구로서 컴퓨터의 엄청난 능력에 고마워하고 있다. 역사를 통틀어 위대한 철학자들과 사회 이론가들은 이렇게 하면 어떻게 될까 하고 질문하고 답하는 매혹적인 놀이를 해 왔다. 모든 사람들이 철저히 탐욕스럽고 이기적이면 어떻게 될까? 그래도 사회가 제대로 돌아갈까, 아니면 결국 붕괴할까? 사람들이 어떤 결정을 내릴 때 스스로 생각하지 않고 그냥 남들을 흉내 내기만 한다면 어떻게 될까? 이렇게 되면 사회는 어떻게 바뀔까? 불행하게도 이런 질문은 해결되지 않은 채 남아 있다. 10명이나 100명의 사람들이 서로 원인과 결과의 그물로 얽혀 있으면 최고의 인간 정신으로도 어떤 결과가 나올지 추적할 수 없기 때문이다. 하지만 이제 적어도 몇 가지에 대해서

만은 상황이 달라졌다. 컴퓨터 기술로 무장한 오늘날의 과학자들은 선배 학자들을 가로막았던 한계를 뚫고 나아갈 수 있다. 그들은 컴퓨터를 이용한 '가상' 사회 실험으로 가장 근본적인 사회 현상을 탐사하는 "이렇게 하면 어떻게 될까?"에 대한 답을 찾아내고 있다.

내가 이제까지 보아 온 중요한 사고 방식을 설명하기 위해, 사회 물리학에서 최근에 나온 가장 흥미로운 몇 가지 예를 보여 주려고 한다. 이 설명은 어디까지나 독자들의 이해를 도우려는 것이고, 완벽할 수는 없을 것이다. 집합적인 조직과 그 변화의 법칙을 이해하는 것은 분명 우리 시대의 핵심적인 도전이라고 나는 생각한다. 지구 온난화와 환경 오염에서 핵무기의 재확산까지, 인류가 직면한 전대미문의 심각한 문제들은 모두 집단의 행동을 제대로 이해하지 못한 데에서 온다. 나는 물리학의 어떤 위대한 발견으로 이 모든 문제가 풀릴 것이라고 생각하지는 않는다. 우리가 미래를 안전하게 헤쳐 나갈 방법이 있다면, 그것은 과거에도 그랬듯이 '닥치는 대로 해 나가는' 방식일 것이라고 나는 상상한다. 그러나 집단을 움직이는 숨은 힘을 적절하게 이해한다면, 닥치는 대로 해 나가는 우리의 기술도 훨씬 더 좋아질 것이다.

차례

책을 시작하며 • 5

1 사람이 아니라 패턴을 보라 • 13

2 인간이라는 문제 • 37

3 인간의 사고 본능 • 63

4 적응하는 원자 • 91

5 사회적 원자는 흉내쟁이 • 121

6 협력하는 원자 • 147

7 왜 우리는 집단주의에 빠지는가? • 179

8 부자 아빠의 음모, 가난한 아빠의 과학 • 209

9 우리는 아는 만큼 나아간다 • 237

감사의 글 • 256

주(註) • 257

옮긴이 후기 • 275

찾아보기 • 283

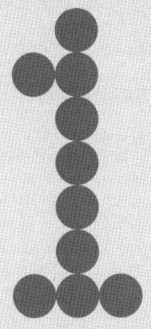

사람이 아니라 패턴을 보라

> 진보의 희망을 비웃는 것은 궁극적인 어리석음이며,
> 영혼의 빈곤과 정신의 비천함의 극치이다.
> ― 헨리 루이스 멘켄

    1992년 여름에 크로아티아의 달마티아 해안에 있는 도시 스플리트의 작은 체육관에서, 보스니아 내전의 난민들이 《워싱턴 포스트》의 피터 마스(Peter Maass) 기자에게 그동안 겪은 믿을 수 없는 일에 대해 이야기하고 있었다. 정상적이고 품위 있던 사람들이 하룻밤 사이에 무자비한 살인자로 변한 것이다. 아뎀이라는 농부는 이웃 마을의 세르비아 사람들이 자기 마을 사람 35명을 잡아가서 목을 베었다고 증언했다. 마스는 이렇게 보도했다. "그들은 살해당했습니다. 그들을 죽인 세르비아 인들은 작년에 추수를 도와준 사람들이었고, 어린 시절 함께 뛰놀던 사람들이었고, 더운 여름날 드리나 강에서 함께 벌거벗고 헤엄치던 사람들이었고, 밤중에 이웃집 소녀들을 함께 꾀던 사람들이었습니다. 아무 이유도 없어 보이는데, 멀쩡한 사람들이 갑자기 살인자로 돌변했습니다."[1]

1990년대 초에 크로아티아, 보스니아, 코소보 등지에서 아뎀 말고도 수천 명의 사람들이 나서서, 이웃이 이웃에 등을 돌리고 친구가 친구에게 등을 돌렸다고 증언했다.

전쟁이 끝난 뒤에 관료들이 크로아티아의 부코바에서 한 사람을 면담했다. 그는 세르비아 사람과 보스니아에 사는 세르비아계 이웃들에 대해 이렇게 말했다. "우리는 친구였고, 기쁜 일과 슬픈 일을 늘 함께했습니다." 1991년 증오의 먹구름이 그곳을 덮쳤다. 호의를 나타내는 표시였던 이웃끼리의 인사는 어느새 민족의 동일성과 연대를 확인하는 신호가 되었고, '우리'와 '그들'을 가르는 방법이 되었다. 그는 이렇게 회상했다. "어제까지 좋은 친구였지만 이제 더 이상 나를 알아보지 못하는 사람들로부터 나를 보호할 방법을 찾아야 했습니다. 그들은 이제 친구가 아니었습니다."

이러한 일이(유감스럽게도 인간의 역사에서 너무 흔하다.) 더욱 끔찍스럽고 당황스러운 것은 그들이 아무 이유 없이 그렇게 변하는 것처럼 보인다는 것이다. 안정되어 보였던 모든 것이 어느 날 갑자기 무너지고, 사람들은 알아볼 수 없을 정도로 변하고, 분위기에 휩쓸려서 예전에는 꿈도 꾸지 못할 일들을 아무렇지 않게 저지른다. 신비로운 힘이 갑자기 나타난 것처럼 보이고, 아무리 좋은 의도를 가지고 있어도 사건들의 밀물을 막을 수 없다.

독일의 작가 세바스티안 하프너(Sebastian Haffner)는 『히틀러에 대한 반박(*Defying Hitler*)』에서 나치스의 적이었던 자신이 어떻게 나치스 활동에 참여하게 되었는지 회상했다. 1930년대 중반 갈색 셔츠를 입은 나치스 돌격대가 거리를 행진했고, 환영 인사를 하지 않는 사람들을 두들겨 팼다. 나치스에 반대하던 하프너는 소극적인 방식이지만 집 안으로 숨어 버렸다. 하지만 그를 비롯한 법대생들에게 교화 캠프 입소 명령이 내려지자, 그는 스스로 갈색 셔츠를 입고 똑같은 행진을 하고 있는 자신을 발견했다. 하프너는 이렇게 썼다. "저항은 자살 행위였다." 억압받는 자가 자기도 모르게 억압자로 변한 것이다.

> 우리가 마을에 도착하자 길 양쪽에 늘어선 사람들은 손을 흔들어 우리가 든 깃발을 환영하거나, 재빨리 집 안으로 사라졌다. 그렇게 하지 않으면 우리가, 즉 내가 그들을 두들겨 팬다는 것을 알았기 때문이다. 행진하는 우리도 대열 속에 있지 않고 길가에 있었다면 똑같이 할 수밖에 없었을 것이다. 이제 우리는 모든 구경꾼들에게 암묵적으로 폭력의 위협을 가하고 있었다. 그들은 깃발을 향해 손을 흔들거나 사라졌다. 우리를 두려워했기 때문이고, 나를 두려워했기 때문이다.[2]

완벽하게 평범하고 정상적인 사람들이 왜 집단적인 광기 속으로 허겁지겁 뛰어드는가? 보스니아나 나치스 독일에서 일어난 일, 그리고 1994년 르완다에서 집권 후투 족의 극단주의 민병대가 90만 명이 넘는 투치 족을 학살한 일을 '광기'라고 하는 게 옳기는 한가? 이러한 사건들을 인간 심리의 변덕과 인간성의 도덕적 결함 때문이라고 설명해도 되는가? 아니면 거기에는 덜 신비롭지만 훨씬 더 경계해야 할 어떤 원인이 있는 것일까?

1974년에 인도의 인구가 5억에 이르자, 인디라 간디(Indira Gandhi)가 이끌던 정부는 극단적인 방법을 쓰기로 결정했다. 당시 보건부 장관은 이렇게 말했다. "우리는 책에 나오는 모든 수단을 다 썼으며, 이제는 마지막 장에 이르렀다." 그는 '정관 수술 캠프'를 전국에 설치하고 새로운 법에 따라 세 자녀를 가진 남자를 이 캠프에 데려가 불임 수술을 시키겠다고 했다. '자원'하지 않는 사람들은 체포해서 강제로 수술을 시킨다는 것이었다. 강제의 수단으로 경찰은 식량 배급 카드, 의료 카드, 운전 면허증을 압수했다. 어떤 마을에 사는 남자의 경우 부인이 이미 가임기를 지났지만, 경찰은 그에게 정관 수술을 받지 않으면 그가 소유한 가게에 불을 지르겠다고 협박했다. 이렇게 해서 1년 동안 800만 명 이상이 정관 수술을 받았다.

인디라 간디의 정부는 사회 구성원들에게 전쟁을 선포하고, 관습, 신앙, 그들 자신의 희망에 반대하도록 개인을 몰아붙였다. 그러나 거센 저항에 부딪힌 정부는 강압 정책을 포기할 수밖에 없었고, 인도의 인구는 꾸준히 증가했다. 인도의 인구는 지금도 계속 증가하고 있지만 케랄라만은 예외이다. 인도의 남쪽 끝에 있는 케랄라에서는 사회적인 기적이 일어났다. 케랄라는 야만적인 강압이나 선전 없이 인도 전체가 하지 못한 일을 해 냈다.

케랄라 사람들은 대부분이 농부이고 벼, 차, 카더몬과 후추 같은 향료를 재배하면서 살아간다. 전형적인 케랄라 사람은 얼마 안 되는 가재 도구와 연장을 가지고 있고, 평균적인 미국인들의 70분의 1밖에 안 되는 소득으로 살아간다. 그런데도 케랄라 사람들의 평균 수명은 72세로 미국 평균인 77세에 가깝고, 인도의 다른 지역은 인구가 급증하고 있지만 케랄라는 인구가 안정되어 있다. 이것은 놀라운 일이다. 경제·사회 면에서 케랄라는 인도의 여느 농촌 지역과 다를 바 없다.

케랄라는 더 부유하지도 않고 더 살기 좋지도 않다. 그런데 왜 이런 차이가 나는 걸까?

케랄라가 달라진 유일한 이유는 교육이다. 그것도 산아 제한이나 가족 계획에 대한 교육이 아니라 일반적인 교육, 즉 읽기, 쓰기, 산수 교육이고, 특히 여성에 대한 교육이다. 1980년대 후반에 케랄라 정부는 (자원 봉사 단체의 도움으로) 문맹을 퇴치하기 위해 대규모 운동을 전개했다. 말 그대로 수만 명의 봉사자들이 시골 구석구석을 누비면서 문맹자 15만 명을 찾아냈는데, 그중 3분의 2가 여성이었다. 소규모 자원 봉사 교사단은 이들에게 기본적인 것들을 가르쳤다. 이 운동의 지도자 한 사람은 《뉴욕 타임스》에 보낸 편지에서 이렇게 썼다. "우리는 헛간이나 마당에서도 수업을 했습니다."

3년이 지나서 국제 연합(UN)은 케랄라가 세계에서 유일하게 문맹률이 0인 지역이라고 선언했다. 그리고 이 놀라운 성취는 인구 문제에도 심대한 영향을 준 것으로 보인다. 1999년에 인도의 가족 계획 전문가가 보고했듯이, "사람들은 이제 두 아이 이상 낳으면 놀란다. …… 7, 8년 전에는 세 자녀가 표준이었고, 이 정도로도 우리는 꽤 잘 하고 있다고 생각했다. 그러나 이제는 두 아이가 표준이고, 교육 수준이 높은 사람들은 하나만 낳으려고 한다."

경제학자들과 사회학자들은 케랄라에서 여성들의 교육 수준이 높아졌기 때문에 인구 폭발에 제동이 걸렸다는 데에 동의한다. 수천 년이나 계속된 인구 증가가 교육 때문에 주춤한 것이다. 어떻게 그렇게 되었을까? 산아 제한과 가족 계획, 심지어 강제 불임으로도 실패했던 일을 교육이 해 낸 것이다. 여성들이 신문을 읽고 일기를 쓰고 100까지 세고 세 자리 수를 곱할 수 있게 된 것이 어떻게 이런 차이를 만들었을까?

복잡함 속에서 패턴을 찾아라!

이 책의 중심 아이디어는 갑작스러운 민족주의의 폭발, 산아 제한과 여성 교육 사이의 이상한 관계, 지속되는 인종 분리, 그밖의 수많은 중요한 사건들이나 평범하고 흥미로운 사회 현상들(금융 시장, 정치, 패션 등에서 일어나는 일들)을 이해하려면 사람이 아니라 패턴을 보아야 한다는 것이다. 기존의 낡은 사고 방식에 따르면 사회가 복잡한 것은 사람이 복잡하기 때문이다. 그래서 많은 사람들은 인간 세상을 물리학이나 화학처럼 정밀하게 이해할 수는 없다고 보았다. 원자는 단순하고 사람은 그렇지 않다. 그걸로 이야기는 끝. 그러나 나는 이런 사고 방식이 왜 큰 잘못인지 설명하고 싶다. 사람들은 때때로 복잡하고 이해하기 어렵지만, 그것은 문제가 아니다.

운전을 해 본 사람이라면 고속 도로를 달리다가 갑자기 별 이유 없이 길이 막혀서 짜증난 적이 한 번쯤은 있을 것이다. 30분이나 엉금엉금 기어가면서 앞에서 어떤 머저리가 교통 정체를 일으켰는지 궁금해 했을 것이다. 그러나 가 봐야 사고도 일어나지 않았고 고장 난 차도 없고 도로 보수 현장도 없다. 그러다가 갑자기 정체가 풀려서 차가 쌩쌩 달린다. 이런 허깨비 같은 교통 정체는 교통량이 과다한 도로에서는 언제든지 일어날 수 있다. 운전자가 눈앞에서 일어나는 일에 빠르게 대처하는 데에는 한계가 있고, 길이 심하게 붐벼서 차간 거리가 좁아지다 보면 속도를 늦출 수밖에 없을 때가 있다. 우연히 차들이 빽빽하게 모이면 차량의 흐름이 더 느려지고, 느려지기 때문에 길이 더 많이 막힌다. 저절로 교통 정체가 일어나는 것이다.

거대한 항의 집회나 음악회가 열리는 광장에서도 상황은 아주 다르지만 개념적으로 비슷한 일이 일어난다. 자세히 들여다보면, 군중으로 가득 찬 광장에서 사람들이 이동할 때에는 개인의 성품보다 집단적인 패턴이 더 중요하다는 것을 알 수 있다. 사람들은 서로 충돌하지 않으려고 하기 때문에 앞에 가는 사람을 따라가게 되고, 또 누군가가 그 사람을 따라가게 된다. 이렇게 해서 사람들은 저절로 일관된 흐름을 만든다. 사람들은 바로 옆 사람과 같은 방향으로 움직이고, 더 멀리 가면 다른 방향으로 움직인다. 사람들이 이 흐름에서 벗어나려고 하면 힘들고, 흐름을 따라 움직이면 수월하다. 이런 이유로 한번 흐름이 생기면 다른 사람 역시 이 흐름에 포함되어 흐름은 점점 더 커지게 된다. 이 패턴이 사람들의 선택을 제한하고, 사람들이 패턴을 강화하는 쪽으로 행동하는 것이 더 쉽기 때문에 흐름의 에너지와 영향력이 커진다.

이런 예들은 단순한 상황에서도 개인들의 욕망이 이상하게 뒤얽혀서 엉뚱한 사회적 결과가 나타나는 것을 설명해 준다. 교통 정체를 일으키려고 작심하고 운전하는 사람은 없다. 온 세계의 도로에서 일어나는 허깨비 교통 정체에서 어떤 운전자의 어떤 나쁜 습관 때문에 교통 정체가 일어났는지는 집어낼 수 없다. 마찬가지로 군중 속에서 어떤 개인이 혼자서 흐름을 만들지 않았고, 어디로 가야 하는지 계획을 세우지도 않았다. 혼란 속에서 패턴이 저절로 나타나고, 스스로 에너지와 힘을 얻는 것이다. 이것은 안무가 없는 무용과 같다. 사람들의 구불구불한 흐름은 어떤 한 개인이 가진 욕망이나 평균적인 욕망을 반영한 것이 아니다.

2004년에 미국은 바그다드의 아부 그라이브에서 미군 병사들이 이라크 포로들을 잔혹하게 고문하고 모욕한 사진을 보고 경악했다. 미군에 입대한 남녀 젊은이들은 보통의 고등학교를 졸업하고 대학에 들어간 평범한 사람들이었다. 이런 정상적인 사람들이 의식을 거행하듯이 무방비 상태의 포로들을 학대하고 때리면서 즐거워한 것은 믿을 수 없는 일이었다. 그러나 이 일을 적절하게 설명하기는 어렵지 않다. 이것은 그들이 사악해서라기보다 패턴이 그렇기 때문이라고 할 수 있다. 30년 전에 심리학자 필립 조지 짐바르도(Philip George Zimbardo, 1933년~)와 동료들은 스탠퍼드 대학교에서 평범한 대학생들을 대상으로 심리학과 건물 지하를 감옥처럼 꾸며 놓고 실험을 했다. 어떤 사람들에게는 수감자 역할을 시키고 다른 사람들에게는 간수 역할을 시켰다. 연구자들은 학생들의 옷을 벗기고 죄수복과 수감 번호를 주었다. 간수들에게는 은빛으로 반사되는 선글라스를 지급하고 교도관님이라는 호칭을 주었다. 심리학자들의 목적은 학생들이 개인성이라는 껍질에서 벗어나서 상황에만 대처할 때 어떤 일이 일어나는지 살펴보는 것이었다. 짐바르도는 이 실험에 대해 이렇게 썼다.

> 적개심과 학대는 나날이 심해졌고, 수감자의 상황은 점점 더 나빠졌다. 36시간 안에, 감정을 다스리지 못해서 울부짖고, 소리치고, 판단력이 마비된 수감자가 나왔다. 우리는 그를 내보낼 수밖에 없었고, 극단적인 스트레스

반응을 보여서 실험에 계속 참여할 수 없는 수감자가 매일 생겨났다. 실험은 2주에 걸쳐 진행할 예정이었지만, 완전히 통제 불능이 되어서 6일 만에 끝내야 했다. 정상적이고 건강했기 때문에 선택된 아이들이 견디지 못하고 무너졌다. 평화주의자였던 학생들이 가학적으로 행동했고, 수감자들을 잔혹하게 처벌하면서 즐거움을 느꼈다.

짐바르도는 최근에 아부 그라이브에서 일어난 일도 똑같은 상황이라고 설명했다. 개인보다는 그들이 처한 상황이 더 중요하다는 것이다.[3] 이라크 포로 학대를 담은 사진에서는 병사들이 군복을 입지 않고 있다. 병사들은 인격을 가진 개인으로서가 아니라 익명의 '간수'로서 행동했다. 포로들을 "억류자" 또는 "테러리스트"라고 부르면서 저열하고 무가치한 사람들로 여겼고, 책임 소재가 명확하지 않았으며, 야간에는 관리 감독이 거의 없었다. 이런 상황에서 반드시 학대가 일어난다고 할 수는 없겠지만, 학대가 일어나고 스스로 커질 수 있는 조건이었던 것만은 확실하다. 포로 학대에 가담하는 군인들이 점점 더 늘어나면서, 포로는 인간이 아니며 학대해도 좋다고 확신하게 된다.

이제 옛 유고슬라비아에서 일어난 일이나, 단순히 교육만으로 케랄라에서 인구 증가가 억제된 일에 대해 다시 생각해 보자. 개인에 대해서만 생각하지 않고 패턴으로 눈을 돌리면, 이 사건들에 대한 설명이 불가능하지는 않다는 것을 알게 된다. 나중에 자세히 살펴보겠지만, 민족끼리의 증오와 불신은 저절로 커질 수 있다. 진정으로, 원시적인 사회와 경제 상황에서 인간의 협력에 나타나는 기본 논리에 따르면 겉보기(문화, 종교 등의 측면도 포함해서)가 조금 다르다는 이유만으로 다른 집단을 맹목적으로 불신할 수 있다. 이런 요인들은 밖에서는 사악하고 파괴적인 힘으로 보일 수도 있겠지만 공동체 내에서는 나름의 응집력으로 기능하며 효과적으로 작용할 수 있다. 민족 중심주의의 끔찍한 패턴이 스스로를 추동하는 에너지를 얻어서 개인이 저항할 수 없게 되는 과정을 단순한 수학적인 분석으로 들여다볼 수 있다. 케랄라의 경우를 보자. 서구 여러 나라에서 여성들이 과거 50년 동안 교육을 받은 결과로 출생률이 서서히 낮아졌다. 이것은 전혀 신비로운 일이 아니다. 교육받은 여성들은 가정 밖으로 눈을 돌려 직업을 얻거나 사회 활동을 하게 된다. 케랄라의 예가 특이해 보이는 것은 변화가 갑작스러웠기 때문이다. 그러나 이러한 갑작스러운 변화도 패턴이 스스로를 강화하는 것으로 이해할 수 있다. 어떤 개인도 고립되어 있지 않으며, 다른 사람들의 영향을 받지 않고 살 수는 없다. 모든 사람들이 교육을 받았을 때, 또 생계가 교육에 달려 있을 때, 이전까지 아무 저항 없이 받아들였던 생활 방식의 매력이 갑자기 사라진다. 교육 자체도 스스로를 지탱하게 되는데, 개인의 심리 변화 때문이 아니라 집단적인 패턴과 그것을 지지하는 힘 때문이다.

  우리 모두가 이런 것들을 직관적으로 이해하고 있다고 나는 생각한다. 개인의 행위가 사회에 작용해 실재를 만들고 그것이 다시 사람들에게 작용한다. 우리는 사회적인 흐름에 몸을 맡기고, 이 때문에 흐름은 더 강해져 옆 사람에게 영향을 준다. 사람들은 의도하지 않은 채 패션 유행을 만들고, 젊은이들의 운동을 만들고, 신경질적인 집단행동, 광신적인 교단, 민족주의적 열광, 주식 시장의 병적인 투기 열풍을 창출하는 데 일익을 담당한다. 우리는 숨겨진 사회적 흐름을 타면서도 그런 것이 있는지조차 모른다. 이런 것들에 영향을 받아서 사람들은 스스로 줄을 서서 어떤 의견을 옹호하거나 반대하고, 사회적으로 어떤 것이 받아들일 만한지, 어떤 것이 바람직한지를 결정한다.

그러나 이 모든 문제를 다른 식으로 볼 수도 있다. 이 모든 사회 현상은 물리 현상과 아주 닮은 과정을 따라 일어나기 때문이다.

사회적 원자가 이루는 자발적인 질서

지난 20세기에 물리학자들이 추구했고 오늘날도 목표로 하고 있는 것은 많은 원자들이 서로 영향을 주고받을 때 어떤 일이 일어나는지 이해하는 것이다. 원자의 종류에 따라, 그리고 원자들이 뒤얽히는 패턴에 따라 액체와 고체, 전기가 통하는 도체인 금속과 전기가 통하지 않는 부도체인 고무, 반도체와 초전도체와 액정과 자석이 생긴다. 중요한 것은 물질을 이루는 부분들의 성질이 아니라 그것들의 조직과 패턴과 형태라는 것이 현대 물리학의 교훈이다. 이 교훈은 원자와 분자 수준에도 적용되고, 훨씬 더 높은 수준에도 적용된다. 우리가 잘 알아채지는 못하지만, 패턴과 조직 때문에 생겨나는 현상은 우리 주위에 흔하게 널려 있다.

스발바르 군도의 일부이고 북극에서 약 1,000킬로미터 떨어진 노르웨이의 스피츠베르겐 섬의 얼어붙은 툰드라 지대에는 사람이 살았던 흔적 비슷한 것들이 있다. 이 지역의 토양에는 돌이 많은데, 어떤 곳에는 돌무더기로 이루어진 지름 약 2미터의 정교한 고리 모양의 둔덕이 있다(그림 2). 기하학적으로 이렇게 정교하게 만들려면 누군가가 세심하고 끈기 있게 쌓아올려야 했을 것이다. 그런데 누가 어떤 목적으로 이런 돌무더기를 쌓았을까? 그러나 과학자들은 이 돌무더기가 아무 목적 없이 형성되었다는 것을 안다. 이 패턴은 자연의 숨겨진 힘에 따라 저절로 생겨났다. 지구 물리학자 브래드 워너(Brad Werner)와 마크 케슬러(Mark Kessler)는 땅이 얼었다 녹았다를 반복하면 저절로 이런 식의 돌무더기가 생긴다는 것을 알아냈다.

어떤 일이 일어났는지 살펴보자. 처음에는 고리 모양의 둔덕이 없고, 흙과 돌이 뒤섞여 있지만 아주 균일하지는 않았다고 하자. 그냥 우연히 어떤 곳에는 돌이 좀 더 많고 다른 곳에는 흙이 더 많다. 온도가 어는점 아래로 내려갈 때마다(북극 근처에서는 이런 일이 자주 일어난다.) 돌이 많은 곳이 그렇지 않은 곳보다 조금 더 빨리 언다. 흙에는 물기가 많아서 천천히 얼어붙는 것이다. 이렇게 얼어붙는 속도가 다르

그림 2 스피츠베르겐의 동토에서 자연적으로 형성된 고리 모양의 둔덕. 마크 케슬러 사진 촬영.

면 흙은 흙끼리 모이고 돌은 돌끼리 모이는 현상이 일어난다. 마치 마법처럼, 흙에서 돌을 가려내고 돌에서 흙을 가려내는 과정이 저절로 일어나서 흙과 돌이 분리된다. 이렇게 해서 처음에는 무작위로 뒤섞여 있던 돌과 흙이 거의 흙으로만 이루어진 곳과 거의 돌로만 이루어진 곳으로 나뉜다.

그러나 이것은 이야기의 일부분일 뿐이다. 그다음에 또 다른 일이 일어난다. 돌이 모이면서 돌무더기가 점점 더 높아진다. 돌무더기가 너무 높아지면 불안정해지고, 결국은 무너져서 길쭉한 마루가 생긴다. 돌로 이루어진 이 마루는 점점 더 길어진다. 어떤 경우에 돌 둔덕의 마루는 점점 자라서 돌 둔덕 전체를 덮을 정도로 커지고, 결국은 끝부분끼리 만나서 사각형이나 삼각형을 형성해서, 그림 2처럼 고리 모양으로 변한다. 자기 조직화의 기본 과정을 바탕으로 한 컴퓨터 모의 실험은 실세계에서 나타나는 패턴의 크기와 모양을 완벽하게 설명한다. 정교한 돌무더기를 만드는 데 인간의 '지성'이나 활동은 전혀 필요 없는 것이다.[4]

지난 수십 년 동안 과학자와 기술자 들은 말 그대로 수천 가지 상황에서(호랑이의 등이나 나비의 날개에 생기는 줄무늬에 작용하는 생화학에서, 대양의 파도에서, 사막의 모래 더미에서, 거대한 태풍의 패턴에서) '자기 조직화'를 찾아냈다. 자기 조직화의 핵심은 어떤 패턴(고리 모양의 돌무더기나 결정 속의 원자의 정확한 배열)이 저절로 생겨나는데, 이 패턴은 그것을 만드는 부분의 세부적인 성질과 거의 또는 전혀 연관성이 없다는 것이다. 스피츠베르겐의 흙이나 돌을 연구한다고 해도 완벽한 고리 모양이 생기는 이유를 설명할 수 없으며, 공기 분자를 아무리 연구한다고 해도 태풍을 이해할 수 없다. 그것을 설명하려면 패턴과 조직과 형태의 수준에서 생각해야 하며, 원자나 다른 미시적인 구성 요소는 중요하지 않다.

사람은 어떨까? 사람도 똑같이 집단적인 조직화 과정의 지배를 받는다는 것이 명백하거나, 명백해야 한다. 인종 분리가 지속되는 현상에 대한 토머스 셸링의 설명은 사람도 집단적인 조직화 과정의 지배를 받는다는 것을 분명하게 보여 준다. 사회를 이루는 기본 구성 요소로 사람을 '원자'라고 한다면, 이 '사회적 원자(social atom)'가 이루는 거시적인 패턴은 사람들 개개인의 성격과 별 관계가 없다고 기대할 수 있다. 어쩌면 공동체, 정부 기관, 시장, 사회 계급 들도 돌무더기와 비슷할 것이다. 아무도 의도하지 않았지만 우리가 아직 이해하지 못하는 어떤 불가피한 법칙에 따라 이런 것들이 저절로 조직되는 것이 아닐까? 물론 우리는 이것이 옳다는 것을 안다. 사회 과학자들은 어떤 공동체가 다른 공동체보다 '응집력'이 크다고 말하고, 따라서 도전에 더 잘 대응한다고 말한다. 경영 이론가들은 어떤 회사들은 다른 회사들보다 더 적응력이 있고 유연하다고 주장하고, 여기에는 우수한 직원보다 '조직'이 더 중요하다고 한다. 자유주의 경제학자들은 자기 조직화되는 시장의 마법에 대해 말한다. 이것이 애덤 스미스(Adam Smith, 1723~1790년)의 마법의 손이며 오스트리아 경제학자 프리드리히 아우구스트 폰 하이에크(Friedrich August von Hayek, 1899~1992년)가 말한 '자발적인 질서'이다. 개인들이 자신의 이익을 위해 행동하다 보면 슈퍼마켓의 선반은 대다수의 사람들이 필요로 하는 물건들로 가득 차게 되며, 여기에는 어떤 하향식 통제나 중앙 집중적인 계획이 필요하지 않다.

사람이 원자나 돌보다 훨씬 더 복잡하다고 해도, 사회 과학의 기본 방향은 물리학과 비슷하다고 나는 생각한다. 먼저 사회적 원자의 특성을 이해하고, 그다음에 많은 수의 원자들이 서로 영향을 주고받을 때 풍부한 집단적 패턴이 나타나는 방식을 배워야 한다. 몇몇 흥미로운 과학 연구가 실제로 이런 일을 시작하고 있다.

자기 조직화의 패턴

자기 조직화의 핵심은 어떤 사물 또는 과정 A가 다른 과정 B를 일으키고, 이것은 다시 A를 더 많이 일으키고, 더 많은 B가 일어나고, 이렇게 해서 나선형으로 증가하는 되먹임이 진행되는 것이다. 주식 시장에서는 값이 떨어지는 주식을 사람들이 팔고, 따라서 값이 더 떨어진다. 한 사람이 소란을 떨면 다른 사람이 동참하게 된다. 공원의 잔디밭에 난 희미한 발자국을 보고 몇몇 사람들이 그 발자국을 따라가고, 그들이 밟아서 잔디가 더 뚜렷하게 패고, 이 자국을 따라 더 많은 사람이 잔디를 밟고 지나간다. 많은 경우에 되먹임이 결정적인 역할을 하지만, 부분에만 좁게 집착하기보다 시스템의 다양한 부분들이 서로 영향을 주는 것을 생각할 때만 되먹임이 드러난다.

몇 년 뒤에 독일의 물리학자 디르크 헬빙(Dirk Helbing)은 셸링의 사고 방식에 영감을 얻어서 사람들의 '흐름'이 저절로 생겨나는 것을 탐구하는 단순한 모형을 만들었다. 군중 속에서 사람들이 무리를 지어 서로를 따라가는 것을 연구한 것이다. 사람들은 일반적으로 자신들이 원하는 곳으로 걸어가고, 다른 사람들 속으로 달려 들어가지 않는다. 그러나 이 명백한 사실이 그리 명백하지 않은 결과를 가져오는 것을 헬빙은 발견했다. 그는 컴퓨터를 이용해서 수백 명의 '사람'들이 넓은 복도에서 서로 반대 방향으로 이동하는 상황을 만들었다. 이들은 다른 사람들과 부딪치지 않기 위해 필요할 때마다 옆으로 살짝 비켜선다. 이 모의 실험은 개인들의 이 단순한 행동이 재빨리 조직화된 흐름을 낳고 일관된 줄을 만든다는 것을 보여 주었다. 왜 그럴까? 비밀은 누군가가 자기 쪽으로 다가오면 충돌을 피하기 위해 다가오는 사람이 계속 같은 방향으로 가기에 꼭 필요한 만큼만 살짝 옆으로 비켜 주기 때문이다. 이런 행동은 사람들을 비슷한 방향으로 함께 움직이게 한다. 자연스럽게 흐름이 생겨나고, 우연히 생겨난 흐름도 사람들이 계속 참여하면서 점점 커진다. 움직이는 사람들이 혼잡하게 있을 때 흐름은 저절로 생겨난다. 이것은 스스로 자기 조직화하는 구조이며, 마치 스피츠베르겐의 돌무더기처럼 사람들의 의도 없이 형성된다.[5]

물론 자기 조직화가 언제나 이득이 되지는 않는다. 1980년대 초반에 헝가리 부다페스트 교통 당국은 혼잡한 시간대에 대처하기 위해 한 노선에 버스를 여러 대씩 운행시켰다. 그러나 사람들은 45분씩 기다려야 했거나 버스 서너 대가 한꺼번에 온다고 짜증을 냈다. 사람들은 버스 운전사가 멍청하거나, 아니면 악의적으로 배차를 그렇게 한다고 여겼다. 다행스럽게도 시 당국은 금방 문제의 원인을 파악했고, 해결책도 찾았다. 버스 세 대 이상을 노선에 투입하고 간격을 똑같이 해 놓으면, 버스의 간격은 일정하게 유지되지 않는다. 앞서 가는 버스는 승객을 많이 태우게 되고, 따라서 정차 시간이 길어진다. 바로 뒤따라가는 버스는 승객이 앞 차만큼 많지 않기 때문에 정차 시간이 짧아진다. 이러다 보면 어쩔 수 없이 뒤차가 앞차를 따라잡아서 버스가 한참 안 오다가 줄줄이 두 세대씩 한꺼번에 몰려오게 된다. 버스들이 자기 조직화 때문에 한꺼번에 뭉쳐서 다니게 되는 것이다.

상황을 이해하고 나면 해결책도 나온다. 버스 관리자는 이 문제가 같은 노선의 버스는 절대로 앞차를 앞지르지 못하게 되어 있기 때문임을 인지했다. 이 문제를 없애기 위해 당국은 운전사들에게 새로운 규칙을 따르게 했다. 같은 노선의 버스가 서 있는 것을 보면 그 버스가 정류장의 승객을 다 태우지 못할 것 같아도 그냥 앞질러 가라는 것이다. 이렇게 하면 버스들이 한꺼번에 줄줄이 오는 것을 막게 되어 더 효율적으로 운행할 수 있다. (물론 눈앞에서 빈 버스가 지나치는 것을 보면 승객들은 기분이 나쁠 것이다.)

자기 조직화를 이해하면 집단 행동을 통제하는 데에도 도움이 된다. 헬빙과 동료들은 이런 점을 보여 주기 위해 사람들이 공황 상태에서 어떻게 움직이는지 탐구했다. 복도에서 사람들이 지나다니는 모형을 조금 고쳐서, 불이 나서 연기가 자욱한 극장에서 사람들의 움직임을 모형화한 것이다. 이 모의 실험은 한편으로 어릴 적에 누구나 배웠던, 이런 상황에서 '뛰지 마라.'는 교훈이 옳다는 것을 보여 준다. 사람들이 뛰면 입구 주위가 혼잡해져서 사람들이 잘 빠져나가지 못하게 되고, 반대로 사람들이 천천히 움직이면 이런 혼잡을 피할 수 있다. 헬빙이 말했듯이 "느린 것이 빠른 것이다." 그러나 이번에는 더 놀라운 일이 있다. 방에는 대개 탁자 같은 것이 있다. 어떤 크기의 탁자를 어디에 놓는지에 따라 사람들이 탈출하는 상황이 어떻게 달라질까? 장애물이 있으면 상황이 더 악화될 것 같다. 그러나 직관과 반대로 장애물이 이득이 될 때도 있다. 특히 탁자가 입구 정면에서 3미터 안에 있으면 사람들의 흐름을 통제하는 효과가 있다. 탁자 때문에 자기 조직화의 패턴이 바뀌어서 모든 사람들이 더 빨리 빠져나가는 데 도움이 되는 것이다.[6]

자기 조직화가 어떻게 작동하는지 배우고 이것을 어떻게 사람들에게 이득이 되게 관리할지 배우는 것이 당연히 사회 과학의 주요 과업이 되어야 한다. 대부분의 사람들은 이것이 사회 과학자들이 써야 할 적절한 연구 방법이라고 생각한다. 그러나 이상하게도 셸링과 헬빙을 비롯한 몇몇 선구자들은 전통적으로 소수였고, 실제로 이런 방식으로 연구하는 사회 연구자들은 최근까지 거의 없었다.

과학이라고 하기엔 기묘한 사회 과학

사회 과학자라면 당연히 기본적인 사회 현상을 연구해야 한다. 사회 계급의 형성, 공동체 또는 기업의 '문화'가 사람들이 바뀌어도 계속 유지되는 이유 등을 말이다. 이것들을 설명하려면 사회 과학자들은 인간 행동의 기본 특성을 살펴봐야 하고, 다른 사람들을 모방하려는 경향과 주위 사람들에게 맞추려는 경향 또는 변화하는 세계에 빠르게 적응하는 능력 따위를 연구해야 할 것이다. 사회는 사람들로 이루어져 있고 사람들의 작용으로 만들어지므로, 사람들을 살펴보고 그들이 어떻게 서로 영향을 주고받는지 살펴보면 사회를 설명할 수 있을 것이다.

그러나 많은 사회 과학자들은 실제로 이런 방식으로 연구하지 않는다. 그들은 조사를 통해 한 가지와 다른 한 가지 사이의 '상관 관계'를 찾는다. 예를 들어 빈곤과 범죄율, 교육과 소득 사이의 상관 관계를 찾는다. 연결 고리를 찾으면, 그들은 하나가 다른 것을 '설명'했다고 말한다. 왜 도심 지역의 범죄율이 높은가? 간단하다. 도심의 빈곤이 심하기 때문이고, 두 가지는 같이 간다. 여기에는 잘못이 없고, 두 사건의 상관 관계 또는 패턴이 존재한다는 것은 진정으로 뭔가 흥미로운 일이 벌어지고 있음을 시사한다. 그러나 연구는 대개 여기에서 끝나 버린다. 사람들의 활동이 왜 그런 패턴을 만드는지 자세히 탐구하지 않고, 기본적인 인과의 메커니즘을 살펴보지 않는다. 빈곤은 개인의 행동에 어떤 영향을 주는가? 빈곤은 왜 범죄를 일으키는가? 이런 질문은 탐구되지 않는다. 마치 사회 과학이 응용 통계학이나 되는 듯이 말이다.

경제학자들은 다른 방식으로 사회 과학을 연구한다. 오늘날의 주류 학문이라 할 경제학은 원인, 사람, 사람의 동기에 관심을 가지며, 이것들이 어떻게 사회적인 결과를 이끄는지에 관심을 가진다. 그러나 이 방식에도 이상한 면이 있다. 위대한 경제학자들 중 몇몇은(1950년대의 밀턴 프리드먼이 대표적인 예이다.) 이론가들은 개인들이 어떻게 행동하는지에 대한 실제적인 상을 그리려고 수고할 필요가 없다고 말한다. 그것보다는 이론을 편리하게 구성하게 해 주는 특성을 연구해야 한다고 주장한다. 가장 공통적인 가정은 사람들이 완벽하게 합리적이고 의사 결정에 실수하지 않으며, 철저히 이기적인 목적을 추구한다는 것이다. 이런 접근법은 여전히 이 분야에서 영향력을 행사하고 있고, 다른 분야에도 영향을 주고 있다. 이들의 전제에 따르면, 집단의 특성은 그 집단을 구성하는 구성원 개인의 특성을 반영한다. 나중에 좀 더 자세히 다루겠지만, 경제 이론가들은 정확성을 확보하기 위해서나 실재를 충실하게 기술하기 위해서가 아니라 계산을 단순하게 하기 위해, 한 사람의 행동은 절대로 다른 사람들에게 영향을 주지 않는다고 가정한다. 즉 개인과 개인 사이의 상호 작용은 사회 전체에 큰 영향을 미치지 않는다고 가정한다.

다른 많은 사회 과학자들은 영원한 백기를 들고 과거의 위대한 사상가들의 저작을 헤집는 데 바쁘다. 홉스, 베버, 뒤르켕, 스미스가 한 말의 진정한 뜻이 무엇인지, 그들의 말에 대해 누가 어떤 말을 했는지 따위에 대한 논란은 절대로 끝나지 않는다.[7] 그런 다음에 마침내, 실세계의 혼란스러운 세부를 뚫고 올라와서 추상적인 이론으로 날아오르는 '장대한' 스타일의 사상을 좋아하는 광적인 사회 과학자들이 있다. 그들의 이론은 실재에 대해 어떤 검증도 받지 않는다. 악명 높은 '포스트모더니스트'만큼 이런 것을 잘 보여 주는 사람들도 없다. 포스트모더니즘 학파는 '저기 바깥에' 우리가 이해하려고 노력해야 할 객관적인 성질을 가진 실세계라는 것은 존재하지 않는다고 주장한다. 진리는 완전히 무작위이며 암묵적인 합의에 따라 사회적으로 '구성'된다는 것이다. 또 다른 흔한 주장은 우리의 사고와 의사 소통이 언어에 크게 의존하기 때문에 모든 것을 텍스트로 볼 수 있고, 사회 이론은 얼마간 문예 비평과 비슷해진다고 주장한다. 누군가가 적어 놓은 것 중에서 의미가 고정되어 있거나 진정한 의미를 가진 것은 아무

것도 없다. 독자들이 마음대로 거기에 의미를 부여할 수 있다.

영국의 역사가 제프리 엘턴(Geoffrey Elton)에 따르면 포스트모더니즘은 "지적으로 갈라진 틈"과 같아서 이 유혹적이고 아무거나 다 된다는 식의 이론화에서 저자는 정합적으로 생각할 의무조차 없다.[8]

내 생각에 사회 과학은 꽤 기묘한 지점에 와 있는 것 같다. 그러나 다행스럽게도 이런 식의 사회 과학은 이제 빠르게 역사의 유물이 되어 가는 것 같다. 여기에는 두 가지 이유가 있다. 첫째, 심리학 분야에서 이뤄진 훌륭한 실험 연구가 수십 년 동안 쏟아져서, 인간 행동의 많은 것들이 우리가 생각하는 것만큼 복잡하거나 어렵지 않다는 것을 보여 주었다. '사회적 원자'는 꽤 단순한 규칙을 따를 때가 많다. 둘째, 과학자들은 사회가 복잡한 이유가 개인이 복잡하기 때문이 아니라 사람들이 함께하면서 종종 놀라운 방식으로 패턴을 만들기 때문임을 배우고 있다.

사람보다 패턴이 더 중요하다는 아이디어를 탐구하면서, 우리는 뉴욕 증권 거래소 등 금융 시장의 논리를 찾으려고 노력할 것이며, 어떤 생각 하나가 퍼져 주류가 되고, 아무도 의도하지 않았던 주가의 폭락과 반등이 왜 일어나는지 알아볼 것이다. 우리는 루머, 유행, 히스테리의 파도가 거의 기계적으로 작동하는 것을 볼 것이며, 우리의 집단적인 행동이 놀랍도록 정밀하게 수학적 패턴을 따르는 것을 볼 것이다. 옛 유고슬라비아와 르완다에서 일어난 일을 살펴보면서 민족 중심주의를 추동하는 숨은 논리를 끌어내고, 우리의 진화사를 거슬러 올라가서 아프리카의 사바나에서부터 벌어졌던 집단들 사이의 끊임없는 전투가 인간의 기본적인 사회적 습성(특히 완전히 낯선 사람들과도 협력하고 도와주는 자질)에 남긴 지울 수 없는 흔적을 볼 것이다.

이렇게 해 나가면서, 사람을 사회라는 '물질'을 이루는 원자로 보면 모든 인간 사회에서 반복해서 일어나는 많은 패턴들을 설명하는 데 도움이 된다는 것을 알게 될 것이다. 예를 들어, 사회 계급의 존재, 극소수의 부자들에게 사회 대부분의 부가 흘러 들어가는 현상 등을 설명하게 될 것이다. 오늘날의 연구자들은 인간 사회를 이해하는 일이 물리학에서 원자들이 모여서 우리가 아는 모든 물질들(어떤 것은 끈끈하고, 어떤 것은 미끄럽고, 어떤 것은 전기가 통하고, 또 어떤 것을 전기가 통하지 않는다.)을 만드는 방식을 이해하는 것과 비슷하다고 보고 있다. 다이아몬드가 빛나는 이유는 원자가 빛나기 때문이 아니라 원자들이 특별한 패턴으로 늘어서 있기 때문이다. 중요한 것은 부분이 아니라 패턴일 때가 많고, 사람들에 대해서도 마찬가지이다.

이 책은 부, 권력과 정치, 계급 사이의 증오, 인종 분리에 대한 책이다. 또한 변덕, 유행, 소란, 공동체 속에서 일어나는 호의와 신뢰의 갑작스러운 붕괴, 금융 시장의 등락에 대한 책이다. 무엇보다 이 책은 마른하늘에 날벼락처럼 종잡을 수 없이 일어나서 인생을 바꿔 놓는 사건들, 그러한 사건들의 원인에 대해 우리가 왜 그렇게 무지한지에 대한 책이다.

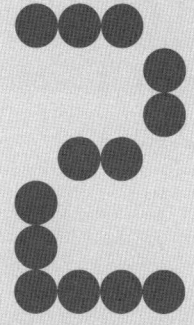

'인간'이라는 문제

정치는 어떻게든 일어날 수밖에 없는 일을 성취하는 것이다.
― 한스 마그누스 엔첸스베르거

1984년 뉴욕 주 도시 재개발 공사의 사장인 윌리엄 스턴(William Stern)은 뉴욕의 유명한 타임스 스퀘어를 되살리는 엄청난 과업을 맡았다. 당시 타임스 스퀘어는 도시의 온갖 저속한 것들만 모여 있는 흉측한 곳이었다. 뉴욕 토박이인 스턴은 예전의 타임스 스퀘어에 깊은 애정을 갖고 있었다. 그는 이렇게 회상했다. "1950년대 초에는 참 좋은 곳이었어요. 어린 시절의 즐거운 추억이 서려 있는 곳이기도 하고요. 토요일이면 아버지와 함께 할렘에서 버스를 타고 타임스 스퀘어로 영화를 보러 갔지요. 서부 영화를 한 편 보고 가게에 들어가 핫도그를 먹은 다음에 거리를 어슬렁대면서 커다란 간판들을 올려다봤지요." 그러나 그 후 모든 것이 변했다. "이제는 밤에 타임스 스퀘어를 걸어가면 …… 경찰관이 옆에 따라붙고, 기분이 께름칙하죠. 빠른 걸음으로 걷다 보면 창녀들이 사는 원룸, 마사지 업소, 지저분한 식당과 포르노 서점을 지나, X 등급 영화관과 훔쳐보기 쇼 가게에다 마약 중독자와 마약 밀매자, 매춘부와 포주 들이 들끓는 곳을 뚫고 지나가게 되지요. 대도시의 저속한 것들만 모아 놓은 파노라마라고 할까요."[1]

30년에 걸쳐 서서히 퇴락하는 동안에 번듯한 업체들은 모두 다른 곳으로 쫓겨나고, 타임스 스퀘어는 범죄의 온상이 되었다. 1984년 1년 동안 42번가 7번로와 8번로 사이의 한 블럭(뉴욕 '최악의 블럭'이라고 알려졌다.)에서만 2,000건 이상의 범죄가 일어났는데, 다섯 건에 한 건은 강간이나 살인 같은 강력 범죄였다. 한때 뉴욕 시의 상징이었던 타임스 스퀘어는 이제 문명 사회와 무법 지대의 경계가 되었다.

그러나 스턴의 프로젝트 팀은 이 모든 것에 도전하는 계획을 세웠다. 상상력 넘치는 42번가 재개발 계획은 26억 달러를 투입해서 타임스 스퀘어가 예전의 영광을 되찾도록 할 참이었다. 그들은 새로운 사무실 건물, 호텔, 대형 컴퓨터 매장과 의류 매장을 여러 블럭에 걸쳐 건설하려고 했다. 유명한 뉴암스테르담 극장을 비롯해서 역사적인 옛 극장들을 다시 짓고, 음침한 42번가 지하철 역도 수리할 예정이었다. 이것은 정말 장대한 프로젝트였다. 그러나 이 계획은 시작도 하기 전에 무너졌다. 1984년 11월에 뉴욕 시 예산 결산 위원회가 이 계획을 승인했지만, 그 후 정치 다툼에 휘말려 가장 과감한 아이디어들이 취소되었다. 그러다가 1987년 10월에 주식 시장이 붕괴되어 주가가 하루 만에 22퍼센트나 폭락하는 일이 벌어졌다. 이 충격으로 부동산 시장이 얼어붙자 법률 회사, 광고사, 은행 들(이 재개발 계획의 주요 임차인이 될 이들)이 차례로 발을 뺐다. 스턴은 이렇게 회상했다. "우리가 계획한 것 중에서 이루어진 것은 하나도 없었습니다."

이렇게 해서 스턴이 그렇게도 사랑했던 타임스 스퀘어는 사회가 어떤 식으로 돌아가는지 관심도 없는 마약상, 포주, 노숙자, 마약 중독자 들의 천지가 되었다. 그러다가 이상한 일이 일어났다. 타임스 스퀘어가 스스로 다시 일어선 것이다.

1990년에 엔터테인먼트 업계의 거인 바이어컴(Viacom, CBS, MTV와 파라마운트 영화사 등을 소유한 미디어 기업 — 옮긴이)이 애스터 호텔이 있던 자리인 브로드웨이 1515번로의 임대 계약에 서명했다. 2년 뒤에는 다국적 출판 기업 베텔스만 AG와 투자 은행 모건 스탠리도 브로드웨이에 건물을 샀고, 1993년에는 월트 디즈니 사가 뉴암스테르담 극장을 리노베이션하겠다고 뉴욕 시와 계약을 맺었다. 디즈니가 들어오자 투자자들의 관심이 폭발했다. 몇 년 안에 고급 호텔과 사무실 건물이 민들레처럼 쑥쑥 돋아났다. 마담 튀소 밀랍 인형 박물관(Madame Tussaud's Wax Museum)도 뉴욕 지사를 개설했다. 섹스 숍과 스트립 클럽은 사라지고, 범죄도 거의 찾아볼 수 없을 정도로 줄었다. 1990년대 후반이 되자 타임스 스퀘어는 완전히 바뀌었다. 저속한 거리가 번쩍이는 강철과 유리의 탑으로 바뀌는 기적이 일어났다.

어떻게 이런 일이 일어났을까? 스턴은 이 성공이 뉴욕 시의 건축 정책과 아무 관계가 없다고 기꺼이 인정한다. 그는 이렇게 말했다. "주정부가 한 일이라고는 범죄와 싸우고, 섹스 산업을 몰아내고, 세금을 감면(물론 선택적으로)한 것뿐이지만, 결국 시장이 스스로 작동해서 이 구역이 활기를 찾았습니다." 경찰은 어떤 사소한 범죄도 용납하지 않는 정책을 시행했고, 시 당국은 섹스 산업 규제 법안을 통과시켰다. 스턴은 이러한 조치들이 직접적으로 이 구역의 부흥을 가져왔다고 생각했고, 여기에 우리가 배워야 할 교훈이 있다고 주장한다. "정부의 경제 개발에는 올바른 방법과 틀린 방법이 있다."

스턴의 설명은 적절해 보인다. 그는 변화를 주시했고, 누구보다 그 변화를 더 잘 설명할 수 있는 위치에 있었다. 그러나 그가 옳았는지 (또는 틀렸는지) 어떻게 알 수 있는가? 타임스 스퀘어 부흥의 '진실'이 무엇인지 알 수는 있을까? 이것은 이상한 질문으로 보일 것이다. 분명히 어떤 일이 일어났는지에 대한 '진실'은 존재할 것이기 때문이다. 그러나 그런 것이 있다고 해도 알아내기는 쉽지 않다. 우리가 인간 세상에서 일어나는 일을 설명하는 방식은 과학이 비인간 세계에서 일어나는 일을 설명하는 방식과 크게 다르기 때문이다. 과학은 주로 패턴과 자연 법칙으로 세계를 설명한다.

과학이 세계를 설명하는 방식

덴마크의 천문학자 튀코 브라헤(Tycho Brahe, 1546~1601년)는 코가 없었다. 그의 코는 1566년에 덴마크의 귀족 만데루프 파르스베르그(Manderup Parsberg)의 날카로운 칼에 잘려 나갔다. 두 사람이 서로 자신의 수학 실력이 더 좋다고 우기던 끝에 벌어진 일이었던 것 같다. 당시 19세였던 브라헤는 그 후 금과 은으로 코를 만들어 달았는데, 1601년에 죽을 때까지 이 코를 잘 썼다. 브라헤와 관련해 이런 이야기도 전해진다. 그는 중요한 만찬에서 예의를 갖추느라 현명하지 못하게 너무 오래 오줌을 참았다고 한다.[2] 와인이 계속 나왔고, 브라헤는 식탁을 떠나지 못했다. 1654년에 기록된 전기에 따르면, 파티가 끝난 뒤에 그는 "닷새 동안 격심한 고통에 시달렸고, 잠을 잘 수 없었다. 그러다가 오줌을 조금 누었고, 불편한 잠에 빠졌다." 브라헤는 열흘 뒤에 죽었다.

비극적인 면을 제쳐 두고라도 브라헤의 삶은 기괴한 일들로 가득하다. 그는 사슴을 애완용으로 길렀다. 이 사슴은 맥주를 마셨고, 덴마크와 스웨덴 사이의 벤 섬에 있는 그의 성에서 그를 따라 다녔다. 그러나 브라헤의 삶은 부자의 방종과는 거리가 멀었고, 과학에 대한 집요한 추구는 좋은 과학의 전범이 되었다. 브라헤는 수십 년 동안 매일 새벽과 밤에 작은 관측소에서 손수 만든 장치로 화성의 위치를 기록했다. 그는 보일락말락한 작고 빨간 점이 지평선에 나타나는 대로 기록했다. 당시에(망원경이 나오기 전이다.) 천문학자들은 행성이 무엇인지 거의 알지 못했다. 그러나 화성의 운행이 단순하지 않다는 것은 알고 있었다. 매일 같은 시각에 기록한 화성의 위치는 서쪽에서 동쪽으로 조금씩 이동했다. 그러나 대략 2년마다 화성은 잠시 방향을 바꾸고, 느려졌다가, 반대로 조금 가다가, 작게 한 바퀴 돈 뒤에, 다시 원래의 방향으로 계속 진행한다(그림 3a).

브라헤의 시대에는 아무도 무슨 일이 일어나는지 설명하지 못했

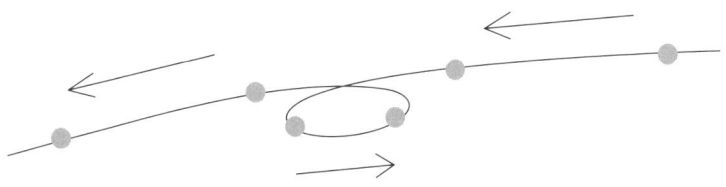

그림 3a 화성의 겉보기 역행 운동.

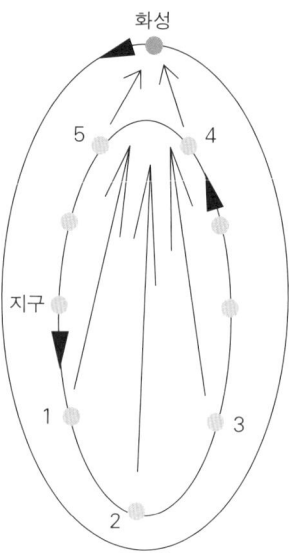

그림 3b 지구가 타원 궤도를 따라 태양 주위를 공전함에 따라 화성을 관찰하는 위치가 바뀐다. 이것이 화성이 역행하는 것처럼 보이는 원인이 된다.

다. 그러나 1601년에 브라헤가 죽은 뒤에 독일의 천문학자 요하네스 케플러(Johannes Kepler, 1571~1630년)가 브라헤의 기록을 연구했다. 케플러는 8년간의 고투 끝에 화성의 운행에 숨겨진 단순성을 찾아냈다. 화성은 하늘에서 미친 듯이 헤매는 것 같지만, 사실은 미친 것이 아니었다. 케플러는 수학을 통해 지구와 화성이 모두 단순한 타원 궤도로 태양을 돌고 있다는 것을 알아냈다. 대부분의 시간 동안 화성은 지구와 꽤 먼 거리에 있어서, 지구에서 볼 때 서쪽에서 동쪽으로 움직인다(그림 3b에서 지구가 위치 1에서 위치 3으로 감에 따라). 그러나 지구의 공전은 화성보다 더 빠르기 때문에 지구의 위치가 바뀌면 화성은 동에서 서로 가는 것처럼 보인다(지구가 그림 3b에서 위치 4에서 위치

5로 가는 동안에).[3] 케플러는 하늘을 이해하고 올려다본 최초의 사람이었다. 그는 패턴을 알아보았던 것이다. 케플러의 발견은 아이작 뉴턴(Isaac Newton, 1642~1727년)에게 영감을 주었고, 뉴턴은 이 놀라운 단순성을 설명했다. 이렇게 해서 중력과 운동의 수학적 법칙이 나왔다.

브라헤, 케플러, 뉴턴 삼총사는 함께 좋은 과학의 전형을 보여 주었다. 데이터를 모으고 패턴을 찾아내고 그것을 설명하는 메커니즘을 알아낸 것이다. 패턴은 겉보기에 복잡해 보이지만 일정한 규칙성이 있어서 실제로는 그리 복잡하지 않다. 이러한 패턴들 뒤에 있는 자연 법칙은 대개 예측 가능하다. 유체 역학의 패턴을 잘 알고 있는 오늘날의 물리학자들과 공학자들은 비행기의 컴퓨터 모의 실험에서 나온 결과를 확신할 수 있다. 보잉 사 같은 항공기 제작사들은 이제 비행기의 시험 비행조차 필요로 하지 않는다. 보잉 사의 이사 한 사람이 몇 년 전에 내게 한 말에 따르면 시험 비행은 대중에게 보여 주기 위한 것일 뿐이라고 한다. 과학의 능력을 신뢰하지 못하는 일반인들을 안심시키기 위해 시험 비행을 한다는 것이다. 물리학자들은 양자론과 상대성 이론을 이용해 놀랍도록 정확한 예측을 할 수 있다. 전자의 자기(磁氣)적 세기, 즉 자기 모멘트에 대한 예측은 측정값과 1억분의 1의 오차로 일치한다.[4] 이것은 16킬로미터 밖에서 바늘을 쏘아서 사람의 머리카락을 가르는 것과 같은 정확성이다.

과학 법칙은 요리법처럼 보이기도 한다. 주어진 성분 A와 B가 있고, 그 결과는 C라고 당신은 확신한다. 수소와 산소를 섞으면, 반응을 거쳐서 물이 된다. 일단 법칙을 이해하고 나면 언제든지 또 써 먹을 수 있다. 뉴턴 법칙은 화성과 통신 위성의 운동을 설명하고, 혜성은 홈 플레이트를 통과하면서 휘는 야구공과 같다고 설명한다. 마찬가지로 '재개발의 법칙' 비슷한 것이 있다면, 우리는 타임스 스퀘어에 어떤 일이 일어났는지 꽤 쉽게 설명할 수 있을 것이다. 1990년대 초에 정부가 현명하게 A와 B를 적절한 자리에 두었고, 그 결과가 (스턴의 재개발 법칙에 따라) C로 예측된다는 것이다. 고층 건물, 부유함, 밝은 거리가 바로 C이다. 물론 이런 일은 아직 아무도 흉내조차 낼 수 없다.

스턴의 설명에 대한 대안을 생각해 보자. 어쩌면 타임스 스퀘어가 되살아난 것은 그냥 우연이었을 수도 있다. 거물급 투자자들이 우연히 한꺼번에 타임스 스퀘어에 손을 댔고, 그들의 활동이 다른 사람들을 부추겼을 수도 있다. 아니면 타임스 스퀘어가 역사적 부침을 자주 겪었다고 누군가가 밝힐 수도 있다. 자연적인 순환이 있을 수도 있다. 흔들이의 추가 한쪽으로 갔다가(자산 가치가 떨어진다.) 자연스럽게 반대쪽으로 갈 때가 되었다는 것이다. 어쩌면 이것 말고 또 다른 가설도 가능하다. 그러나 이 모든 가설적인 설명에는 권위가 없다는 점을 부정하기 어렵다. 모두 사건이 사후적인 설명이기 때문이다. 아무도 타임스 스퀘어가 되살아날 것을 **예측**하지 못했다. 비슷하게 범죄율의 변화를 예측하거나 유언비어의 유포, 예기치 못한 정부의 몰락 등을 설명할 강력한 법칙은 없다. 우리는 주식 시장에서 다음 달에, 심지어 내일 무슨 일이 일어날지 정확히 예측할 수 없다(물론 자기들이 그렇게 할 수 있다고 다른 사람을 설득한 사람들은 부유한 삶을 누린다.).

영국의 철학자 앨프리드 노스 화이트헤드(Alfred North Whitehead, 1861~1947년)는 이렇게 썼다. "과학적 사고의 목적은 특수한 것에서 일반적인 것을 보고 일시적인 것에서 영원을 보는 것이다." 불행하게도 사람의 일에서 패턴을 찾는 것, 특히 그 뒤에 있는 자연 법칙을 찾는 것은, 불가능하지는 않겠지만 매우 어려워 보인다. 그래서 설명은 대개 스턴과 같은 논의와 적당한 이야기에 기댄다. 인간 과학은 대부분이 '이야기하는' 과학이며, 한 사건을 다른 사건과 연관짓는 것이 인간 과학의 바탕이라고 말하는 사람도 있다.[5] 극적이고 예기치 않게 꼬이고 실생활의 흥분과 긴장을 잘 보여 주는 아기자기한 이야기를 사람들은 좋아한다. 또는 인간 세계에 대한 과학 법칙을 완전히 이해하지 못하기 때문에 이야기를 좋아하기도 한다.

그렇다고 해도 사람은 원자와 분자로 되어 있다. 사람은 자연의 일부이다. 자연이 법칙에 따라 이루어지는 패턴을 따른다면, 사람도 그렇지 않을까? 150년 전에 영국의 역사가 헨리 토머스 버클(Henry Thomas Buckle, 1821~1862년)은 그렇게 생각했다.

인간에 대한 이론은 터무니없이 많다

19세기 중엽에 버클(영국의 부유한 선박 사업가의 아들이었고, 당시에 20세였다.)은 유럽 최고의 체스 선수였다. 따분해진 그는 갑자기 체스를 그만두고 세계사에 관심을 가졌다. 인간을 과학적으로 연구하는 대작을 쓸 준비를 했던 것이다. 아마 인간에 대한 진정한 과학이 가능하다고 그만큼 확신한 이는 아무도 없을 것이다.

버클은 명백히 그 시대의 산물이었다. 케플러와 뉴턴 이후에 과학자들은 물질 세계를 탐구하면서 증기 기관과 산업 혁명 같은 방대한 실용적인 결과를 얻었다. 과학은 멈추지 않을 것 같았다. 버클은 과학에는 후진 기어가 없어서 비가역적으로 계속 확장되기만 한다고 보았다. 과거에는 수수께끼였던 것이 결국 설명되고, 이런 일은 미래에도 계속될 터였다.

> 모든 세대는 이전 세대에 불규칙하고 예측할 수 없다고 여기던 사건이 주기적이고 예측 가능하다는 것을 보여 주게 된다. 그래서 이제까지 알려진 문명 발전의 경향은 질서의 보편성에 대한 믿음을 더 강하게 한다. …… 어떤 사실들에서 아직 질서를 밝혀내지 못했다고 해도, 그 사실들에 아무런 질서가 없다고 최종 선고가 내려진 것은 아니다. 지금 설명하지 못하는 것들도 언젠가는 설명할 수 있게 될 것임을 인정해야 한다.[6]

버클은 물리학에서는 '가장 불규칙하고 변덕스러운' 것들도 보편 법칙을 따른다고 주장했다. 그는 인간의 사건들도 비슷한 방식으로 다루면 비슷한 결과를 얻을 것이라고 주장했다. 이러한 이해에 아직 도달하지 못한 이유는 과거의 역사가와 철학자 들이 갈릴레오, 케플러, 뉴턴만큼 위대하지 않았기 때문이라고 그는 말했다.

지금에 와서 볼 때 버클의 연구는 그의 원대한 포부에 필적하지 못했다. 그는 두 권짜리 야심작 『영국 문명의 역사(History of Civilization in England)』에서 기후와 지리 상황이 그 나라의 발전과 부(富)와 국민의 지적 능력에 영향을 준다고 주장했다. 게다가 그는 유럽 사람들이 다른 사람들보다 뛰어난 품성을 타고났다는 의심스러운 주장을 펼쳤다. 유럽 사람들은 기질적으로 자연에 정복당하지 않고 자연을 정복하도록 준비되어 있다는 것이다. 버클은 분명히 당대와 그 후의 누군가가 입증할 만한 '법칙'을 발견하지 못했다.

비슷한 시기의 프랑스 철학자 오귀스트 콩트(Auguste Comte, 1798~1857년. 오늘날 사회학의 아버지라고 불린다.)도 버클만큼이나 포부가 컸다. 그는 인간사가 과학 법칙을 따른다고 주장했고, 따라서 그 법칙을 알아내면 대부분의 악(惡)을 일소할 수 있다고 보았다. 콩트는 인류 발전의 3단계에서 인류가 마침내 세 번째 단계로 올라설 것으로 생각했다. '신학'의 시대에는 사람들이 세계를 초자연적인 것으로 설명하고, 그다음 '형이상학'의 시대에는 사람들이 모호하게나마 약간의 원인을 지적하게 된다. 콩트의 생각에 마지막 단계는 '실증'의 단계여서, 사람들은 세계를 지배하는 진정한 과학 법칙을 알게 된다. 물리학에서 뉴턴이 한 일을 여러 천재들이 인간 과학에서 이룩할 것이다. 그들은 이전까지 나왔던 모든 철학적인 허풍을 일소하고 영속하는 과학적 구조물을 건립할 것이다.

그러나 누구도 이런 업적을 이루지 못했다. 존 스튜어트 밀(John Stuart Mill, 1806~1873년)에서 애덤 스미스와 카를 마르크스(Karl Marx, 1818~1883년)에 이르기까지, 모든 확신에 찬 사상가들이 인간 세계에서 '법칙적인' 패턴을 찾았으나 허사였다. 현대로 오면서 진정한 인간 과학을 이루려는 꿈은 경제 이론 쪽으로 이동했다. 경제 이론에 대해서는 나중에 더 자세히 살펴보고 그 단점을 알아보겠다. 우리의 도서관은 정교한 수학으로 무장한 '심오한' 경제 이론서들의 무게로 신음하고 있지만 그 이해 수준은 물리, 화학, 생물학 입문 교과서에 나오는 만큼의 정교한 수준에 근접하지 못했다. 수많은 영재들이 경제학을 연구하고 있지만, 과학의 관점에서 볼 때 경제학은 정확한 예측 능력이 없다.

예를 들어 몇 년 전에 경제 자문사인 런던 이코노믹스 사는 30개 이상의 영국 최고의 경제 예측 기관을 대상으로, 그들의 최근 예측을 평가해 보았다. 여기에는 재무부, 국립 연구소, 런던 비즈니스 스쿨이 포함되었다. 그들의 결론은 다음과 같다.

경제의 미래에 대한 견해는 경제학자의 수만큼 있다는 진부한 농담이 있다. 진실은 그 반대이다. 경제 예측가들은 …… 거의 비슷한 말을 한다. 동의의 정도는 놀랄 정도이다. 예측들 사이의 차이는 모든 예측과 실제로 일어난 일의 차이에 비해 미미하며 …… 그들이 말한 것은 거의 항상 틀렸다. …… 그들은 지난 7년 동안에 있었던 가장 중요한 경제 변화를 예측하지 못했다. 1980년대 소비 붐의 강력함과 탄력성, 1990년대 경기 침체의 깊이와 지속, 1991년 이후에 일어난 극적인 인플레이션과 그 지속 등을 전혀 예측하지 못한 것이다.[7]

연구자들은 범죄나 경제 발전, 문화 성장 등의 법칙에 대해 수천 가지 아이디어를 제시하지만, 물리 법칙 수준의 엄밀성을 얻은 것은 하나도 없다. 인간 과학은 여전히 케플러와 뉴턴을 기다리고 있다. 왜 그럴까? 인간 과학은 왜 그렇게 어려우며, 왜 다른 과학들보다 훨씬 어려울까? 어쩌면 인간 세계에는 뭔가 본질적으로 다르고 독특한 것이 있어서 사회에 대한 '법칙'을 발견하는 것이 불가능한 것일까? 많은 철학자들과 사회 이론가들은 이제까지, 무슨 이유에선가 인간 사회는 너무 복잡하다고 말해 왔다.

클레오파트라의 코가 낮았다면?

먼저 인간 사회에서는 사소한 우연이 거대한 사건에 개입하고는 한다. 재해, 전쟁, 선거를 비롯한 여러 가지 중요한 사건이 사소한 사건 때문에 거의 아무 이유도 없이 방향이 바뀐다. 영국의 역사가 에드워드 핼릿 카(Edward Hallet Carr, 1892~1982년)는 '클레오파트라의 코' 문제라는 유명한 비유를 들었다. 로마 역사에서 카이사르가 죽자 안토니우스는 클레오파트라에게 반해서 그녀의 환심을 사려고 자기의 선단을 전쟁에 몰아넣었고, 결국은 악티움 해전에서 옥타비아누스에게 패배한다. 이 전쟁의 원인에 대한 정통적인 설명은 어떤 것이든 클레오파트라의 아름다움에 대해 언급한다. 윈스턴 처칠(Winston Churchill, 1874~1965년)은 똑같이 성가시면서도 매혹적인 역사의 '우연'을 언급했다. 1920년에 그리스 왕이 애완용 원숭이에게 물려 죽었고, 잇따라 사건이 연속적으로 일어나 그리스와 터키가 전쟁을 하게 되었다. 처칠은 이렇게 말했다. "원숭이가 한 번 깨무는 바람에 수십만 명이 죽었다."

시시한 일들이 자꾸만 인간사에 개입해서 거대한 흐름을 돌려놓는다면, 우리는 어떻게 이런 것을 의미 있게 받아들일 수 있는가? 진정으로 타임스 스퀘어를 되살려낸 것은 무엇인가? 디즈니가 투자하지 않았다면 다른 투자자들도 관심을 보이지 않았을 것이다. 그러므로 경영자 한 사람(디즈니의 마이클 아이스너(Michael Eisner))의 혜안이 결정적인 요인이었다. 그는 재무 상담가들의 말 몇 마디 때문이나, 신문에서 그가 읽은 어떤 기사 때문에 그 결정을 내렸을 것이다. 1987

년 10월에 러시아 루블화의 폭락이 없었으면 주식 시장은 붕괴하지 않았을 것이고, 윌리엄 스턴의 계획은 계속 진행되었을 것이다. 그들이 바람직한 결과를 얻는 데 실패했다면, 타임스 스퀘어는 지금도 1984년과 마찬가지로 퇴락한 모습일 것이다. 따라서 타임스 스퀘어를 설명하려면 러시아의 재무 상태에 대해 이야기해야 한다.

과학 법칙은 여기에도 맞고 저기에도 맞는 패턴을 끌어내고, 사물이 어떻게 돌아가는지에 대한 교훈을 가르쳐 준다. 그러나 사소한 사건이 모든 것을 바꿔 놓는다면 이러한 법칙의 존재는 의심스러울 수밖에 없다. 누군가가 말했듯이 인간사의 흐름은 클레오파트라의 코처럼 '한 가지 빌어먹을 일이 그 후 내내 모든 일을 망친다.'

다른 문제도 있다. 타임스 스퀘어가 되살아난 이유에 대해 열 사람이 열 가지 원인을 대는 상황을 쉽게 생각할 수 있다. 그들은 모두 자신들의 관점에서 원인을 찾을 것이다. 시 당국의 책임자는 재개발에 대해 전당포 주인이나 경찰, 또는 그 지역에 사는 시인과 다르게 말할 것이다. 문제는 고려해야 할 요인이 수천 가지이고, 어느 것이 진짜로 중요하고 어느 것은 무시해도 좋은지 아무도 자신 있게 말할 수 없다는 것이다. 사실을 많이 알고 있다고 해도, 관련된 사실이 너무나 많다는 것이 또 문제이다. 어떤 사실이 진짜로 중요하고 다른 것은 그렇지 않은지 실험으로 가려내기도 쉽지 않다. 따라서 우리는 충돌하는 설명들 사이에서 갈팡질팡할 수밖에 없고, 논쟁은 가라앉지 않는다. 그 무시무시한 결과로 한 일간지 사설의 '보수적'인 논설 위원과 '진보적'인 논설 위원이 똑같은 사건을 정반대로 설명하게 되는 것이다.

프리드리히 빌헬름 니체(Friedrich Wihelm Nietzsche, 1844~1900년)

는 오래전에 철학의 맥락에서 인간의 문화를 설명한다고 주장하는 철학자들의 문제를 지적했다. 한마디로 말해서 너무 많은 철학자들이 먼저 자기가 믿을 것을 결정한 다음에 이유를 찾는다는 것이다.

> 사람들이 철학자들을 반쯤 수상하게 여기고 반쯤 비웃는 이유는 철학자들이 순진해 보이기 때문만이 아니라 너무 쉽게 실수를 저지르고 엉뚱한 길로 가기 때문이다. 그들은 어쩌다 문제에서 어렴풋한 진실의 꼬투리를 잡고서 떠들썩한 소음을 내기도 하지만, 그들 자신의 작업에서 충분히 정직하지 않다. 그들은 모두 차갑고 순수하고 성스럽고 공정한 담론을 스스로 개발해서 진정한 견해에 도달했다고 여긴다(신비주의자들과는 반대이다. 이들은 더 정직하고 멍청하며 '영감'에 대해 말한다.). 그러나 철학자들은 결국 가정(假定), 육감, 진정한 '영감' 따위(여과되고 추상화된 마음의 욕망일 때가 많다.)에서 나온 견해를 이성으로 방어한다. 그들은 편견을 싫어하는 척 하지만, 사실은 그 자신의 편견을 '진실'이라고 부르면서 그것을 대변하는 교활한 대변인들이다.[8]

짧게 말해서 인간사의 서술에는 '객관성'의 문제가 있고, 진정으로 무슨 일이 일어났는지에 대해 모든 사람이 합의하는 데에 문제가 있다는 것이다.

에드워드 핼릿 카는 역사의 맥락에서 또 하나의 문제를 지적했다. 세상사를 자세히 들여다보면 무한히 많은 사건들이 얽혀 있고, 이 사건들 중에서 일부를 골라내서 줄을 세우는 우리의 능력은 유한하다. 역사는 어떤 종류의 취사선택이라고 볼 수밖에 없고, 이 과정에서 역사 연구에 편향이 나타난다. 카가 말했듯이 역사 서술의 기초인 '사실'의 기록은 역사가의 선택을 반영한다.

> 현대에 씌어진 중세의 역사를 읽어 보면 중세에는 종교를 가장 중요하게 생각했다고 되어 있다. 하지만 우리가 이것을 어떻게 아는지, 이것이 사실인지 의심이 생긴다. 우리가 중세사에서 아는 사실은 거의 모두 종교의 이론과 실제를 직업으로 삼았던 사람들이 선택한 것들이다. 따라서 그들은 종교가 최고로 중요하다고 보았고, 종교에 관련된 것이면 모두 기록했다.[9]

신문 기자와 독자라면 누구나, 이야기는 말하는 사람의 선호와 관심과 개성에 따라 달라진다는 것을 알고 있다. 극단적인 예이지만, '포스트모더니즘' 이론가들은 세계를 '가장 정확하게' 서술한 한 가지 이야기를 선별할 방법이 없다고 말하기도 한다. 어떤 이야기도 다른 어떤 이야기와 마찬가지로 적절하다. 사실상 서술해야 할 '진실'이란 존재하지 않는다는 것이다.[10]

그러나 인간 과학이 왜 이렇게 후진적인지에 대한 이러한 설명들은 별로 설득력이 없다. 지질학이나 생물학 같은 분야의 과학자들도 비슷한 문제를 다루어야 하며, 그들은 훨씬 잘 해 나가고 있다. 생물학은 클레오파트라의 코(또는 '우발성') 문제를 다루는 방법을 배웠고, 우발성은 모든 면에서 생명 세계에 영향을 준다. 진화의 핵심에는 우연이 도사리고 있다. 유전적 돌연변이도 무작위로 일어날 뿐만 아니라 무작위적인 교배를 통해 새로운 세대는 언제나 새로운 개체들로 채워지기 때문이다. 유전적 변이의 배후에는 궁극적으로 무작위적인 사건이 있고, 이러한 유전적 변이들은 자연 선택을 통해 성공적인 것과 그렇지 못한 것으로 나뉜다. 이렇게 해서 모든 유기체는 눈에 보이는 규모에서 분자 규모까지 모든 수준에서 오래전에 일어난 우연적 사건의 흔적을 가진다. 생물학자들은 우연적 변이가 오랫동안 계속되면서 자연 선택을 통해 유기체들의 형태와 기능이 질서 정연해지는 과정을 이해했다. 우발성이 있다고 해서 정확한 예측이 불가능하지는 않다. 모든 사람들은 공룡이 약 6500만 년 전에 멸종했다는 데에 동의한다. 공룡의 멸종에는 온도 변화나 대기 중의 산소 농도 변화, 식량 감소 등 많은 요인들이 작용했을 것이다. 연구자들은 과거로 가서 실험할 수 없지만, 그들은 멕시코 만에 떨어진 운석의 충돌이 멸종의 가장 유력한 원인이라고 지적하는 증거들을 찾아내서 조합할 수 있다. 이 설명도 틀렸다고 입증될 수 있다. 그러나 이것이 틀렸다면 더 나은 증거를 바탕으로 하는 더 나은 설명이 나올 것이다.

그러므로 우리는 여전히 인간 세계를 이해하는 데 독특한 어려움이 어디에 있는지 찾지 못했다. '우발성'을 일으키는 것은 성가신 우연이 아니며, 실험하는 것이 불가능하기 때문도 아니다. 그러면 그것은 무엇인가?

종잡을 수 없는 두발 동물, 인간

인간 과학이 물리학만큼 강력하지 못한 이유로 드는 마지막 요인은 '사람'이다. 개인으로서 사람은 종잡을 수 없다. 지성적이면서도 감성적이고, 관대하면서도 때때로 악하고, 변덕에 이끌려 쉽게 현혹되고 실수한다. 인간의 개성과 행동은 워낙 다양해서 어떤 이론도 현실의 거친 스케치에 불과하고, 미지의 땅과 회오리바람이 가득한 조잡하고 환상적인 중세의 세계 지도와 비슷하다. 그러므로 열 사람을 저녁 식탁에 둘러앉히거나 50명을 사무실에 두거나 수천만 명을 한 나라에 두면 홀라후프도 나오고 비니 베이비도 나오고, 자살 증후군, 끝없이 계속되는 어리석은 정치 책동, 부패와 음모, 하이테크 기술, 증오와 전쟁이 나온다. 간단히 말해서 우주에서 우리가 알고 있는 것 중에서 가장 복잡한 것이 바로 인간이다.

게다가 사람들은 모두 서로 다르다. 유전적 차이에다 살면서 겪는 경험도 다 다르다. 따라서 인간 과학은 거의 무한히 복잡한 개인들을 다뤄야 할 뿐만 아니라 그러한 개인들의 서로 다른 면모를 일일이 고려해야 한다. 오스트리아의 위대한 물리학자 볼프강 파울리(Wolfgang Pauli, 1900~1958년)는 이런 의미에서 물리학은 사회 과학보다 쉽다고 기꺼이 인정했다. 파울리는 이렇게 지적했다. "물리학에서 우리는 모든 전자가 동일하다고 가정할 수 있지만, 사회 과학자들은 그런 사치를 누릴 수 없다." 수소 원자 하나하나가 지나온 내력에 따라 모두 다른 특성을 갖는다면 물리학은 어떻게 될까? 아무래도 원자의 기분과 생각을 알아야 그 원자의 행동을 설명할 수 있다면 어땠을까? 물리학이 지금처럼 발전하지는 못했을 것이다. 물리학과 화학이 어렵다고 하지만 인간 과학은 훨씬 더 어렵다. 인간 과학이 어려운 이유는 부분적으로 개인의 복잡성과 개인의 편차 때문이다.

물론 자유 의지에 관한 문제도 있다. 우리가 자유롭게 자신의 의지에 따라 행동한다는 생각이 환상이 아니어서 사람들이 정말 자기 하고 싶은 대로 행동할 수 있다면, 인간 세상에서 절대로 옳은 법칙은 있을 것 같지 않다. 예측은 필연적으로 불가능하다. 19세기에 표도르 도스토예프스키(Fyodor Dostoevskii, 1821~1881년)는 인간 본성에는 완고한 구석이 있어서 사람들은 반항하게 마련이라고 말했다. 과학자들이 인간 세계의 법칙을 발견해서 완벽한 세계를 만들려고 해도 사람들은 거기에 반항한다는 것이다. 인간은 자신을 위해 차려진 밥상도 심통 맞게 걷어차 버리는 '종잡을 수 없는 두발 동물'이다. 그저 자기가 반항할 수 있다는 것을 과시하기 위해서 그렇게 하는 것이다.

> 그에게 축복의 소나기를 내리고 행복의 바다에 빠뜨려서 온통 축복의 물방울만 보이도록 해 주어라. 그에게 경제적인 번영을 주어 잠을 자고 케이크를 먹고 종의 존속만을 위해 분주하게 하라. 그렇게 해도 사람은 순전한 악의와 심술로 뭔가 고약한 속임수를 쓸 것이다. 그는 자신의 케이크를 위태롭게 하고, 의도적으로 가장 나쁜 쓰레기와 가장 비경제적인 엉터리를 원한다. 단지 건전한 상식에다 자기의 치명적인 환상을 강요하기 위해 그렇게 하는 것이다. 인간은 인간일 뿐이고 피아노 건반이 아니라고 스스로 과시하기 위해 저지르는 추잡한 심술이다.[11]

인간은 언제나 세상을 예측 불가능하게 만든다. 마치 예측 불가능함을 증명하기 위해서 그러듯이 말이다.

사람들이 천성적으로 외고집이라는 점도 큰 문제이지만, 자유 의지는 더 분명하게 예측을 방해한다. 45년 전에 철학자 카를 포퍼(Karl Popper, 1902~1994년)는, 인간에게는 자유 의지가 있어서 전에는 없던

일(창조하고 발명하고 배우는 일)을 할 능력이 있기 때문에 이것만으로도 인간 역사가 예측할 수 없어진다고 논했다. 지식의 확장은 분명히 역사의 경로에 영향을 준다. 원자 폭탄, 전화, 인터넷을 보라. 포퍼의 말에 따르면 우리의 지식은 어떻게 성장할지 예측할 수 없다. 배운다는 것은 뭔가 새롭고 기대하지 못한 것을 발견한다는 뜻이기 때문이다. 미래의 발견을 지금 예측할 수 있다면 거기에 발견이라는 이름을 붙일 자격이 없다. 따라서 지식의 변화가 역사의 경로에 영향을 주고, 우리가 지식의 변화를 예측할 수 없다면, 역사는 예측할 수 없다. 포퍼가 말했듯이, "역사적 운명에 대한 믿음은 순전히 미신이다. …… 과학적이거나 합리적인 방법으로는 역사의 경로를 예측할 수 없다."[12]

그렇다고 인간 세계에서 패턴을 찾으려는 노력이 모두 쓸 데 없다는 뜻은 아니다. 포퍼는 그렇게 멀리 가려고 하지 않았고, 역사를 예측하려고 할 때의 문제들을 명확히 보여 주려고 했을 뿐이다. 인간 세계의 '물리학'을 구축하려고 할 때 사람을 원자로 간주하면 장애를 만날 수 있다는 것이다. '인간이라는 원자'는 우주에서 우리가 아는 것들 중에서 가장 복잡하기 때문이다.

인간은 궁극적인 장벽이 아니다!

이렇게 해서 인간 세계가 복잡한 이유는 인간이 복잡하기 때문이라는 결론에 도달한다. 이런 관점에서는 자연에 있는 모든 것, 즉 세균 군집에서 해류와 초전도체와 초신성에 대한 이론을 만들 수 있지만 사람만은 예외이다. 사람들의 행동, 조직, 시장, 도시, 정부의 작동에 대해서는 서사적으로만 이야기할 수 있고, 일이 어떻게 돌아가는지를 거친 모형 수준에서만 알아볼 수 있을 뿐, 과학 법칙 수준이나 정확한 예측이 가능한 수준에는 도달하지 못한다는 것이다.

이 결론은 인간이 어떻게든 자연 '바깥'에 산다거나, 최소한 과학적 자연의 바깥에 있다는 생각을 품고 있다. 이런 생각은 실제로 긴 역사를 갖고 있고, 특히 기독교 신학이 그렇다. 기독교의 신화에서 인간은 신의 모습으로 창조되었고, 자연의 나머지 부분과 크게 구별된다. 인간은 특별하며, 따라서 인간에게는 과학이 적용되지 않는다(적어도 기독교인에게는). 물론 케플러의 시대 이후 현대 과학의 모든 성과는 정확히 반대 방향을 가리키고 있다. 인간이라고 해서 자연의 다른 부분에 비해 독특하거나 다르지 않다. 인간은 자연의 일부이고, 자연과 동일한 원리를 따른다. 사람의 DNA는 들쥐의 DNA와 대부분 일치한다. 사람의 기본적인 유전 장치는 세균의 유전 장치와 똑같아서, 세균은 분명히 진화적으로 우리의 먼 친척이다. 사물에 대해 배우면 배울수록, 인간은 자연의 일부이지 자연의 중심은 아니라는 코페르니쿠스의 원리가 점점 더 강화된다. 처음에는 지구가 우주의 중심이 아님이 밝혀졌다. 그 후 태양계도 특별한 곳이 아니며, 우리 은하도 수많은 은하들 중의 하나일 뿐임이 알려졌다. 또한 인간은 생물학적으로 특별하지 않다. 배우면 배울수록 다른 동물들도 지적인 능력이 있고, 사람과 별 차이가 없음을 알게 된다. 까마귀도 도구를 만들고 침팬지에게도 문화가 있다. 인간은 자연 세계에 속한 자연스러운 물체일 뿐, 뭔가 특별한 물체가 아니라고 생각하는 게 타당하다.

1장에서 말했듯이, 인간 세계에 대해 우리가 겪는 혼란은 많은 경우에 인간이 자연과 다르기 때문이 아니라 그런 구분이 있다고 우리가 잘못 생각하기 때문이다. 우리는 우리 자신에 대해 객관적인 태도를 유지하는 데에 실패했다. 설상가상으로 우리는 많은 사람들이 반복해서 서로 영향을 주고받으면 아주 풍부하고 놀라운 결과가 나온다는 것을 알아볼 능력이 없고, 알아보려고 노력도 하지 않는다. 이 책의 말미에서 나는 우리의 사고에서 이런 오류를 제거하면 인간 세계의 과학을 구축하는 데 거대한 진척을 이룰 수 있다고 여러분을 설득할 것이다. 우리가 자연의 나머지 부분에서 하듯이 인간 세계에서 패턴을 찾는 법을 배우고, 그것들을 인간들의 평범한 행동이 자연스럽게 모여서 이루어진 결과로 설명하려고 노력하면, 분명히 그렇게 될 것이다. 이런 의미에서 오늘날의 사회 과학자들은 물리학이 몇 세기 동안 하고 있는 것과 본질적으로 동일한 연구에 뛰어들고 있다고 나는 생각한다. 그것은 바로 집단 수준에서 나타나는 패턴을 이해하는 연구이다.

인기 있는 교양 과학 서적들은 대개 물리학을 끈 이론과 우주의 기원에 대한 학문으로 묘사한다. 분명히 물리학에는 그런 면이 있지만, 물리학자의 75퍼센트는 결정과 초전도체, 초유체와 자석, 플라스틱과 고무 따위의 일상적인 것들을 연구하고 있다. 이러한 '응집 물질(condensed matter)' 물리학은 자기 조직화와 패턴의 무궁무진한 가능성을 탐구한다. 응집 물질 물리학은 오래전에 알려진 원자들을 새롭게 조합해서 새로운 물질을 찾아낸다. 컴퓨터 화면에 숫자를 표시하는 액정, 전기가 통하는 플라스틱 등이 이런 연구에서 나왔다. 우연히도 이 분야는 실용성도 있어서 새로운 장치를 개발해 내고, 여기에서 커다란 산업이 창출된다. 그러나 이런 종류의 물리학은 단순한 기술과는 크게 다르다. 이것은 근본적으로 우리 우주에서 어떤 형태와 조직이 가능한지 살펴보는 탐구이다.

물론 개별적인 원자와 분자에 대해 또렷한 상을 얻기 전에는 물리학자들이 응집 물질을 지금처럼 잘 이해할 수 없었다. 원자와 분자라는 물질의 기본 요소에 대해 많은 것이 알려졌기 때문에 이런 일이 가능해졌다. 사회 문제도 결국은 마찬가지이다. 따라서 다음 몇 장에서는 사회적 원자에 대해 살펴볼 것이다. 개인으로서 사람은 어떻게 행동하며 남들과 어떻게 영향을 주고받는지 알아보자. 지난 20년 동안 심리학자들은 인간 행동과 의사 결정에 대해 전에 없이 많은 것을 알아냈다. 현대 과학을 통해 사회적 원자의 모양이 매우 자세히 알려졌다. 이 모습을 탐구하고, 또한 사회적 원자가 서로 얽혀서 유행과 사회 계급, 대중 운동, 협력과 인간의 언어를 포함한 심오한 사회 현상들을 어떻게 만드는지 체계적으로 살펴볼 것이다. 뉴욕 타임스 스퀘어의 기적에서 중요한 역할을 한 것은 시장의 힘이 아니라 모든 종류의 사회 변화를 가속시키는 집단 행동의 패턴임을 알게 될 것이다. 이것은 인간 사회에서나 동물의 세계에서나 마찬가지이다.

물론 사회적 원자와 물리적 원자 사이에는 한 가지 큰 차이가 있다. 수소 원자는 탁자에 있든, 별 속에 있든, 물속에 있든 언제나 똑같은 수소 원자이다. 물리적 원자는 언제 어디서나 똑같다. 그러나 사회적 원자는 그렇지 않다. 사람들은 변하고 적응하며 사회 조직을 알아채고 거기에 반응한다. 사회 물리학의 아이디어를 비판했던 위대한 철학자들은 인간 행동을 완벽하고 정확하게 수학적으로 예측하지 못한다고 말한 점에서 옳다. 그렇다고 해서 사회 현상에 대한 물리학적 접근이 불가능한 것은 아니다. 다만 사회 현상이 물리 현상보다 더 풍부할 뿐이다. 물리적 원자와 마찬가지로, 사람도 패턴을 따른다.

인간의 사고 본능

사상과 문화의 역사는,
위대한 해방의 아이디어가 불가피하게 구속복으로 변해서
스스로를 질식시키고 파괴하는 과정이다.
— 아이제이어 벌린[1]

런던의 밀레니엄 브리지는 길이가 300미터인 철골 구조의 교량으로, 타워 브리지 이후 100년 만에 런던 중심부 템스 강에 들어선 인도교이다. 개통 첫날인 2000년 6월 10일은 토요일이었고, 다리에는 가족들, 젊은 직장인들, 십대들이 삼삼오오 몰려들어 초여름의 부드러운 공기를 즐겼다. 이들 중에서 문제를 일으키겠다고 작심한 사람은 아무도 없었다. 그러나 그들은 모르는 새에 대형 참사를 일으킬 뻔했다. 1시쯤 되어서 경찰관 한 사람이 다리가 흔들리는 것을 느꼈다. 그때쯤 다리에는 약 200명의 사람이 있었고, 다리는 마치 작은 지진이 난 것처럼 흔들렸다. 하지만 지진은 아니었다. 지금 원인을 생각해 보면, 많은 사람들이 걸어 다니다 보니 다리가 약하게 규칙적으로 흔들리기 시작했던 것 같다. 이 흔들림에 사람들이 아주 이상한 방식으로 반응했다. 조금씩 흔들리는 다리 위에서 몸의 균형을 잡으려다 보니 다리의 흔들림에 맞춰 걷는 것이 편했다. 불행하게도 이것이 다리의 흔들림을 증폭시켰다. 그래서 다리가 더 크게 흔들리게 되었고, 흔들림이 커질수록 더 많은 사람들이 흔들리는 박자에 맞춰 걷게 되었다. 이렇게 해서 나중에는 다리가 좌우로 10센티미터도 넘게 흔들렸다. 이것은 모두 다리 위를 거니는 사람들의 되먹임 때문이었다. 다행히 당국이 재빨리 통행을 금지시켜서 다리가 무너지지는 않았다.[2]

흔들리는 밀레니엄 브리지처럼, 인간 사회의 모든 것은 되먹임, 그리고 자기 조직화와 관계되어 있다. 사회적 패턴은 되먹임과 자기 조직화로 인해 스스로 커지는 조건을 만든다. 1980년대 중반에는 PC(personal computer, 개인용 컴퓨터)를 살 때 여러 가지 운영 체제(컴퓨터의 살림살이를 맡는 소프트웨어) 중에서 하나를 고를 수 있었다. 물론 지금도 선택은 자유지만, 마이크로소프트가 패권을 잡은 뒤에는 시장의 자연적인 힘이 사람들에게 윈도만 사용하도록 강요한다. 윈도는 새 컴퓨터에 미리 설치되어서 나오므로 그냥 쓰는 것이 가장 쉬운 선택이다. 더 많이 사용하면 할수록 그다음에는 같은 선택을 할 가능성이 더 커진다. 이것은 밀레니엄 브리지에서 걷는 것과 같고, 1990년대 후반에 인터넷 주식에 투자하는 것과도 같다. 당시에 분석가들은 시장 가격이 잠재적 가치보다 20~30퍼센트쯤 높다고 말했지만, 그래도 투자자들은 계속 샀다. 가격은 계속 높아졌고, 이 때문에 사람들은 더 많이 샀다. 그들은 되먹임에 끌려갔던 것이다.

과학자들의 연구는 사회적인 되먹임의 영향을 받지 않을까? 사실은 과학자들도 마찬가지이다. 1970년대 후반에 오스트레일리아의 물리학자 로버트 메이(Robert May)는 포식자와 피식자의 개체수 변이를 모형화하는 단순한 방정식을 연구하고 있었다. 그는 몇 가지 단순한 요인만 작용하는데도 결과가 사납게 요동칠 수 있다는 놀라운 사실을 알아냈다. 그 전까지 물리학자들은 일반적으로 복잡한 결과는 복잡한 원인에서 나온다고 가정했다. 거기에 반해서 메이의 예(수학적 혼돈에 대한 한 가지 설명)는 다르게 보였고, 복잡한 것들이 생각보다 단순할 수 있음을 보여 주었다.[3] 그 후 몇 년 동안 물리학자들은 모든 곳에서 혼돈(chaos, 카오스)을 찾아냈다. 날씨, 주식 시장, 사람의 심장 박동 등에서 혼돈이 발견되었고, 매년 수천 편의 논문이 쏟아졌다. 그러나 이 흥분에는 사회적인 유행도 크게 작용했다. 혼돈은 '뜨거운' 주제였기 때문에 이 주제로 논문을 내기가 더 쉬웠던 것이다. 혼돈이라는 말 자체가 연구에 저항할 수 없는 매력을 주었다. 오늘날 우리는 여러 상황에서 혼돈이 중요하다는 것을 알지만, 한때 그렇게 생각했던 것처럼 세상을 바꿀 만한 이론은 아니라고 평가한다. 이 흥분의 일부는 과학이었지만, 나머지는 사회적인 되먹임이었다.

그러나 인간 과학만큼 사회적인 되먹임이 강한(그리고 궁극적으로 피해를 입히는) 주제는 없다. 인간 과학은 사람들이 처해 있는 상황에 대해 어떻게 판단을 내리고 어떻게 반응하는지 명확히 이해하면서 출발해야 한다. 200년 전에 스코틀랜드의 경제학자 애덤 스미스는, 사람들은 자연과 다른 특성인 생각하는 능력과 이성을 사용해서 자기만의 이익을 좇는다고 주장했다. 이때부터 인간 과학의 기획은 전도양양하게 출발했다. 50년 전 제2차 세계 대전이 끝난 후에 경제학자들은 애덤 스미스의 아이디어를 이어받아 합리성을 인간 행동의 지침으로 내세웠고, 여기에서 인상적인 수학의 틀을 만드는 방법을 배웠다. 그들은 이 틀을 이용해서 인간 세계의 몇몇 특성에 대해 틀릴 수 없는 수학 정리를 증명하기도 했다. 그 수학적인 정교함 때문에 경제학은 사회 과학의 전범으로 받아들여졌고, 완벽한 합리성의 가정이 학계를 주도했다. 그러나 경제학의 역사를 살펴보면 경제학자들은 인간의 합리성과 추론 능력에 거의 배타적으로 집착하다 스스로 덫에 걸려 버렸다는 느낌을 지우기 어렵다. 모든 것을 혼돈으로 환원시키려고 노력하는 물리학자들처럼 경제학자들은 모든 인간 행동을 합리적인 행동으로 환원하려고 했다. 그들은 영특함과 수학을 뒤섞어 화려한 지적 서커스를 펼치면서 모든 것을 합리성의 개념 속에 가두려고 했지만, 이 방법은 통하지 않았다.

통상적인 과학의 기준(이론은 실세계를 설명하는 능력에 따라 흥망이 결정된다.)으로 판단할 때 대부분의 경제 이론은 정교한 수학으로 무장하고도 당혹스럽게 실패한 것들이다. 다행스럽게도 몇몇 용기 있는 사상가들이 지금 서서히 부활의 길을 밟고 있다. 그들은 우선 인간 개인에 대해 훨씬 더 실제적인 상을 구축하고 있다. 개인은 경제학자들이 그렇게 오랫동안 우겨 왔듯이 합리적인 계산 기계가 아니라, 훨씬 더 유연한 '사고 본능'을 가진 생물학적 피조물이라는 것이다.

경제학은 사람을 모른다

대부분의 사람들에게 **경제학**이라는 단어는 인플레이션이나 실업 또는 텔레비전에서 소비자의 확신에 대해 단조롭게 떠드는 소리를 말한다. 그러나 경제학자들은 사람들이 어떻게 결정을 내리는지를 연구하는 기초 과학이 바로 경제학이라고 본다. 포드 자동차를 살지 포르셰를 살지, 직장을 그만둘지 결혼을 할지 등의 결정 말이다. 경제학자들의 논의에 따르면, 사람에게 가장 중요한 것은 추론이라는 독특한 능력이다. 다른 동물과 달리 사람은 본능의 노예가 아니라, 이성의 능력을 사용해 아직 하지 않은 행동의 비용과 이득을 잴 수 있다. 은행 세 군데의 금리가 서로 다를 경우, 수표를 자유롭게 발행할 수 있다는 식의 특별한 장점이 없는 한 사람들은 금리가 가장 좋은 쪽을 선택할 것이다.

경제학자들은 세상 사람들을 모두 프랜시스 골턴(Francis Galton, 1822~1911년)의 친척쯤으로 여긴다. 19세기의 영국 신사이며 통계학자이자 발명가(예를 들어, 생각하는 사람의 머리가 과열되지 않도록 뚜껑이 열리는 중절모를 발명했다.)였던 골턴은 일생 동안 사실들을 수집하고 측정하고 계산했다. 골턴은 기도가 진짜로 신의 응답을 받는지 실험했고(응답받지 않는다고 결론내렸다.), 유럽 사람이 거친 야외를 여행할 때 생길 수 있는 문제에 대한 방대한 지침서를 펴냈다. 뗏목을 만들어야 한다면 어떤 나무를 써야 할까? 골턴이 1872년에 낸 『여행의 기술(The Art of Travel)』을 보면 된다. 이 책에서 골턴은 오리나무, 물푸레나무, 너도밤나무, 느릅나무, 전나무, 낙엽송, 참나무, 소나무, 미루나무, 버드나무의 '뜨는 힘'을 측정했다.[4] 골턴은 생각하는 사람이었고, 이 '합리적인' 사람은 생각하는 능력을 써 볼 만한 것이면 뭐든지 찾아 헤맸다. 지난 50년 동안 경제학자들은 우리가 모두 기본적으로 골턴과 같다고 논했다.

예를 들어 1960년대에 컬럼비아 대학교의 경제학자 게리 스탠리

베커(Gary Stanley Becker, 1930년~)는, 범죄자들이 범죄를 저지르는 이유가 사회 부적응자이거나 도덕적인 이상이 있기 때문이 아니라, 사려 깊은 분석 끝에 범죄가 최상의 선택이라고 판단했기 때문이라고 했다. 이렇다 할 돈벌이 재주가 없는 사람은 직장을 구하기보다 자동차를 훔치거나 길거리에서 할머니에게 돈을 빼앗는 편이 낫다고 생각한다는 것이다. 베커의 '합리적 선택'에 따르면 범죄는 또 다른 형태의 사업일 뿐이고, 벌금과 감옥행은 어쩌다 지불해야 하는 비용일 뿐이다. 베커는 여기서 더 나아갔다. 몇십 년 동안 발표한 여러 유명한 논문에서(이것으로 그는 나중에 노벨 경제학상을 받았다.) 합리적 선택에 관한 자신의 이론이 사람들이 하는 거의 모든 일을 설명할 수 있다고 주장했다. 직장을 바꾸거나 결혼 또는 이혼을 하거나 뭐든 시작할 때, 베커의 주장에 따르면 사람들은 그 선택이 더 나은 결과를 가져올 터이므로 합리적으로 선택한다는 것이다. 사람들은 왜 아이를 낳고 긴 시간과 많은 돈을 양육에 쏟아붓는가? 여러분은 사랑, 감정, 본능 등을 생각하겠지만, 베커의 합리적 선택 이론에 따르면 사실은 부모가 미래를 위해 현명한 투자를 한 것이고, 결국은 자식들에게 뿌린 것보다 더 많이 거두게 된다는 것이다. "그들은 아이들의 교육과 재주에 재정적으로 투자해서 이득을 본다." 그의 결론에 따르면 이 투자가 돈을 은행에 넣어 두는 것보다 더 많은 이득을 가져오는 한, "부모는 노년에 대비해서 간접적으로 자식들에게 투자한 것이다."[5]

   베커와 같은 '경제적 사고'를 바탕으로 한 이론들은 사람들이 합리적인 결정을 할 뿐만 아니라 무한한 정신 능력이 있어서 전혀 실수하지 않는다고 가정하기도 한다. 전형적인 예로, 현대 경제학의 한 핵심

부분은 이른바 '평생 저축 이론(Life Cycle Theory of Saving)'이다. 40세인 사람이 1년에 6000만 원을 번다면, 그는 얼마나 쓰고 얼마나 저축할 것인가? 이런 질문에 대한 대답은 경제에서 장기적으로 사람들이 얼마나 많이 저축하고 매년 얼마나 소비하는지 결정하는 데 중요하다. 경제학자들이 만든 대부분의 모형은 모든 사람들이 완벽하게 합리적인 방식으로 해마다 얼마나 벌게 될지 추정하고 복잡한 계산(컴퓨터를 동원해야 할 것이다.)을 거쳐 올해에는 얼마나 저축해야 평생 일정하게 쓸 돈이 모이는지 알아낸다고 가정한다. 이 모형은 모든 사람들이 단순히 합리적인 정도가 아니라, 완벽하게 합리적이며 정확하고 철저한 계산을 바탕으로 모든 결정을 내린다고 가정한다. 이것이 표준적인 경제학이 하는 방식이다. 어떤 경제학자가 요약했듯이, "사람들이 합리적으로 행동한다는 것은 확고하게 받아들여진 경제학의 주춧돌이다. 인간 행동의 예측 가능성의 배후에는 합리성이 있다고 여겨지고, 따라서 합리성은 체계적인 과학 탐구의 후보이다."[6] 이런 생각에 따르면, 사람들이 확고하게 합리적이라는 가정이 없다면 인간 과학은 아예 존재하지 못한다.

　인간 세상에 대한 이런 관점은 시야가 좁다. 나는 일상적으로 실수를 하고, 어리석은 생각을 하고, 꾸물대고, 감정에 따라 행동한다. 아마 여러분도 그럴 것이다. 평범한 사람들은 일상적으로 화, 사랑, 심술 등에 이끌려 계산 없이 행동한다. 사실 우리가 이 장에서 살펴볼 것처럼, 경제 이론의 합리적인 이상에 따라 살아가는 사람은 아무도 없다는 증거는 아주 많다. 대부분의 경제학자들도 사람들이 실제로 그런 식으로 행동한다고는 생각하지 않는다.[7] 그런데도 합리성의 가정은 여전히 현대의 경제학적 사고에 남아 있다. 여기에는 두 가지 이유가 있는 것으로 보인다.

미시간 대학교의 정치 과학자 로버트 액설로드(Robert Axelrod)는 경제학자들이 한 가지 단순한 이유 때문에 합리성 가정을 버리지 않는다고 말했다. 이것이 없으면 경제학자들은 뭘 해야 할지 알 수 없기 때문이라고 말이다. 인간 행동은 풍부하고 다양하다. 그러나 모든 사람이 완벽하게 합리적이라고 가정하면, 모든 사람이 다 똑같아진다. 그뿐만 아니라 어떤 상황에서 사람들이 어떻게 행동할지 수학 문제처럼 되어서, 논리적 추론으로 알아낼 수 있다. 액설로드는 이렇게 말했다. "내 생각에, 합리적 선택이라는 가정이 주도하는 이유는 학자들이 이것을 실재로 보기 때문이 아니다. …… 이 비현실적인 가정 때문에 실물 경제에 참고할 만한 가치는 크게 떨어진다. 합리적 선택 가정의 진짜 이점은 이것이 추론을 가능하게 한다는 데에 있다."[8] 합리성을 가정하면 논리만으로 이론을 구성할 수 있고, 수고스러운 관찰을 하지 않아도 되기 때문이다.

경제학자들이 완벽한 합리성을 그렇게 찬양하는 두 번째 이유는 과학이라든가 그런 가정이 없을 때의 난점과는 아무 관계가 없고, 사람으로서 경제학자들끼리 주고받는 사회적인 되먹임 때문이다. 경제학자도 아이들과 가정이 있고, 자기의 경력도 관리해야 한다. 다른 학자들이 하는 대로 경제학과 사회 이론을 하는 것이 합리적인 선택이라면, 합리적 선택 가정을 얼마나 많이 사용하는가에 따라 연구의 우수성을 판단하는 것은 자연스러운 일이다. 1970년대부터 1990년대까지 경제학자들의 모형에서 합리적 선택 가정이 차지하는 비중은 점점 더 커져 갔다. 시카고 대학교의 경제학자 리처드 탈러(Richard Thaler, 1945년~)는 이렇게 회상했다. "이 분야의 미학은 모형 A보다 모형 B의 행위자가 더 똑똑하면 모형 B가 더 낫다는 것이었다."[9] 당신의 연구에서 완벽하게 합리적인 사람을 다루는 것이 더 우수한 연구라고 평가받을 수 있는 길이라면 왜 그렇게 하지 않겠는가?

어떤 경제학자들은 논문에서 이런 요인들의 영향을 인정하기도 했다. 몇 년 전에 나온 한 논문은, 경제학자 개인은 '합리적 선택' 개념이 틀렸다는 것을 알면서도 거기에 매달리는 것이 합리적이라고 논했다. 무엇보다도 이것은 여전히 주도적인 개념이고, 경제학자들은 이것을 공격하기보다는 옹호해야 더 좋은 경력을 쌓을 수 있기 때문이다.

카드로 지은 집이라거나 벌거벗은 임금님이라거나 뭐라고 부르든 합리성의 경제학은 오래 버틸 수 없었고 결국 무너져 버렸다. 어떤 경제학자들은 경제학이 실세계에 대한 것이 아니라, **정의상** 완벽하게 합리적인 사람들이 다른 완벽하게 합리적인 사람들과 서로 영향을 주고받는 상황에 대한 연구이며, 따라서 경제학은 순수 수학의 한 갈래라고 말함으로써 완전히 막다른 골목으로 들어가 버렸다. 이런 태도를 보면 영국의 어떤 귀족 여성이 버컨헤드 경(Lord Birkenhead, 1872~1903년. 프레더릭 에드윈 스미스(Frederick Edwin Smith), 영국의 보수당 정치가)에 대해서 말한 것이 생각난다. "그는 아주 영특하지만, 때때로 자신의 영특함에 도취되고는 한다." 그러나 어떤 경제학자들은 낡은 경제학과 결별하고 실세계에 적용할 수 있는 개념을 연구하고 있다. 그들의 연구는 합리적 선택 이론이 인간 사회에 대한 이론으로서보다는 사회 현상 자체로서 더 흥미롭다는 것을 입증했다. 여기에는 세 가지 중요한 점이 있다. 첫째, 사람은 아무리 노력해도 합리적으로 행동할 수 없을 때도 있다. 둘째, 사람이 합리적으로 행동할 수 있다고 해도 대부분의 사람들은 그렇지 못하며, 합리적인 사람이 오히려 예외이다. 셋째, 사람들은 합리성 없이도 잘해 나간다. 그것만큼 좋고 때때로 더 뛰어난 방법이 있기 때문이다.

경제학자들은 돈을 벌지 못한다

1987년 어느 날 런던의 《파이낸셜 타임스》를 읽던 은행가들과 사업가들은 이상한 경연 대회 광고를 보았다. 이 대회에 참가하려면 0에서 100까지의 모든 수 중에서 하나를 골라서 보내면 되고, 모든 사람들이 보내온 수의 평균의 3분의 2에 가장 가까운 수를 고른 사람이 우승을 차지한다. 동점자가 있을 때는 무작위로 한 사람을 골라서 우승자로 한다. 상은 런던에서 뉴욕까지 콩코드 비행기 일등석 왕복권으로, 값이 100만 원쯤 된다.

당신이 이 게임에 참가한다면 어떤 수를 고를 것인가? 전통 경제학에 따르면 당신은 합리적으로 선택할 것이다. 하지만 어떻게 하는 것이 합리적인가? 당신은 다른 사람들이 어떤 수를 선택할지 알지 못하고, 따라서 합리적으로 선택하기가 꽤 어렵다. 어쩌면 사람들이 내놓는 수는 0에서 100까지 완전히 무작위일 수도 있다. 이 경우에 평균은 50 근처가 되고, 그 3분의 2인 33이 가장 좋은 추측이 된다. 당신은 우승을 기대하며 이 값을 적어 보낼 것이다. 하지만 여기에는 분명히 문제가 있다. 다른 사람들도 똑같이 생각한다면 어떻게 되는가?

그렇다면 다른 사람들도 33에 가까운 수를 선택할 것이고, 평균은 50에 못 미치고 33 근처가 될 것이다. 그러면 여기까지 생각하고 나서 그 3분의 2인 22를 써서 보낼 수 있다. 하지만 이번에도 다른 사람들도 똑같이 생각하면 평균은 다시 22로 내려가고, 최선의 추측은 15가 된다. 이런 식으로 계속 내려간다. 생각을 많이 하면 할수록 수가 점점 작아지고, 진정한 질문은 언제 멈출까가 된다. 이 논리를 계속 따라가면 모든 사람들이 아주 작은 수를 선택해서 어쩌면 0을 선택할지도 모른다. 이렇게 되면 아주 이상한 결과이지만, 모든 사람들이 선택한 값의 평균의 3분의 2는 0이 된다. 0의 3분의 2는 0이기 때문이다. 그러므로 합리적인 경제학자가 선택할 값은 0이다. 하지만 다른 사람들은 어떨까?

실제의 게임에서 0을 선택한 사람이 있었지만 많지는 않았다. 이 흥미로운 대회를 고안한 사람은 시카고 대학교의 리처드 탈러였다. 탈러가 참가자들이 보내온 수를 정리해 보니, 몇몇 사람들이 0을 선택했고 꽤 많은 사람들이 33과 22를 선택했다(이 논리를 한 단계 또는 두 단계까지 밀고 나간 사람들이다.). 전체 평균은 18.9였고, 콩코드 왕복권은 13을 선택한 사람에게 돌아갔다.

탈러의 대회는 경제학자들이 말하는 사람들의 행동 방식과 현실에서 걸어다니는 사람들의 행동 방식 사이에 이글대는 불일치를 보여 준다. 0을 선택해야 최선이라는 생각은 게임 이론에서 나온다. 경제학 전통의 일부인 게임 이론은 합리적인 사람들이 경쟁 상황에서 할 수 있는 최선의 행동을 연구하는 것이다. 1950년대에 수학자 존 내시(John Nash, 1928년~. 영화 「뷰티풀 마인드」의 실제 주인공이다.)는 여러 상황에서 합리적인 사람이 상대방도 합리적이라고 가정할 때 사용할 수 있는 '최고의' 전략 한 가지가 존재함을 증명했다. 게임 이론에 따르면 탈러의 대회에서는 0이 최고의 선택이다. 무엇보다도, 모든 사람들이 완벽하게 합리적이면 그들은 모두 같은 수를 선택할 것이고, 0이 평균의 3분의 2가 될 수 있는 유일한 값이다.

문제는 이 대회에 참가한 합리적인 경제학자들은 패자가 되었다는 것이다. 그들의 선택은 실제로 합리적이지도 않고 영특하지도 않은 것이었다. 이것은 순진한 행동이었고, 인간 본성에 대해서는 더욱 그랬다. 경제학자는 스스로 합리적으로 행동하려고 노력할 수 있지만 다른 사람이 하는 일은 통제할 수 없다. 이 대회는 순수 수학 문제가 아니고, 최선의 값은 실제로 사람들이 하는 선택에 따라 달라진다. 참가자가 어떤 미친 이유로 선택하든 말이다. 이런 이유로 합리적 선택 이론의 변종인 게임 이론은 현실에 전혀 도움이 되지 않는다. 그리고 정말 중요한 것은 우리가 매일 탈러의 대회와 비슷한 상황에 직면하고, 이 상황에서는 이성과 논리가 전혀 쓸모가 없다는 것이다. 아침에 출근할 때 당신은 교통 정체를 피해서 다른 사람들이 많이 가지 않는 길로 가려고 한다. 그러나 다른 사람들도 똑같이 생각한다. 이렇게 해서 당신이 선택한 한적한 길은 똑같이 생각한 많은 사람들로 붐비게 된다. 이 문제는 타인의 마음을 읽지 못하는 한 합리성으로는 풀 수 없다. 이번에는 주식 거래를 보자. 여기에는 큰돈이 걸려 있고, 당신은 합리적인 행동은 언제나 그 대가를 받는다고 생각할 것이다. 하지만 그렇지 않다. 경제학의 오래된 논증에 따르면 주식 가격에는 언제나 적정하고 현실에 부합하는 가격이 있다고 한다. 잠시 저평가된 주식이 있으면 합리적인 투자자들이 곧 사들이기 때문에 값이 오르고, 고평가된 주식은 금방 팔기 때문에 값이 내린다는 것이다. 합리적인 투자자들은 이 과정에서 돈을 쉽게 벌기 때문에 그렇게 한다. 그러나 현실은 그리 간단하지 않다. 어떤 영특한 사람들이 특정한 주식의 주가가 너무 낮은 것을 알았다고 하자. 쉽게 돈을 버는 게 목적인 그들은 합리적으로 생각해 주식을 사들이고, 적정 가격만큼 오를 때까지 기다렸다가 이익을 남기고 팔려고 할 것이다. 그러나 탈러의 대회에 참가한 합리적인 경제학자처럼, 그들은 주식에 대해서는 제대로 알고 있을지 모르지만 사람에 대해서는 순진하다. 전혀 정보가 없고 합리적이지도 않은 다른 투자자들은 아무 이유 없이 그 주식은 안된다고 생각하고 계속해서 팔아서 값이 더 내려간다. 이런 행위가 아무리 어리석고 거슬리는 일이어도 말이다.

완벽하게 합리적인 투자자는 돈을 잃을 수 있다. 주식 시장은 다른 사람의 믿음에 대한 믿음으로 굴러가기 때문에, 합리적으로 행동하면 도리어 손해를 볼 수 있다. 많은 사람들이 클리블랜드의 기온이 시장에 영향을 준다고 생각하기 시작하면, 기온이 실제로 시장에 영향을 준다. 따라서 현명한 투자자들이라면 그것이 아무리 멍청해 보이는 일이어도 사고팔기 전에 기온을 확인해 보는 편이 낫다. 합리성에 대해서는 이 정도로 끝내자. 원리적으로도 합리성은 때에 따라서 가끔씩 사용할 수 있는 도구일 뿐이다.[10]

그러나 합리적 선택 이론을 구제하고 싶은 사람이면 누구나, 좀 더 조사해 보면 상황이 훨씬 더 나쁘다는 것을 알게 된다. 이제까지 밝혀진 것처럼, 아이들도 논리적으로 판단할 수 있는 단순한 상황에서

조차 많은 사람들이 그렇게 하지 않는다. 우리는 유전적으로 오류를 범하도록 타고났다.

오류는 본능이다!

예를 들어 내가 여러분들에게 공과 방망이 가격의 합이 1.1달러이고 방망이가 공보다 1달러 더 비쌀 때, 공은 얼마냐고 묻는다고 하자. 이 문제는 그리 정교한 계산이 필요하지 않다. 이것은 학교 아이들이 매일 하는 숙제보다 어렵지 않다. 그러나 몇 년 전에 매사추세츠 공과 대학의 심리학자 셰인 프레더릭(Shane Frederick)이 프린스턴 대학교와 미시간 대학교의 가장 똑똑한 학생들에게 이 문제를 내고 답을 낼 시간을 충분히 주었지만, 프린스턴 대학생의 50퍼센트와 미시간 대학생 56퍼센트가 틀린 답을 내놓았다. 그들은 방망이 값이 1달러이고 공 값은 0.1달러라고 말했다. 하지만 정확한 답은 방망이 값이 1.05달러이고 공 값이 0.05달러이다.

거의 대부분의 사람들이 이 질문에 앞의 학생들처럼 틀리게 대답한다. 사람들에게는 이 답이 올바르다고 느껴지는 것이다. 전체인 1.1달러는 시각적으로 1달러와 0.1달러로 쉽게 쪼개지고, 이 두 양은 대략 비슷한 양만큼 다르다. 그래서 위의 답이 우리의 마음에는 '자연스러운' 해답으로 보인다. 이 오답을 물리치고 정답을 찾으려면 조금 더 신경을 써야 한다. 똑같은 문제를 다르게 질문하면 어렵지 않게 느껴질 수도 있다. 공과 방망이 가격의 합이 1.1달러이고 방망이 가격이 1.05달러라고 하면 사람들의 본능은 틀리지 않게 답한다.

이 실험은 분명히 '합리적 선택'으로 설명할 수 없다. 심리학자들과 실험 지향의 경제학자들이 지난 10년 동안 수행한 수백 가지 실험에 대해서도 마찬가지이다. 이것을 설명하고 싶으면 어딘가 다른 곳을 보아야 한다. 먼저 프린스턴 대학교의 심리학자 대니얼 카너먼(Daniel Kahneman, 1934년~)이 말하는 인간 마음의 '두 시스템'[11]을 살펴보자. 카너먼은 우리 마음의 일부만이 '합리적'이라고 주장한다. 이 부분은 의식적으로 논리에 따라 정보를 처리한다. 이것은 느리고 단계적으로 작동하고 계속 노력하고 주의를 집중해야 한다. 그러나 이러한 계산하는 마음 아래에는 더 '본능적인' 마음이 있는데, 이 마음은 빠르고 자동적이고 제어하기 힘들다. 우리의 본능적인 마음은 1.1달러를 보고 이것을 1달러와 0.1달러로 쪼갠다. 이것은 핵심적인 세부를 뒤로 미루고 '쏘고 난 다음에 자세한 건 나중에 알아본다.'는 식의 답을 내뱉는데, 이때는 어떤 '합리적인' 분석도 하지 않는다.

카너먼은 다른 어떤 사람보다 경제학의 합리성에 대한 환상을 폭로하는 데 큰 공을 세웠다. 1970년대와 1980년대에 지금은 작고한 아모스 트버스키(Amos Tversky, 1937~1996년)와 함께 연구하면서, 카너먼은 우리가 어떻게 정보를 얻고 사용하는지, 지적인 사람들이 어떻게 체계적으로 경제학자들의 합리성의 이상에서 벗어나는지를 보여 주는 여러 가지 간단한 상황을 탐구했다. 예를 들어, 카너먼은 질문이나 상황을 어떤 방식으로 보여 주느냐에 따라 사람들의 반응이 극적으로 달라지는 것을 보여 주었다. 위험한 수술을 앞둔 사람들에게 수술의 실패율이 10퍼센트라고 말하기보다 성공률이 90퍼센트라고 말해 주면 수술을 받겠다는 사람이 더 많아진다. 사람들이 돈에 가치를 매길 때도 상황을 보여 주는 방식에 영향을 받는다. 음반 가게에서 15달러짜리 CD를 사는데 점원이 2분 거리에 있는 다른 가게에 가면 5달러 더 싸게 살 수 있다고 말하면, 많은 사람들이 수고를 마다하지 않고 5달러를 아끼기 위해 그 가게로 간다. 그러나 연구에 따르면 똑같은 사람들이 125달러짜리 가죽 점퍼를 살 때는 5달러를 아끼기 위해 그런 수고를 하려고 하지 않는다. 합리적으로 보면 5달러는 똑같은 5달러인데도 본능적인 마음은 동의하지 않는다. 본능은 5달러를 경우에 따라 다른 가치로 보는 것이다.

이것은 물론 완전히 비합리적이다. 그러나 이것이 바로 인간적인 것이다. 메마른 통계학의 언어에 질식한 사람들에게 진짜로 단순한 질문을 하면 사정은 더 나빠진다. 오늘날 HIV를 탐지하는 혈액 검사는 매우 정확하다. 누군가가 HIV 양성이라면 그 시험은 99.9퍼센트 정도로 정확하다. 누군가가 HIV 음성이라면 그 정확도는 더 뛰어나서, 99.99퍼센트쯤으로 정확하다. 이제 미국의 거리에서 아무나 붙들고(물론 마약 상용자나 남성 동성애자나 HIV 노출 위험이 큰 사람은 제외하고) HIV 검사를 해 보자. 이 검사의 결과가 양성으로 나왔을 때 그 사람이 진짜로 바이러스 보균자일 가능성은 얼마일까? 생각하지 않고도 바로 대답할 수 있을 것 같다. 그 사람이 HIV 보균자임은 거의 명백하다. 그렇지 않은가? 그렇지 않다. 바른 답은 50퍼센트이다.

당신이 틀리게 답했어도 실망하지 말기 바란다. 독일 막스 플랑크 연구소의 심리학자 게르트 기거렌저(Gerd Gigerenzer)는 이 문제를 수학과 학생들과 경험이 많은 의사들 수백 명에게 내 보았다. 그의 결과에 따르면 대학생의 95퍼센트가 틀렸고, 의사의 40퍼센트가 틀렸다.

의사들은 바로 이런 문제를 다루도록 특별한 훈련을 받은 사람들인데도 말이다.[12] 문제는 사람들의 사고 본능에 있다.

당신이 대부분의 사람들과 같다면 본능의 지배를 받고 있어서 합리적인 답을 찾아낼 수 있는 충분한 정보를 볼 수 없다. 바른 답을 알려면, 여러분은 처음부터 '무작위로 뽑은 사람'이 HIV 보균자일 가능성이 거의 없다는 것을 알아야 한다. 미국 사람들 중에서 위험성이 큰 집단(남성 동성애자, 마약 상용자 등)을 제외하면 바이러스 보균자일 가능성이 0.01퍼센트에 불과하다. 이것은 그 사람이 바이러스 보균자여서 (거의 확실히) 양성으로 나타날 가능성이 0.01퍼센트라는 뜻이다. 이것은 이 사람이 보균자가 아니면서 드문 실수로 양성으로 결과가 나올 가능성과 같다. 따라서 양성 결과가 나왔다면 그것이 옳을 가능성과 틀릴 가능성은 반반이다. 아직도 이상하다면, 확률이라는 것이 사람의 마음을 혼란스럽게 하기 때문이다. 이번에는 확률 말고 사람으로 생각해 보자. HIV 위험이 거의 없는 사람들을 1만 명쯤 검사한다고 하자. 위험성이 높지 않은 보통 사람들의 바이러스 보균율(대략 1만분의 1이다.)로 볼 때 그중에서 한 명쯤 실제로 바이러스를 가지고 있음직하다. 이 사람은 거의 확실히 검사 결과가 양성으로 나올 것이다. 검사는 그만큼 정확하다. 나머지 9,999명은 바이러스를 가지고 있지 않을 것이다. 그러나 검사가 절대적으로 완벽하지는 않기 때문에(1만 명을 검사하면 한 명에게서 잘못된 결과가 나온다.), 이 사람들 중에서 잘못된 양성 결과가 한 명쯤 나옴직하다. 전체적으로 1만 명 중에서 진짜 보균자 한 명과 가짜 보균자 한 명이 나오게 된다. 그래서 양성 결과 중에서 50퍼센트만 진짜인 것이다.

모든 면을 고려할 때, 합리성이 두드러지는 것이 아니라 합리성에서 벗어나는 일이 자꾸만 더 두드러진다. 많은 경제학자들은 이렇게 빗나가는 것을 '비정상'이라고 부른다. 마치 이것이 합리성의 이상에서 벗어난 기묘하고 설명할 수 없는 변이인 것처럼 말이다. 그러나 더 깊은 전망은 우리의 사고 본능이 전혀 비정상적이지 않다고 암시한다. 인간 역사의 맥락에서는 우리가 하는 오류투성이의 방식이 완벽하게 타당하다.

현대인의 뇌 속에 서식하는 석기 시대의 마음

합리적 선택 이론의 문제는, 인간의 마음을 범용 컴퓨터로 본다는 것이다. 범용 컴퓨터는 어떤 문제든 풀도록 사용자가 설정할 수 있다. 그러나 마음은 범용 컴퓨터가 아니다. 마음은 특정한 일을 더 잘 한다. 인간 마음은 50미터나 떨어져 있는 친구의 뒷모습은 금방 알아보지만 233 곱하기 57을 계산할 때는 쩔쩔맨다. 사람의 심장을 생각해 보자. 심장은 온몸의 동맥과 정맥에 피를 흘려보내는 정교한 펌프이다. 그러나 심장은 자동차 엔진에 기름을 공급하는 데에는 형편없다. 심장은 진화를 통해 특정한 일을 하도록 설계되었고, 사람의 마음도 마찬가지이다.

마음에 대한 더 좋은 비유로는 런던 과학 박물관에 전시되어 있는 이상한 장치를 들 수 있다. 이 장치에서는 높이 약 2미터의 무거운 나무 구조물이 여러 크기의 강철 바퀴를 떠받고 있다. 이 바퀴들은 금속 축을 통해 중심점 아래로 연결되고, 여기에 기계적으로 작동하는 펜이 달려 있어서 회전하는 원통에 줄을 긋는다. 크랭크를 돌리면 모든 바퀴가 돌고 드럼도 돌아서, 펜이 구불구불하게 줄을 긋는다. 이 줄은 아래위로 오르내리면서 어느 정도 규칙적이면서도 조금 불규칙한 모양을 이룬다. 장치 밑에 붙어 있는 명판에는 영국의 물리학자 윌리엄 톰슨(William Thomson, 1824~1907년)이 19세기 후반에 이 장치를 발명했고 1950년대까지 밀물 시간 예측에 사용했다고 적혀 있다. 여러 가지 크기의 바퀴는 달과 태양을 비롯한 여러 요인을 나타내고, 이 기계는 이것들을 모두 합쳐 전체적인 밀물 썰물을 계산한다.

다른 일에는 이 장치를 사용할 수 없다. 이것은 컴퓨터가 아니어서 프로그래밍할 수 없다. 이런 이유로 이 장치를 인간 마음에 대한 더 나은 비유라고 할 수 있다. 인간 마음은 이 장치처럼 특화된 작업을 위해 설계된 특수한 장치이다.

수백만 년의 진화를 겪으면서 형성된 뇌는 그 구조와 기능 속에 모든 역사를 품고 있다. 뇌는 수학 문제를 풀거나 자동차를 운전하거나 위험한 재정 투자를 평가하도록 진화하지 않았다. 뇌는 분명히, 통계적 추론의 복잡한 숲을 꿰뚫어 보도록 진화하지 않았다. 우리의 뇌는 조상들이 현재와 아주 다른 세계에 살면서 마주쳤던 문제를 풀도록 진화했다. 사회적 원자를 이해하는 문제에 마주쳤을 때 가장 중요한 사실은, 인간 역사의 99퍼센트 기간 동안 조상들은 소규모 집단으로 방랑하면서 수렵과 채집으로 살았다는 것이다. 집단의 크기는 대개 수십 명 정도였다. 인류학자 존 투비(John Tooby)가 말하듯이 그들은 "평생 동안 지속되는 캠핑 여행"을 다녔고, 식물을 채집하거나 동물을 사냥하면서 살았다.[13] 자연 선택에 따라 뇌는 조상들이 매일 긴

급하게 풀어야 했던 문제를 풀도록 점진적으로 진화했다. 사냥, 짝짓기, 육아, 누가 믿을 만하고 누가 그렇지 않은지 알아보는 등의 일 말이다.

톰슨의 장치는 항공기 운행에 필요한 수학 계산을 잘할 것 같지 않다. 이 장치는 다른 목적으로 설계되었다. 인간의 마음이 현대 세계를 다루는 데도 비슷한 문제가 있다. 문제는 마음이 현재의 상황보다 조상들이 살았던 수렵 채집의 상황에 더 잘 맞춰져 있다는 것이다. 조상들은 뱀을 무서워하도록 배웠다. 뱀은 아프리카 열대 우림의 빽빽한 밀림에서 중대한 위험이었기 때문이다. 아직도 많은 사람들은 거미와 뱀을 몹시 두려워하지만, 전기 소켓을 만지거나 자동차를 타는 일에 강한 공포감을 느끼는 사람은 거의 없다. 이런 것들이 일상 생활에서 훨씬 더 위험한데도 말이다. 우리의 마음은 특수 목적의 정보 처리 장치이며, 조상들이 살던 세계에 맞춰진 사고 본능을 제공하도록 설계되어 있다. 투비가 말했듯이 "뇌는 어떤 종류의 추론을 아주 쉽게 힘들이지 않고 마치 거미가 그물을 짜듯이 '자연스럽게' 해 낸다."

인간의 또 다른 행동적 습관은 '손실 혐오'이다. 합리성에 따르면 사람들이 10달러를 얻는 것을 좋아하는 만큼 10달러를 잃는 것도 싫어해야 한다. 같은 가치를 얻는 것과 잃는 것 사이에는 대칭성이 있어야 한다. 그러나 실제로는 그렇지 않다. 텔레비전 게임「누가 백만장자가 되고 싶은가」에 나오는 출연자들을 예로 들어 보자. 이 프로그램에서 사람들은 계속해서 퀴즈를 풀고 틀릴 때까지 계속한다. 게임 참가자의 잠재적인 상금은 한 단계마다 두 배가 되지만 잠재적 손실도 점점 더 커진다. 2년 전에 벨파스트에 있는 퀸스 대학교의 경제학자 고티에 라노(Gauthier Lanot)와 동료들은 영국판의 이 게임에 출연한 출연자 515명의 행동을 분석했다. 단 세 명만이 끝까지 가서 100만 파운드를 벌었고, 대략 3분의 2가 이기고 있을 때 그만뒀고, 3분의 1이 질문에 승부를 걸고 틀린 답을 했다. 연구자들의 분석에 따르면 그들이 모두 끝까지 갔으면 더 많은 사람들이 100만 파운드를 딸 수 있었고, 출연자들이 받는 평균 상금도 더 올라갔을 것이다. 합리적인 참가자는 평균적으로 보통 사람들보다 더 많은 돈을 딴다. 그러나 사람들은 큰 손실을 특히 싫어하는 경향이 있다. 흥미롭게도 다른 연구자들은 비슷한 손실 혐오를 실험실에서 원숭이를 대상으로 확인했다. 예일 대학교의 심리학자 로리 산토스(Laurie Santos)와 경제학자 케이스 첸(Keith Chen)은 꼬리감는원숭이들에게 포도를 경품으로 걸고 여러 가지 도박을 하도록 했다. 실험 설정을 잘 조작해서 그들은 원숭이들이 잠재적인 상금을 걸고 도박하는 상황을 만들었다. 한 번은 포도 한 송이를 확보하고 다른 한 송이를 얻을 가능성이 반반이 되게 했고, 또 한 번은 포도 두 송이를 확보하고 그중 한 송이를 잃을 가능성이 반반이 되게 했다. 두 상황이 엄밀하게 똑같은데도 원숭이들은 첫 번째 설정을 훨씬 좋아했다. 원숭이도 잠재적인 손실보다는 잠재적인 이득이 더 좋아한다는 것이다.[14] 인간과 원숭이의 유사성에 따르면 비합리성의 진화적인 기원은 아주 오래된 듯하다.

따라서 인간 행동과 의사 결정에서 합리성이 최종적인 답이 아니라는 것에 놀랄 필요가 없다. 합리성이 최종적인 답이라는 생각은 본능적인 행동이 의식에 앞서는데도 의식이 모든 행동을 통제하고 있다는 환상이다. 이 당혹스러운 생각을 제시하는 가장 유명한 실험은 아마 독일의 심리학자 베냐민 리베트(Benjamin Libet)가 1980년대에 수행한 실험일 것이다.[15] 리베트와 동료들은 지원자가 판단을 하고 단추를 누르는 따위의 단순한 행동을 할 때 일어나는 대뇌 피질의 활동을 감시하기 위해 뇌에 전극을 설치했다. 지원자는 정해진 시간 안에 마음 내킬 때 단추를 누르고, 그들이 이렇게 하려고 했던 정확한 순간을 기록했다. 지원자들은 단추를 누르겠다고 생각하고 난 후 대개 0.2초 만에 단추를 눌렀다. 여기에서 놀랍게도 뇌 활동의 기록은 0.5초나 먼저 나타나서, 행동을 해야겠다고 판단하기 0.3초 전부터 뇌 활동이 일어나고 있었다. 이것은 마음이 작동하는 방식이 완전히 뒤집어져 있다는 것을 보여 준다. 의식이 결정을 내리고, 명령 신호를 보내고, 몸이 거기에 반응해서 팔과 손가락이 움직인다고 우리는 생각한다. 그러나 리베트의 실험에서는 지원자가 단추를 누르는 데 필요한 생리 활동을 시작하고 나서 한참 뒤에야 의식적인 결정을 한다고 생각한다는 것이 밝혀졌다. 이 실험에 따르면 의식은 통제를 담당하고 있지 않으며, 통제한다는 것은 환상이다.

요점은 카너먼의 '두 시스템'이라는 생각을 진짜로 진지하게 받아들여야 한다는 것이다. 어떤 새로운 상황이 닥치면 본능 시스템이 나서서 사람의 즉각적인 반응을 담당한다. 그 순간에 사람은 현대 세계에 있는 수렵 채집인이며 꼬리감는원숭이의 가까운 친척이어서, 조상들이 남겨준 정신적인 도구를 사용한다. 나중에야 천천히, 주저하면서, 마음의 두 번째 도구인 프랜시스 골턴의 이성이 나오는 것이다. 프린스턴과 미시간 대학생들이 공과 방망이 가격을 알아맞히려고 한 것을 다시 한번 생각하자. 진화를 거치며 다듬어진 그들의 사고 본능은 재빨리, 그리고 효과적으로 1.1달러를 대략 바른 크기로 쪼갠다. 응답자들 중 절반은 본능에 따라 답을 냈다. 다른 절반은 두 번째 시스템을 동원해서 본능을 억누르고 바른 답을 얻었다.

완벽한 합리성은 시간과 공간의 바깥에 있지만 사람들은 그렇지 않다. 그러므로 사람을 합리적인 자동 인형이나 계산 기계로 볼 수 없다. 우리는 기나긴 진화의 역사를 가진 인류의 일부이고, 현대의 옷을 입은 수렵 채집인이며, 미약한 계산 기능을 가지고 본능에 의지해서 생각한다.

인간은 진화하는 기회주의자

최근까지 경제학(여기에서 내가 말하는 경제학은 '과도하게 합리성을 강조하는' 전통적인 경제학이다.)은 사회를 이해하는 바른 체계를 갖추었다고 널리 받아들여졌다. 그러나 심리학자, 진화 생물학자, 심지어 경제학자들조차 이제는 경제학자들이 집단적인 꿈속에서 살았다는 것을 깨달았다. 10년 전에 정치 과학자 프랜시스 후쿠야마(Francis Fukayama, 1952년~)는 합리적 선택을 바탕으로 한 주도적인 경제 이론이 옳을 가능성이 "대략 80퍼센트"라고 썼다.[16] 하지만 오늘날에는 반대로 80퍼센트쯤 틀렸다고 생각되며, 합리성이 가장 중요하게 작용하는 문제들만 고려해도 그렇다(나중에 더 심각한 문제도 살펴볼 것이다.). 그러나 궁극적으로 이 책의 목적은 파괴가 아니라 건설이고, 사회를 설명하는 더 나은 이론을 구축하는 것이다. 이 목적을 위해 우선 사회적 원자에 대해 더 잘 알아야 한다.

거칠게 요약해서 카너먼의 '두 시스템'은 수많은 인간 행동, 적어도 사람들이 문제를 해결하는 두 가지 본질적인 방식에 대응한다고 볼 수 있다.

첫째, 사람은 이성적인 계산기도 아니고 교활한 도박사도 아니다. 육감, 감정, 의심, 이런 것들은 어디에서 오는가? 우리의 내부에 갇혀 있는 수렵 채집인은 우리의 의식적인 마음과 다른 방식으로 보고 느낀다. 오늘날 우리가 살아 있는 이유는 조상들의 본능이 생존에 꽤 도움이 되었기 때문이다. 본능은 조상들이 생존하기에 충분할 정도로 좋았지만 이성적인 계산기와는 거리가 멀다. 결국은 우리도 조상들과 똑같이 행동하고 있다. 프랜시스 골턴의 합리적인 마음은 우리 영혼의 아주 작은 부분에만 살아 있는 것 같다. 나머지는 옛날의 영혼이 지배하고 있어서 빠르고 야만적으로 판단하고 미묘한 뉘앙스 따위에는 그리 주목하지 않는다.

둘째, 사람은 적응적인 기회주의자이다. 합리적인 사고가 경제학자들이 생각하는 만큼 중요하지는 않다고 해도 전혀 쓸모없지는 않다. 우리 마음의 일부는 이성과 논리로 작동하고, 이것은 본능 시스템이 저지르는 오류를 막을 수 있다. 게다가 우리 마음의 의식적인 부분이 그렇게 강력한 것은 논리 때문이 아니라 적응하는 능력 때문이다. 규칙, 아이디어, 상식 등을 바탕으로 일단 해 보고, 그다음에는 결과에 따라 적응하는 것이다. 합리적인 사고라는 것 자체는 대개 시행착오를 겪으면서 첫 번째 추측보다 점점 더 나은 답을 얻으면서 나아가는 것이다. 이것이 인간 지성의 진정한 비밀이다. 단순한 것에서 출발해서 적응하고 배우는 능력 말이다. 답을 모른다고 걱정하지 마라. 뭔가 해 보고, 세계와 영향을 주고받으면서 배우면 된다. 합리성조차도 경험적인 과정이다.

다음 여러 장에서 나는 이 거친 규칙이 쓸모가 있다고 말할 것이며, 필요할 때마다 이 규칙을 더 구체적으로 만들어 나갈 것이다. 이 규칙은 인간 행동을 만족스럽게 그려 보여 줄 것이며, 이렇게 그려진 모습은 다른 생물들과 크게 다르지 않을 것이다. 그리고 이 규칙들은 사회 물리학을 이해하는 기초가 될 것이다. 이제 대담하게 금융 시장에서부터 시작해 보자. 전통 경제학이 가장 잘 설명할 것으로 여겨지는 분야가 바로 금융 시장이기 때문이다.

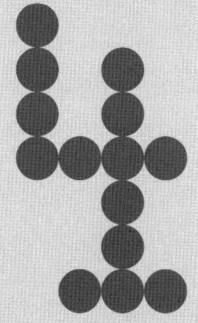

적응하는 원자

복잡한 상황이거나 어떤 상황일지 모를 때 사람들은 어떻게 추론하는가? 현대 심리학에 따르면 인간으로서 우리는 추론을 조금 잘 할 수 있을 뿐이다. 그러나 우리는 패턴을 알아보는 데에는 매우 뛰어나다. 이런 능력은 분명 진화에 이익이 된다. 그러므로 복잡한 문제를 대할 때 우리는 패턴을 찾는다.
— 브라이언 아서[1]

1992년 12월, 솔로먼 브라더스(Salomon Brothers, 월스트리트의 투자 은행, 1998년에 트레블러 그룹에 합병되었다. ― 옮긴이)의 전 부회장 존 메리웨더(John Meriwether)는 금융계의 올스타 팀을 만들어서 시장을 석권하려고 했다. 금융계에 30년 동안 몸담은 메리웨더는 실적이 좋은 채권 매매업자이자 뛰어난 금융 공학자로 명성을 얻었다. 메리웨더는 호기롭게 출발해서 경제학자 마이런 숄스(Myron Scholes, 1941년~)와 로버트 머튼 솔로(Robert Merton Solow, 1924년~)를 영입했다. 두 사람은 복잡한 '금융 파생 상품(derivatives)'의 올바른 가격을 계산하는 데 필요한 수학 이론으로 노벨상을 받았다. 파생 상품이란 일종의 계약서이다. 예를 들어, 그 계약서의 소유자는 내년에 어떤 주식을 현재의 가격으로 살 수 있는 권리, 즉 옵션을 가지게 되는 것이다. 주식을 사고팔듯이 이런 옵션을 자유롭게 사고팔 수 있다. 그렇다면 이런 옵션은 얼마나 값어치가 있는가? 이것은 확실히 조금 알쏭달쏭한 문제이다.

이상적으로 주식의 가격은 그 기업이 이득을 내서 주식 소유자에게 줄 수 있는 배당을 반영한다. 그러나 옵션의 가격은 해당 주가뿐만 아니라, 계약일과 옵션 만기일이 되는 다음해 사이의 주가 등락에도 좌우된다. 그러나 머튼과 숄스는(경제학자 고 피셔 블랙(Fisher Black, 1938~1995년)과 함께) 수학을 이용하면 불확실성을 줄이고 해당 주가에 기초해서 옵션의 가격을 거의 정확하게 알아낼 수 있음을 보였다.[2] 이 우아한 이론은 "투자와 주식 매매에서 아폴로 우주 계획이 달을 탐사한 것과 같은 일을 해 냈다."라는 평가를 받았고, 1980년대에 파생 상품 시장의 폭발적인 활성화를 이끌었다. 따라서 이 석학들과 함께 월가의 마법사들을 끌어모아 새로운 헤지펀드인 롱 텀 캐피털 매니지먼트 사(Long Term Capital Management, LTCM)를 설립했을 때, 메리웨더는 자신이 무슨 일을 하고 있는지 아주 잘 알았다. 그 회사의 목적은 세계 시장의 일시적인 '비효율성'을 이용해서 위험 부담 없이 이득을 얻는 것이었다.

처음에는 투자자가 모이지 않아서 애를 먹었지만, 처음 두 해인 1994년과 1995년에 이 펀드는 40퍼센트 이상의 수익을 냈다. 그다음부터 모든 일이 순조롭게 풀려서 1997년에 LTCM은 '잉여금'으로 거의 27억 달러나 되는 초과 수익을 투자자들에게 돌려주었다. 1998년에는 자산이 1300억 달러로 늘어났다. 시장 분석가들은 LTCM이 아무런 실패의 위험 없이 시장에서 돈을 끌어모으는 방법을 찾아냈다고 여겼다. 그러나 그때부터 뭔가가 심각하게 잘못되어 갔다. 1998년 9월에 러시아의 채무 불이행으로 시장의 '예기치 않은' 변동을 겪은 결과, LTCM은 평가액의 90퍼센트가 넘는 손실을 입었다. 이 펀드는 1250억 달러 이상을 빌렸기 때문에 이 손실은 세계 경제에 파문을 일으켰다. 뉴욕의 연방 준비 은행(FRB)은 금융 시장의 붕괴를 막기 위해 36억 달러의 구제 자금을 지원했다.[3]

무엇이 잘못되었는가? 철학자와 역사가를 비롯해서 설명의 본질과 인과의 사슬에 대해 세심하게 생각하는 사람들은 대개 '직접적인' 원인(직접인)과 '근본적인' 원인(궁극인)을 구별한다. 어떤 사람이 자동차를 몰고 가다가 다리 밖으로 떨어져 죽었으면, 그 사람이 죽은 직접적인 원인은 다리 아래로 떨어질 때의 충격이다. 그러나 그 사람이 습관적으로 음주 운전을 했다면 근본적인 원인은 그 습관이다. 음주 운전이 치명적인 사고를 일으킬 것은 거의 확실하고, 특정한 세부 사항만이 운에 좌우될 것이다. LTCM의 경우에 이 펀드가 망한 직접적인 원인은 아무도 예상하지 못했던 러시아의 금융 불안정 문제였다. LTCM 사람들이 보기에 100년에 한 번쯤 일어날 만한 변덕스러운 폭풍 때문에 완전무결하게 설계되고 관리된다던 체계가 무너져 버린 것이다.

LTCM이 망한 근본적인 원인은 무엇인가? 막강한 수학을 내세운 LTCM은 얄궂게도 30년 전에 수학자들이 이룬 흥미로운 발견의 의미를 알지 못했다. 뉴욕 주식 시장(NYSE)이든 독일 주식 시장(DAX)이든 모든 종류의 금융 시장은 내재적으로 예기치 않은 큰 변이를 보이는 경향이 있다는 것이다. 러시아의 금융 불안이 없었다고 해도 LTCM은 조만간 다른 일로 가라앉았을 것이다. 변덕스러운 폭풍이라고 하지만 시장에서는 사실 그런 일이 그리 드물지 않다는 것이 알려져 있다. 왜 그런지 이해하려면 사람들의 가장 명백한 기질, 즉 '배우고 익히는' 일이 집단에 어떤 영향을 주는지 이해해야 한다.

두꺼운 꼬리 수수께끼

오늘의 원유 가격이 1배럴당 80달러라고 하자. 한 달 뒤에 이 가격은 어떻게 될까? 이것을 추정하려면 국제 정세나 우크라이나 지역의 송유관 상태 등을 고려해야겠지만, 이런 것들을 확실하게 알 수는 없다. 이것은 통계의 문제이다. 해답을 찾는 전통적인 방식은 한 세기 이전에 확립되었는데, 이상하게도 프랑스의 물리학자 루이 바실리에(Louis Bachelier, 1870~1946년)가 쓴 「추측의 이론(Theory of Speculation)」이라는 별난 제목의 학위 논문에서 나왔다. 바실리에의 주장에 따르면 어떤 주가든 오래 관찰하면(주기는 하루든 한 달이든 무관하다.) 고교 수학에서 잘 알려진 '종 모양 곡선'(그림 4)을 이룬다. 평균적인 규모의 가격 변동이 가장 자주 일어나므로 곡선의 중간쯤이 봉우리처럼 솟아오른다. 봉우리 양쪽 가장자리로 가면서 곡선은 급격히 떨어져서, 극단적으로 큰 가격 변이는 오르거나 내리거나 간에 드물다는 것을 나타낸다. 지능 지수에서 주사위 놀이까지 모든 것이 종 모양 곡선으로 조율되어 있어서, 수학자들은 이것을 '정규(normal)' 분포라고 부른다. 자연이 일을 해 나가는 방식이 '대개' 이렇다는 것이다.[4]

바실리에의 아이디어는 명백하다. 주식 시장의 변화도 다른 모든 것들과 비슷하다는 것이다. 현대의 경제학자들은 대개 그의 전망을

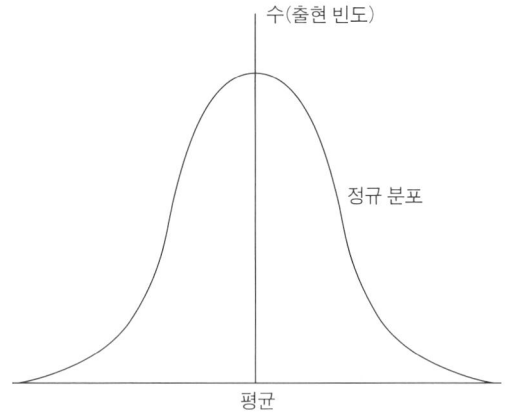

그림 4 정규 분포 곡선.

따르고, 그 논리를 좀 더 멀리 끌고 간다. 앞 장에서 보았듯이 사람들이 합리적이라면 주가는 실제 가격에서 심하게 벗어나지 않을 것이다. 주가가 변하면 이것은 분명히 시장에 '새로운 정보'가 돌았기 때문이다. 어떤 회사가 핵심적인 영업 전략을 바꿨거나 새로운 유전을 발견했을 수도 있다. 이런 것들을 미리 알 수는 없다. 온갖 새로운 사건들이 벌어지고 있으며 온갖 새로운 정보들이 여러 가지 소식통을 통해 들어온다. 이런 사건들이 모두 서로 관련이 없는 다른 이유로 일어난다면, 전체적인 주식 가격의 변이는 종 모양 곡선을 따를 것이다.[5]

이 모든 것에서 한 가지 결론이 나온다. 가격은 조금씩 오르내리며 부드러운 '랜덤 워크(random walk)'를 따른다는 것이다. 어떤 사건들 또는 사물들이 뭉뚱그려서 종 모양 곡선을 따르는 것이 확인되면, 그 값은 평균에서 아주 크게 벗어나기 어렵다. 사람으로 보면, 많은 사람들이 몸무게가 75킬로그램쯤 나가지만 150킬로그램인 사람도 가끔씩 있다. 하지만 1,000킬로그램인 사람은 절대로 없다. 석유, 밀, 자동차 등 어떤 것이든 그 값의 변화는 종 모양 곡선이 제시하듯 그 값이 아주 조금씩, 예를 들어 0.5퍼센트나 1퍼센트씩 오르내리며, 하루에 10~20퍼센트씩 오르내리는 일은 있음직하지 않다.

바실리에의 아이디어에서는 가격이 무작위로 변하므로 진짜 주가와 아주 비슷하고, 그의 이론은 적절해 보인다. 사실 너무 적절해서 아무도 진짜 주식 시장의 자료와 비교해 볼 생각도 하지 않았다. 1963년까지는 말이다. 또 다른 프랑스 사람이며 수학자인 IBM 연구소의 브누아 만델브로(Benoit Mandelbrot, 1924~2010년)가 1963년에 아주 놀라운 것을 발견했다.

만델브로는 시카고 선물 시장에서 면화 가격의 변이를 조사했다. 가격 차이를 하루 단위 또는 일주일 단위로 측정하면서, 그는 여러 규모의 등락이 얼마나 자주 일어나는지 셌고, 이것을 그래프로 그렸다. 그가 발견한 패턴은 종 모양 곡선과 비슷했지만, 한 가지 중요한 차이가 있었다. '꼬리'가 훨씬 더 느리게 0으로 떨어지는 것이었다(그림 5). 수학자들은 만델브로가 발견한 패턴을 전문 용어로 '멱함수 법칙(power law)'이라고 부른다. 여기에서 중요한 것은 이 곡선이 매우 느리게 0을 향해 떨어진다는 것이고, 이것은 극단적인 사건이 '보통'의 경우만큼 드물지 않다는 뜻이다.[6] (정규 분포에서는 x가 평균값에서 크게 멀어지면 y가 거의 0이다. 평균에서 먼 사건은 거의 일어나지 않는다는 뜻이다. 그러나 멱함수 분포에서는 x가 평균에서 꽤 멀어져도 y가 0이 되지 않는다. 평균에서 크게 벗어난 극단적인 사건도 가끔씩 일어난다는 뜻이다. ―옮긴이) 40년 뒤에 우리는 똑같은 일이 석유, 돼지고기, 주식 시장에서

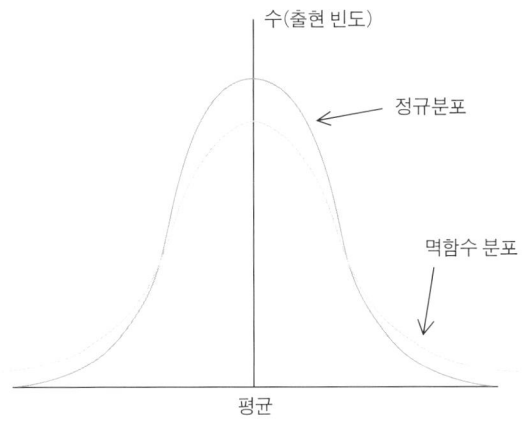

그림 5 정규 분포 곡선과 멱함수 분포 곡선. 멱함수 분포 곡선이 더 두꺼운 꼬리를 양쪽 끝에 가지고 있음을 알 수 있다.

도 일어나는 것을 보았다. 이런 패턴은 뉴욕 주식 거래소의 주식 지수나 유명한 스탠더드 앤드 푸어 500 주식 지수에도 나타난다.[7] 다른 주식 시장에도 이런 형태가 나타난다.[8] 일본과 독일의 주식 시장[9]을 비롯해서 많은 금융 시장에서도 마찬가지이며, 그 증거는 대단히 많다. 모든 종류의 시장에서 극단적인 변화는 정규 분포일 때보다 훨씬 더 자주 나타난다.

경제학이나 금융의 어떤 이론도 이것을 설득력 있게 설명하지 못했다. 한 가지 인기 있는 생각은, 대부분의 극단적인 운동은 단순히 '외부 충격' 때문이라는 것이다. 9·11 테러 또는 대기업이나 정부의 스캔들 같은 대사건으로 시장이 교란된다는 것이다. 분명히 큰 사건은 시장을 흔들 수 있고, 당연히 어떤 큰 움직임의 원인이 될 수 있지만, 이것이 일반적인 설명은 아닌 것 같다. 왜냐하면 큰 사건 없이 큰 변동이 일어나기도 하기 때문이다. 1991년에 일단의 경제학자들이 미국에서 제2차 세계 대전 이후부터 그때까지 일어난 하루 동안의 가격 변동 중에서 가장 큰 것 50위까지를 분석했고, 그중에 다수가 어떤 대형 뉴스도 없는 시절에 일어났다는 것을 알아냈다.[10]

따라서 두꺼운 꼬리 수수께끼는 여전히 미해결이며, 경제학의 당혹스러운 수수께끼이다. 무엇보다 시장이 아니라면 경제학이 어디에서 설명을 찾아야 할까? 이 수수께끼는 학문적인 것 이상이다. 머튼과 숄스를 비롯한 LTCM의 금융 귀재들의 예측은 시장의 거대한 변이로 인해 망가졌지만, 이렇게 된 것은 '보통의' 통계학을 사용했기 때문이다. 보통의 통계학은 경제학자들이 합리성을 신봉한 결과물이다. 시장의 변이가 종 모양 곡선을 따른다면 주식 가격이 10퍼센트씩 변하는 일은 500년에 한 번쯤 일어나야 한다. 그러나 실제의 데이터를 보면 그렇지 않다. 이런 규모의 등락은 대략 5년에 한 번씩 일어나며, 이것은 LTCM의 거래 전략으로 감당하기에는 너무 잦다.

두꺼운 꼬리를 어떻게 이해해야 하는가? 앞 장에서 말했듯이 사회적 원자의 으뜸 행동 특성은 단순한 규칙에 따라 움직이고 쉴 새 없이 적응한다는 것이다. 이것은 뉴스거리도 아니다. 그러나 많은 사람들이 이러한 적응성을 발휘할 때 어떤 결과가 일어나는지는 전혀 명료하지 않다. 알려진 것처럼, 이러한 관점을 시장의 이론에 도입하면 만델브로의 수수께끼를 충분히 설명할 수 있다.

세상은 행동으로만 파악할 수 있다

아일랜드의 음악가 게리 카티(Gerry Carty)는 1992년 여름에 목요일마다 뉴멕시코 샌타페이에 있는 엘 파롤(El Parol)이라는 이름의 바에서 공연을 했다. 스탠퍼드 대학교의 경제학자 브라이언 아서(Brian Arthur)가 최근에 자리를 잡은 샌타페이 연구소는 마침 엘 파롤 바와 아주 가까웠다. 아서는 이 바와 음악이 마음에 들어서 그곳에서 자주 저녁을 보냈다. 그는 그곳에서 흥미로운 사회적 수수께끼도 풀었다.

엘 파롤 바는 어떤 날 저녁에는 붐볐지만 그래도 빈자리가 조금씩 있었고, 이런 날에 아서는 엘 파롤 바에서 즐겁게 저녁을 보냈다. 하지만 어떤 날에는 사람들이 너무 많아서 열기와 소음 때문에 그리 유쾌하지 않았다. 불행하게도 바의 손님 수는 매주 아무 패턴 없이 변했다. 그래서 아서는 언제나 바에 갈까 말까 고민이었다. 바에는 가고 싶지만 사람들이 너무 많지 않을 때만 가고 싶었다. 그런데 이 바의 단골들은 모두 똑같은 고민을 하고, 모두들 다른 사람들이 하지 않는 일을 하려고 하고 있었다. 이것은 리처드 탈러가 만든 숫자 추측 게임과 비슷한 상황이었다. 두 문제가 모두 합리성을 무력화시키는 장치를 가지고 있었다.

그러나 사람들은 이런 상황에서도 판단을 내려야 한다. 사람들은 합리적이거나 말거나 간에 진화 생물학이 준비한 결정 방식인 흉내내기 전략을 채택한다. 아서는 곧 자신이 생각의 과정에 대해 생각하고 있음을 깨달았다. 생각하기 비결의 가방에는 무엇이 들어 있을까? 여기에서 사람들은 무엇을 끄집어내며, 왜 그럴까? 그리고 어떻게 이것이 바에서 일어나는 일을 설명할 수 있을까?

엘 파롤 바의 날짜별 손님 수를 자연 현상으로 생각하고, 이것을 설명하는 이론을 만든다고 하자. 어떻게 이론을 세울 것인가? 먼저 사람들이 결정을 내리는 방식에 대해 어떻게든 모형을 만들어야 한다. 그들은 어떤 정보로 사람들이 북적대는 날을 피할까? 또한 모든 사람들이 똑같이 생각하지 않는다는 점도 고려해야 한다. 사람들은 저마다 다른 원칙으로 판단할 것이다. 이렇게 한동안 궁리하다 보면 어쩌면 합리성의 종교를 만들어 낸 경제 이론가들에게 공감하게 될지도 모른다. 합리적 선택 가정을 도입하면 어쨌든 사람들에 대한 이론을 세울 수 있으니 말이다. 사람들이 합리적이지 않다면 그들은 아무 일이나 할 것이고, 어떤 이론도 세울 수 없다. 그러나 아서는 이 압도적인 장벽을 넘어설 영감을 얻었다.

아서는 마침 우연히 1960년대에 나온 심리학자 줄리언 펠드먼(Julian Feldman)의 오래된 논문을 읽었다. 펠드먼의 논의에 따르면, 사람들은 대개 논리를 따르지 않고 단순한 규칙을 사용해서 판단하고 시행착오를 통해 배운다는 것이다. 특히 사람들은 세계에 나타나는 패턴을 알아보고 이것들을 이용해서 그다음에 무엇이 올지 예측한다. 예를 들어 2005~2006년 미식 축구 시즌에서 워싱턴 레드스킨스가 5연승을 거두며 플레이오프에 진출했다. 신문에서 어떤 해설가는 이 패턴은 이 팀이 "적절한 때에 절정에 달했다."는 뜻이므로, 플레이오프에서 분명히 잘할 거라고 말했다. 반면에 어떤 해설가는 연승을 이어 가다 보면 감정적인 긴장이 일어나고 이제는 레드스킨스가 피로해져서 플레이오프에서는 맥없이 무너질 것이라고 내다보았다. 이 두 이론 다 관찰된 패턴을 사용해서 미래를 예측한 것이다.

아서는 펠드먼의 생각을 엘 파롤 바의 상황에 맞춰 적용했다. 어떤 사람들은 이 바가 이번 주에 붐볐으면 다음 주에도 붐빌 거라고 생각한다. 다른 사람들은 반대로 생각해서, 지난 주에 붐볐으면 이번 주에는 손님이 많지 않을 거라고 생각한다. 이처럼 최근 몇 주 동안 바에 온 사람들의 수를 바탕으로 미래를 예측하는 '이론'을 무한히 많이 얻을 수 있을 것이다. 그러나 이 '이론' 또는 '가설'에는 또 다른 변수가 있다. 사람들이 행동을 바꾼다는 것이다. 사람들은 완고한 바보가 아니어서 4주 동안이나 엘 파롤 바에서 북적대는 사람들에 시달리게 되면 재빨리 전략을 수정할 줄 안다. 펠드먼의 논의에 따르면, 사람들은 머릿속에 몇 가지 가설을 생각하고 그때그때 가장 잘 맞는 것을 적용한다. 이것은 우리의 일상 생활의 행동과 명백하게 잘 일치한다. 선반을 설치하는 일에서 직업을 구하는 일까지 무슨 일이든 최선의 방식은 대개 그냥 시작하는 것이다. 어떻게 하는 것이 최선인지 알지 못해도 일단 시작하고, 뭔가 해 본 다음에 배우고 적응하는 것이다. 제이컵 브로노프스키(Jacob Bronowski, 1908~1974년)가 말했듯이, "세상은 행동으로만 파악할 수 있으며, 사색으로 파악하는 것이 아니다." 이런 사고 방식에 따라서, 아서는 사람들이 합리성이 아니라 단순한 몇 가지 이론을 바탕으로 행동하면서 적응해 나간다고 보았다.

규칙에 따른 이러한 적응 행동이 어떻게 진행되는지 보기 위해 그는 컴퓨터를 사용했다. 먼저 아서는 가능한 이론들을 죽 적어 나갔다. 그것은 다음과 같았다.

1. 손님 수는 지난 주와 같을 것이다.
2. 지난 주에 사람들이 꽉 차지 않았으면 이번 주에는 꽉 찰 것이다. (또는 그 반대일 것이다.)
3. 지난 3주 동안 연속으로 붐비지 않아야 바에 손님이 꽉 찰 것이다.
4. 손님들의 수는 4주 전과 같을 것이다.

분명히 수많은 이론이 가능하다. 아서는 엘 파롤 바의 모형을 만들기 위해 100명이 바에 다닌다고 (임의로) 정했고, 각각의 사람들에게 열 가지 가설을 무작위로 선택해 주었다. 그다음에는 컴퓨터를 이용해서 각각의 사람들이 최근 몇 주 동안 열 가지 가설이 얼마나 잘 맞았는지 보고(말하자면 바에 오는 손님 수를 얼마나 잘 예측했는지 보고), 실적이 가장 좋은 이론에 따라 바에 가도록 했다. 다시 말해 컴퓨터 속의 행위자는 진짜 사람들처럼 여러 가지 아이디어를 머릿속에 넣고 가장 잘 맞는 것을 사용한다. 이 경우에 '가장 잘 맞는 것'이란 사람이 붐비지 않는 날 바에 가게 해 주고(아서는 60명 이상이면 붐빈다고 정했다.), 손님이 너무 많을 때는 집에 있도록 해 주는 것이었다.

엘 파롤 바에 대한 아서의 모형은 앞 장의 아이디어를 거칠게 활용한 것이다. 말하자면 사람은 규칙에 따르면서 적응해 나가는 기회주의자이지, 합리적인 자동 인형이 아니라는 것이다. 이 모형은 현실과 놀랍도록 비슷하다.[11] 이 모의 실험에서 아서는 바에 가는 사람들의 평균 숫자가 빠르게 60명 정도로 맞춰지는 것을 보았다. 이것은 그 이상이면 손님이 너무 많아서 쾌적하게 즐길 수 없다고 정해 놓은 바로 그 숫자였다. 그러나 손님 수가 정확히 60명으로 정착되지는 않았

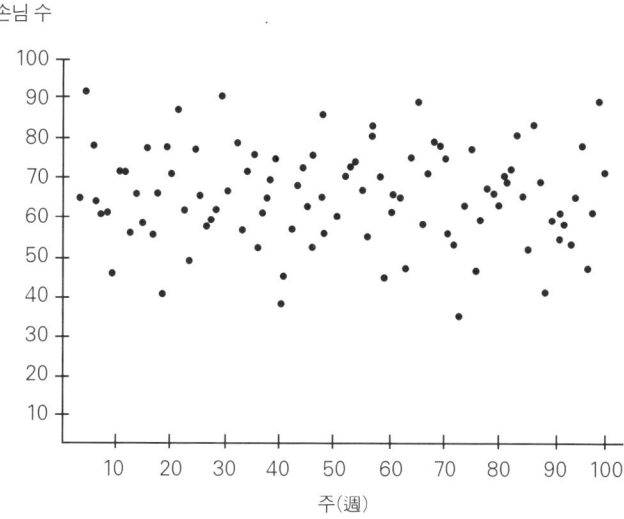

그림 6 엘 파롤 바의 손님 수 패턴.

고 주일에 따라 오르내렸다(그림 6). 왜 그런지 알기는 어렵지 않다.[12] 사람들은 이 게임에서 소수파가 되었을 때 성공한 것이다. 대부분의 사람들이 집에 있을 때 바에 가거나, 대부분의 사람들이 바에 갈 때 집에 있는 것이 게임의 목표이다. 이제 손님 수에 어떤 패턴이 있다고 하자. 몇몇 행위자들이 여기에 적응해서 일관되게 소수파가 되었다고 하자. 이런 일은 한동안만 가능하다. 다른 행위자들도 서서히 적응해서 이 패턴을 읽어 내고 소수파에 참여하기 때문이다. 다른 사람들이 배워서 따라하면 소수파는 결국 다수파가 되고, 이 모든 사람들이 고통을 받기 시작한다. 이 집단에서 나타나는 패턴은 어떻게든 자연스럽게 행위자들에게 영향을 주고, 결국은 사라진다. 참으로 고약한 상황이다.

이것은 금융 시장과 어떤 관계가 있을까? 예측을 거부하는 끊임없는 변동이라는 면에서 비슷하지 않을까? '외부' 원인 없이 큰 사건이 일어나는 경향도 비슷하지 않을까?

수학의 비합리적인 효율성

위대한 물리학자 유진 폴 위그너(Eugene Paul Wigner, 1902~1995년)는 1960년대에 쓴 에세이에서 "자연 과학에서 수학의 비합리적인 효율성"에 대해 숙고했다. 위그너는 가상의 두 고교 친구가 오랜만에 만나서 서로의 직업을 두고 대화하는 상황을 묘사했다. 인구 통계 전문가인 한 사람은 수학 방정식으로 가득한 자신의 최근 연구를 친구에게 보여 주었고, 친구는 고개를 갸웃거렸다. "이 기호는 뭐지?" 그는 공식 속에 있는 π 기호를 가리키며 물었다. 통계학자는 π는 원둘레와 지름의 비라고 말했다. 친구는 웃으면서 이렇게 따졌다. "자네는 너무 멀리 간 거야. 인구 동향은 분명히 원주율과 아무 상관이 없어!"[13]

원의 기하학이 사람들에 대한 통계와 관련이 있는 이유는 무엇일까? 내가 알기로 이것을 설명한 사람은 아직 아무도 없다. 어쩌면 똑같이 기이한 일은, 어떤 문제의 해법이 아무 상관 없어 보이는 전혀 다른 문제에도 유용한 경우가 비일비재하다는 것이다. 아서의 바 게임은 놀라운 설명을 제공한다.

주식 투자자들 중에는 '차티스트(chartist)'로 불리는 사람들이 있다. 그들은 과거의 주가 동향 차트를 보면서 미래의 변동 패턴을 찾는다. 그들은 아서의 엘 파롤 바 단골들과 아주 비슷하게 행동하는데,

손님 수가 아니라 주가에 주목한다는 점만 다르다. 손님 수가 늘었다 줄었다 하듯이 주가가 오르내리고, 투자자들은 주식을 사거나 판다. 이것은 단골들이 바에 가거나 집에 있는 것과 마찬가지이다. 이런 유사성 때문에, 엘 파롤 바의 모형에 한 가지 핵심적인 것(주가)만 추가하면 바로 주식 시장에 적용할 수 있다.

모든 시장의 근본적인 진실은, 가격이 오르내리는 것이 수요와 공급의 불균형 때문이라는 것이다. 주식을 팔려는 사람보다 더 많은 사람들이 사려고 하면 가격이 오르고, 반대도 마찬가지이다. 1990년대 후반에 아서와 경제학자 블레이크 르바론(Blake LeBaron), 물리학자 리처드 팔머(Richard Palmer)를 포함한 몇몇 동료들은 엘 파롤 바의 아이디어를 극단적으로 단순하면서도 적응적인 금융 시장에 적용했다. 이 가상의 시장에서는 엘 파롤 바와 마찬가지로 참가자들이 매 순간 몇 가지 이론들을 추적해서 가장 잘 맞는 것을 주식 매매에 이용한다. 이 이론들은 모두 과거의 주가 기록으로 미래의 주가를 예측한다. 모형을 완성하기 위해 아서와 동료들은 다음과 같이 가정했다. 팔려는 사람보다 사려는 사람들이 많을 때 주가가 오르고, 반대일 때는 가격이 내린다는 것이다. 전체 논리는 단순하다. 과거의 주가 패턴이 투자자의 현재 판단에 영향을 주고, 그들의 판단은 (매도자와 매수자 사이의 불균형을 일으켜서) 주가에 새로운 움직임을 일으키며, 원인과 결과가 꼬리를 물고 나선형으로 이어진다.

이 아이디어가 그럴듯한지 시험하기 위해 아서와 동료들은 또 다른 컴퓨터 모형을 만들어서 돌렸다. 모형은 간단했지만 결과는 꽤 놀라웠다. 인공 주식 시장에서 주가는 불규칙하게 오르내렸고, 때때로 아주 난폭하고 급격하게 변했다. 이러한 변이는 모두 적응적인 행위자들의 내부 상호 작용 때문에 일어났다. 그들의 모형에서 승자와 패자, 열광적인 경쟁과 파산, 그리고 그 시장만의 특유한 감정적 분위기가 생겨났다. 정성적으로 이것은 진짜 주식 시장처럼 보였고, 아무런 외부 충격 없이 그렇게 된다는 점이 두드러졌다.[14] 이러한 정성적인 일치만으로도 꽤 큰 성공이었다. 모형은 엄청나게 단순했지만 실세계의 개인들이 하는 행동의 핵심을 찌른 것이었다. 그러나 여기에는 더 많은 것이 있다. 아서와 동료들은 만델브로가 시장 변이의 수학적 성격을 점검한 것과 같은 통계적 분석을 했다. 컴퓨터를 수백 번씩 돌리면서 행위자들이 사용하는 가설을 변화시키고, 예측할 때 참고하는 기간도 바꾸고, 모형의 여러 세부 사항을 바꿔 보았지만, 이런 것들은 별로 상관이 없음을 연구자들은 알아냈다. 특별한 '조율'이 없어도 꽤 자연스럽게, 이 모형은 언제나 진짜 시장에서 나타나는 큰 변이의 두꺼운 꼬리를 보여 주었다. 마침내 합리적 선택 이론이 설명하지 못했던 반세기에 걸친 수수께끼가 적응적 행동과 자기 조직화라는 자연 과학적인 설명으로 해명되었다. 아서는 심오한 기술적 미스터리를 풀거나 새로운 수학을 만들 필요가 없었다. 그의 모형은 사실 대단히 조잡하다. 그러나 그의 모형은 그 핵심이 옳기 때문에 제대로 돌아간다. 완벽한 합리성이라는 부적합한 가정을 버리고 적응적 학습을 핵심 가정으로 택한 것이다. 적응적 행위자가 포함된 모형에서는 마치 툰드라 지역에서 원형의 돌무더기가 자연스럽게 나타나듯이 두꺼운 꼬리가 나타난다. 이 시장에서 큰 등락은 외부 충격이나 한 개인의 활동 때문에 일어나지 않는다. 인간 행동의 어떤 '사악한' 측면도 등락에 영향을 주지 않는다. 그것보다는, 모든 시장의 보편적인 특성인 거대한 변이의 경향은 행위자, 즉 이 세계의 원자들이 스스로 조직화해서 서로 얽혀 있는 섬세한 패턴에서 나온다. 왜 어떤 상승은 엄청나게 크고 다른 것들은 작은지 이해하려면 모든 매매자들의 머릿속에 있는 이론(또는 가설)들의 복잡한 생태계 속으로 들어가야 한다. 한 매매자의 행동이 가격에 어떻게 영향을 주고 그것이 다시 다른 사람들의 행동에 어떻게 영향을 주는지(또는 주지 않는지) 보아야 하는 것이다.

아서와 동료들이 일찍이 이것을 보인 이후로, 많은 후속 연구들이 이것을 정교하게 설명했고, 시장 이론을 훨씬 더 현실에 가깝고 정확하게 했다.[15] 그리고 이 성공은 좋은 과학적 사고에 대해 중요한 점을 보여 준다. 50여 년 전에 경제학자 밀턴 프리드먼(Milton Friedman, 1912~2006년)은 연구자들이 인간의 행동을 연구할 때 정밀한 가정을 바탕으로 이론을 구축하면 안 된다고 주장했다. 반대로 사회를 이해하는 경제학자들의 능력은 부정확한 가정으로 연구할 때 증가된다고 했다.

> 진정으로 중요하고 의미 있는 가설은 현실을 널리 부정확하게 설명하는 '가정' 위에 구축되며, 일반적으로 이론이 더 중요하면 할수록 가정은 더 비현실적이다. …… 이유는 단순하다. 가설은 작은 것으로 많은 것을 설명할 때 중요하다. 그것은 설명해야 할 현상을 둘러싸는 복잡하고 세밀한 환경의 덩어리에서 공통적이고 결정적인 요소를 추상해 내고 그것들만을 바탕으로 적합한 예측을 허용할 때 중요하다. 따라서 중요해지기 위해서는 가설이 가진 가정은 서술적으로 틀려야 한다.[16]

프리드먼은 경제학에서 합리성의 가설을 옹호하고 있는데, 내가 보기에 그는 옳기도 하고 틀리기도 하다. 모든 과학이 세계를 단순화함으로써 작동한다는 것은 확실히 옳다. 우리는 행성이 완벽한 구형이거나 모든 무게가 단 한 점에 집중된 것으로 다루며 일반적으로 다른 모든 것을 무시함으로써 행성의 운동을 이해한다. 행성의 정확한 모양, 대기에 소용돌이치는 기체 등을 모두 무시하는 것이다. 우리의 모형은 대부분의 세부 사항을 무시하지만, 행성의 질량 분포에서 가장 중요한 세부 사항들을 포함하고 있다. 이 세부 사항들이 중력장에서 행성이 어떻게 움직일지 결정하고, 다른 행성에 미치는 중력을 결정한다. 행성 운동 모형의 가정은 진정으로 '서술적으로 거짓'이지만, 그것이 힘을 발휘하는 것은 그 모형의 핵심이 문제의 본질을 제대로 짚은 아이디어들로 구성되어 있기 때문이다.

의심할 바 없이 사람에 대한 과학도 이것과 비슷해야 한다. 말하자면, 개인의 단순화된 상(象)과 그러한 개인을 움직이는 요인에 대한 단순화된 상 위에 구축되어야 한다. 그러나 단순화된 상은 인간 행동의 핵심을 바르게 짚을 수도 있고 틀리게 짚을 수도 있다. 단순화된 상은 중요하지 않은 세부 사항만 던져 버릴 수도 있고 가장 중요한 것까지 던져 버릴 수도 있다. 이 지점에서 프리드먼의 논증이 잘못되었으며, 이 지점에서 '합리적인' 경제학자들이 틀렸다. 합리적 선택 가정은 인간 행동을 불완전하게 서술하는 것이 아니라, 근본적으로 틀리게 서술한다. 이것은 사람들이 배우지 않는다고 미리 가정한다. 사람들은 가설을 세우고 검증하지 않으며, 사람들은 절대로 마음을 바꾸지 않는다고 가정한다. 실제로, 이런 가정은 실세계의 거의 모든 인간 행동을 밖으로 내던져 버린다. 인간 행동이 근본적으로 적응적이라는 상도 합리적 선택 가정과 똑같이 개념적으로 단순하지만, 이것은 진실에 닿아 있다. 특히 불확실하고 끊임없이 변하는 시장에서 판단을 내리는 사람들의 진실에 닿아 있다.

이 현대적 사고와 낡은 전통은 시장을 이해하기 어려운 이유를 다르게 생각한다. 즉 현대적 사고는 시장을 이해하기 어려운 이유가 개별적인 인간의 복잡성 때문이 아니라 시장 속의 많은 사람들이 이루는 섬세한 질서와 조직 때문이라고 생각한다. 수많은 경제학과들을 장악하고 있는 정통파들이 삼키기에 이것은 너무 크다. 하지만 옥스퍼드 대학교가 최근에 새로 생긴 계량 재정 금융학과의 학과장으로 수많은 경제학 또는 재정학 교수들 대신 젊은 물리학자 닐 존슨(Neil Johnson)을 임명한 일은 이 아이디어의 성공을 잘 보여 준다. 존슨과 일단의 물리학자들은 이 아이디어의 유용성을 극적으로 보여 주었다. 금융 시장의 미래 예측이 몇몇 경우에는 가능하다고 입증한 것이다.

주가를 예측하는 것은 경제학이 아니라 물리학!

시장에서 어떤 기업과 어떤 투자가가 승자가 되거나 패자가 되는지, 어떤 주식이 돈을 벌어 주고 어떤 주식이 막대한 손실을 입힐지 예측하는 것보다 더 큰 관심사는 없다. 시장의 동향에 대한 혜안으로 세인들의 관심을 끄는 자칭 '도사'들이 항상 존재하지만, 수많은 경험적 연구에 따르면 금융에 대한 예측은 일시적이거나 순전히 운이 아니라면 계속 성공할 수 없다.[17] 학문적인 연구는 일반적으로 이 관점을 지지하며, 작고한 존 케네스 갤브레이스(John Kenneth Galbraith, 1908~2006년)의 표현에 따르면 경제 체제는 "미래를 예측하는 사람들이 뛰어난 연구를 한 덕분이 아니라 그들이 대단히 신뢰성 있게 오류를 저지르기 때문에"[18] 살아남는다는 것이다.

물론 경제 체제, 특히 시장은 본질적으로 예측이 불가능한지도 모른다. 아니면 아직은 예측이 가능할 정도로 과학이 발전하지 못했을 수도 있다. 닐 존슨의 책상에 놓인 컴퓨터에서 나오는 숫자들의 흐름은 후자의 해석을 지지한다. 이 숫자들은 미국 달러와 일본 엔의 환율 등락을 반영한다. 그의 컴퓨터는 새로운 값이 표시되기 직전에 환율이 올라갈지 내려갈지 예측하는데, 대부분 옳다. 그 비밀은 시장의 물리학에 대한 깊은 이해에 있고, 존슨은 이것으로 아무도 보지 못했던 패턴을 찾는 강력한 도구를 만들었다.

존슨의 기술은 1990년대 후반에 물리학자 장이첸(張翼成, Yi-Cheng Zhang)과 다미엔 샬레(Damien Challet)의 뛰어난 연구에서 나왔다. 두 사람은 스위스 프라이부르크 대학교에서 아서의 엘 파롤 바 모형을 가장 단순하게 축소하려고 노력했다. 이들이 만든 게임에서는 모든 행위자들이 0 또는 1을 선택하는데, 목표는 다수의 선택을 피해서 소수파가 되는 것이다. 이것은 아서의 게임에서 논리적 뼈대만 추려내서 최대한 단순하게 만든 게임이다. 이러한 소수파 게임의 참가자는 최근 몇 라운드의 결과(각각의 라운드에서 다수가 어느 쪽을 택했는지)를 보고 미래를 예측해서 행동을 결정한다. 이러한 단순화 덕분에 장과 샬레는 이 게임을 컴퓨터로 실행할 수 있었을 뿐만 아니라 종이와 연필로도 분석할 수 있었다. 여기에서 그들은 깜짝 놀랄 만큼 멋진 것을 발견했다.

그들의 결과에 따르면 소수파 게임(엘 파롤 게임이나 이것을 바탕으로 한 다른 모든 시장 게임들)에서 사물은 참가자의 수에 따라 다르게 작동한다. 참가자가 많지 않을 때는 채택되는 전략의 수가 제한적이어서 가능한 모든 패턴이 다 선택되지 못한다. 과거의 결과와 미래의 결과를 연결하는 어떤 의미 있는 패턴이 있으면, 참가자들은 이것을 시도해 보고 유리하게 사용할 것이다. 그러나 그 특정한 패턴이 어떤 그룹의 '맹점' 안에 있다면(다시 말해 어떤 참가자도 그런 전략을 레퍼토리로 갖고 있지 않으면) 아무도 이것을 이용할 수 없다. 결과적으로 이 패턴은 계속 잔류하고 결코 사라지지 않는다. 반면에 충분히 많은 수의 참가자가 있으면, 그들의 전략은 모든 가능성을 커버한다. 게임이 반복되면서 어떤 패턴이 나오면 바로 알아채고 모두들 그 패턴을 선택할 것이다. 전자의 경우에 집합적인 결과(또는 시장에서의 가격 변동)는 예측 가능한 패턴을 따른다. 후자의 경우에 모든 가능한 패턴은 예측 불가능한 무작위성 속으로 녹아 들어간다. 놀랍게도 한 상황에서 다른 상황으로의 전환은 물리학의 '상전이'와 비슷하다. 고체인 얼음이 액체인 물로 변하는 것과 비슷하다는 말이다.

예측 가능한 상황에서 예측 불가능한 상황으로의 전환은 약간은 이상해 보일 수도 있지만, 이것은 실제 시장이 그렇게 예측하기 힘든 이유와 관계가 있을 것이다(그럼에도 불구하고 많은 사람들이 예측하려고 달려든다.). 여기에 대해 생각해 보자. 시장에 충분한 참가자가 없을 때, 시도되는 전략들은 모든 가능성을 커버하기에 충분하지 않다. 이때는 시장에 어떤 잔류 '예측 가능성'이 있어서 다른 사람이 뛰어들도록 유혹하고, 뛰어든 사람들은 쉽게 이득을 얻는다. 더 많은 사람들이 같은 이유로 참여한다. 하지만 참가자가 한 사람씩 늘어날 때마다 더 많은 전략을 사용하게 되어, 잔류 예측 가능성을 실효적으로 '먹어' 치운다. 사람들은 예측 가능성이 온전히 사라지는 시점까지만 계속해서 새로 들어올 것이다. 물론 이 시점에서 더 이상 이득을 내지 못하게 된 어떤 사람들은 시장을 떠날 것이다. 이렇게 되면 그들이 쓰던 전략들도 사라져서 약간의 예측 가능성이 돌아온다. 이렇게 해서 시장은 예측 가능성의 언저리에서 왔다 갔다 할 것이다. 이 상황에서 예측은 제한적으로 가능하지만, 대단히 어렵다.

이것이 시장의 참모습이라고 확신하기는 어렵다. 그러나 이 아이디어는 참으로 아름답고 호소력이 있어서 분명히 옳을 것 같다. 존슨은 1998년에 이 아이디어를 처음 듣고 매혹적인 가능성을 떠올렸다. 시장이 적어도 때때로 예측이 가능하다면, 이것을 탐지할 수 있어야 한다. 장과 샬레의 게임은 분명 현실의 시장보다 훨씬 단순하지만, 이것은 시장을 끌고 가는 요인에 대한 기본 논리(채택되는 투자 전략들의 생태계)에 닿아 있다. 게다가 그 자연스러운 내부 구조는 분명히 진짜 투자자들이 시장을 예측할 때 사용하는 수학적인 틀보다 더 풍부하고 복잡하다. 따라서 존슨은 시장의 행동에 제한적으로 남아 있는 예측 가능성을 찾아내는 데에 이것이 완벽한 도구라고 생각했다(아니면 적어도 현재 가능한 어떤 것보다 나을 것이다.). 존슨은 옥스퍼드 대학교의 동료들과 함께 연구해서 이 아이디어를 실용적인 기술(진짜로 작동하는 기술)로 바꾸었다.

소수파 게임(또는 어떤 것이든 이것을 바탕으로 한 가상 시장)이 돌아가게 하기 위해서는 처음에 연구자들이 게임 참가자들에게 어떤 종류의 '이론들'을 지정해 주어야 한다. 물론 이 아이디어들은 세계를 예측하기 위해서 참가자들이 머릿속에 가능성으로 가지고 있는 것들이다. 존슨과 동료들은 초기 전략을 세심하게 선택해서, 시장(예를 들어 뉴욕 주식 거래소)에서 최근에 관측된 특정한 가격 변동 패턴을 재현하도록 '조율'할 수 있었다. 이러한 조율을 거치면 게임 참가자들의 머릿속에 있는 이론들의 생태계는 실제 투자자들의 머릿속에 있는 생각과 믿음 들의 진짜 생태계와 거칠게나마 대응될 것이다. 따라서 이 모형을 컴퓨터로 돌려 보면 진짜 시장이 어떻게 돌아갈지 예측할 수 있을지도 모른다.

이것은 직관적으로 옳아 보일 뿐만 아니라 좋은 예측을 낳았다. 여러 번의 테스트에서 존슨과 동료들은 이 모형의 예측 가능성이 커지는 때를 처음으로 찾아냈다. 이것은 현재 사용되고 있는 전략의 가짓수가 실효적으로 줄어들 때인데, 사람들이 시장을 떠날 때나, 많은 사람들이 동일한 전략을 사용할 때 전략의 가짓수가 실험적으로 줄어든다. 존슨은 이런 순간을 '예측 가능성의 포켓'이라고 불렀다. 컴퓨터는 이것을 인지할 수 있을 뿐만 아니라 그다음에 어떤 일이 일어나는지도 예측할 수 있다. 미국 달러와 일본 엔 간 환율 데이터를 사용한 최근의 분석에서, 존슨 그룹은 4,000번의 연속 데이터에서 예측 가능성의 포켓을 90회 이상 찾아냈다.[19] 이 모형은 그때의 가격 변동 방향을 단 한 번 빼고 모두 잘 맞혔다. 물론 이러한 성공이 일상적이 되고 나면 또 이상한 방향으로 흘러간다. 많은 투자자들이 금방 따라할 것이고, 시장 자체의 본성과 철학이 변해서 이 기법의 예측 능력이 떨어질 것이다. 이러한 예측은 자기 실현도 가능하다. 이 모형이 뉴욕 증시가 갑자기 5퍼센트 오를 것이라고 예측하면, 투자자들이 이득을 얻기 위해 주식을 매입해서 가격을 끌어올려 결국 5퍼센트쯤 오를 수 있다.

사회 물리학으로 현실을 재현한다

이 장에서는 금융 시장만 살펴보았다. 금융 시장은 분명 인간 세상의 아주 작은 단편이지만, 집단적인 인간 행동이 수학적으로 밀접하게 조사된 영역으로서 자연스러운 출발점이 될 수 있다. 또한 금융 시장은 인간 생활에서 가장 합리적이고 계산적이라고 기대할 수 있는 부분이어서, 정통 경제 이론의 관점이 잘 맞을 가능성이 큰 분야이다. 그러나 이러한 좁은 설정에서조차 '두꺼운 꼬리'의 수수께끼가 40년도 넘게 설명을 해 달라고 외치고 있었다. 왜 시장에는 온갖 불규칙성이 내재해 있을까? 놀랍게도 우리는 개인의 심오한 복잡성을 들여다보는 것으로는 그 답을 찾을 수 없음을 알아냈다. 답은 사람들의 정교한 생각과 이상한 습관에 있는 것이 아니라 행동의 단순성에 있다. 우리는 이 설정에서 단순한 규칙으로 후퇴해야 상황을 더 잘 이해할 수 있음을 배웠다. LTCM을 쓰러뜨린 두꺼운 꼬리는 이제 더 이상 수수께끼가 아니다. 최근에 만들어지는 국제 금융에 관한 법령과 위험 평가는 이런 것들을 고려하고 있다.

적응적인 행위자를 바탕으로 하는 시장 모형은 시장 예측의 강력한 도구가 되었을 뿐만 아니라, 비일상적인 상황의 시장에서 어떤 일이 일어나는지도 예측한다. 기업들은 이것들을 이용해서 돈을 절약하고 있다. 예를 들어 몇 해 전에 나스닥 주식 거래소 이사들은 증권 목록의 틱(tick, 기본적인 가격 변동 단위) 크기를 바꾸고 표기 방법을 소수점에서 분수로 바꾸려고 계획했다. 이렇게 하면 주식의 정확한 가격을 찾기가 더 쉬울 것으로 기대했다. 매매자들이 더 정확하게 자신들의 시장 관점을 표현할 것이기 때문이다. 그 결과는 '매수'와 '매도' 가격(매매자들이 주식을 사고팔기를 원하는 시점의 가격)에 작은 차이를 가져와서 투자자와 기업 들이 교환에 더 많은 매력을 느낄 것이다. 이것은 분명히 좋은 아이디어로 보였지만, 주식 거래소는 현명하게도 계획을 추진하기 전에 추가 조사를 하기로 결정했다. 그들은 소수파 게임 또는 존슨의 시장 모형에서 발견한 적응적 행위자 유형을 바탕으로 주식 거래소 모형을 개발했다. 이 행위자들은 시장에서 어떤 경향이나 패턴이 발견되면 이것에 적응해 전략을 바꿀 수 있고 새로운 전략을 만들기도 한다. 이 모형이 진짜 시장처럼 작동하자(수학적으로 정확한 방식으로 가격 변이를 재현하자), 이것을 실험실로 사용할 수 있었다. 놀랍게도 틱 크기를 어떤 점 이하로 줄이자 매도-매수의 폭(bid-ask spread)이 커졌다. 조사에 따르면, 행위자들이 전체적인 시장 효율을 희생시키면서 재빨리 이득을 얻는 속임수 전략을 이용하는 법을 배운 것이다. 이 전략은 틱 크기가 적어질수록 위험이 적어지고 이득이 커지며, 행위자들이 이런 전략을 사용하면 나스닥이 기대하는 이득은 사라진다. 주식 거래소는 이 결과를 참고해 2001년에 틱 크기를 실제로 16분의 1에서 100분의 1로 줄일 때 이런 효과를 미리 예측하고 대응 조치를 취했다.[20]

이 모든 것이 더 단순하게 인간 행동에 접근한 덕분에 가능했다. 우리는 모두 세계를 단순화하고 그 위에 세계가 작동하는 방식에 대한 가설을 세운다. 우리는 잘 되는 아이디어를 유지하고 그렇지 않은 것을 버린다. 이런 종류의 적응은 아마 인간의 가장 위대한 능력일 것이다. 다른 분야의 예를 들면, 듣고 말하기를 이성적인 사색으로 배우는 사람은 아무도 없다. 그렇다고 뇌에 있는 특별한 언어 '기관'을 통해 '미리 주어진' 능력만으로는 듣고 말하기를 배우지 못한다. 언어학자들은 언어와 그 사용 방식을 알면 알수록, 인간이 가진 적응 능력이 언어 사용에서 얼마나 중요한지 점점 더 절실하게 깨닫게 된다. 대화에는 상대방이 있어야 한다. 대개 사람들이 사용하는 언어는 고정불변이라고 본다. 하지만 지난 10년간의 연구에 따르면 반대의 결과가 나왔다. 말의 패턴과 사용하는 어휘, 발음 스타일 등은 계속해서 조금씩 변하고, 단일한 대화에서조차도 그 대화가 어떻게 진행되는지, 쌍방이 어떤 말을 주고받는지에 따라 변한다는 것이다. 언어는 고정불변이 아니라 계속 진화하는 과정이다. 이것은 시장에서 아이디어와 견해의 생태계가 계속 변하는 것과 다르지 않다. 이 모든 것들이 우리의 적응 능력 덕분에 가능하며, 이러한 끊임없는 변화는 우리의 적응 능력 때문에 어떻게 해도 피할 수 없는 것인지도 모른다.

사물을 바르게 이해하려면 사람이 아니라 패턴에 대해 생각해야 한다. 파리에 있는 소니 연구소의 컴퓨터 과학자 뤽 스틸스(Luc Steels)는 극단적으로 둔한 로봇조차 적응만으로 아무것도 없는 상태에서 타협을 통해 공유하는 언어를 발명할 수 있음을 보여 주었다. 이 로봇들은 처음에 주변에 있는 물체들에 아무렇게나 이름을 만들어 붙이기 시작했다(아서의 엘 파롤 게임의 무작위 전략과 닮았다.). 로봇들은 이 단어들을 사용하면서 단어들의 쓰임새를 지켜보았고, 의사 소통에 도움이 되는 것들은 유지하고 그렇지 않은 것들을 잊어버렸다. 반복적인 비교라는 단순 절차로 서로 배워 가면서 로봇들조차 재빨리 공유 언어를 만들어 냈다. 이 언어는 단어를 공유할 뿐만 아니라 문법 구조까지 갖추고 있었다.[21]

적응은 강력하다. 그러나 사회의 원자인 인간에게는 적응적인 사고 말고도 다른 많은 것이 있다. 사람이 사회적 동물이라는 말은 정말로 옳은 말이다. 개인으로서 사람은 다른 어떤 종보다 더 서로 얽혀서 살아간다. 사회적 원자가 빛나는 고립 상태에 있다고 상상하고 개인으로 문제에 직면한다면, 사람의 적응적 성격에 합리적 계산 능력을 덧붙이는 것으로 충분할 것이다. 그러나 여기에서 더 나아간다는 것은 사회적 원자가 어떻게 둘 사이에 또는 집단으로 상호 작용하고 어떻게 서로의 행동이 서로에게 영향을 주는지 보는 것이다. 첫걸음으로, 둘 또는 그 이상의 사람들이 서로를 인지하거나, 그렇지 않을 때라도 서로가 해 놓은 것들을 배울 수 있는 약간의 수단만 있으면, 한 가지가 분명히 나타난다. 바로 모방하는 것이다. 사람은 유연한 적응 능력을 가졌을 뿐만 아니라 태생적으로 흉내쟁이이다.

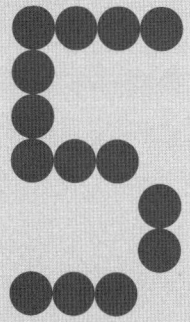

사회적 원자는 흉내쟁이

평균적인 인간은 결코 독립적인 의견을 가지지 못한다.
그는 연구하고 궁리해서 자기만의 의견을 만들어 내는 데 관심이 없고,
어떻게든 이웃의 의견을 알아내려고 하며, 그것을 노예처럼 따른다.
— 마크 트웨인

《로어노크 타임스(Roanoke Times)》에 따르면 1933~1934년에 버지니아 남부에서 이런 일이 일어났다. 12월의 조용한 어느 날 저녁 로어노크에서 칼 허프만(Cal Huffman) 부인이 자신의 농장에 이상한 사람이 숨어드는 것을 보았고, 조금 뒤에 가스 냄새를 맡았다. 30분 뒤에 그녀의 남편도 가스 냄새를 맡고 경찰에 신고했다. 경찰이 현장에 도착했지만 특이한 점은 발견하지 못했다. 하지만 이 소식은 퍼져 나갔고, 닷새 뒤에 교회에 갔다 집에 돌아온 이웃 마을의 클레런스 홀(Clarence Hall) 부부는 자신들의 집에서 고약한 냄새를 맡았다. 그들이 왜 눈이 따가웠는지는 모르지만, 어떤 이웃은 경찰에게 홀의 집 창문으로 어떤 사람이 손전등을 켜 들고 들어가는 것을 보았다고 말했다. 두 주일 뒤에는 무어 부인이 자기 집 뜰에서 두런거리는 목소리를 들었고, 똑같이 가스 냄새를 맡았다. 《로어노크 타임스》는 머리기

5. 사회적 원자는 흉내쟁이 123

사에 어떤 미치광이가 이 지역 사람들을 습격하고 있다고 썼다.

버지니아 가스 공격의 수수께끼는 날이 갈수록 더 알쏭달쏭해졌다. 로어노크와 근처 사람들은 언제나 집 문을 꼭꼭 잠그고 눈을 부릅뜨고 주위의 들판을 수색하면서 낯선 사람을 경계했고, 해가 질 무렵에는 더욱 조심했다. 사람들은 현관에 총을 준비해 두었다. 한 번은 어떤 남자가 집에서 가스 냄새를 맡고 밖으로 뛰어나가 숲으로 향하는 네 사람을 향해 총을 쏘기도 했다. 그러나 이때쯤 경찰은 의심하기 시작했다. 20~30번의 습격 신고가 있었지만 조사관들은 가스의 물리적 증거를 발견하지 못했다. 깡통도 없었고 젖은 넝마도 없었다. 그들이 발견한 것은 공회전하던 자동차에서 나온 짙은 배기 가스이거나, 난로에서 나온 석탄 가스이거나, 방열기에서 증발한 휘발성 화학 물질이었다. 1934년 2월 14일에 《로어노크 타임스》는 "로어노크에는 가스 습격자가 없다."라는 제목의 기사를 실었고, 그 뒤로 가스 습격은 없었다. 경찰의 결론에 따르면 이야기 전체가 '신경 과민'의 산물이고, 한 사람이 다른 사람들에게 추측의 씨앗을 뿌렸기 때문이라는 것이다.[1]

헛소문이 스스로 힘을 얻어서 실오라기만 한 물증도 없이 '명백한 사실'이 되는 이야기는 많다. 1930년대나 오늘날이나 사람들이 소문에 민감하기는 마찬가지이다. 2005년 8월에 파괴적인 허리케인 카트리나가 지나간 뒤에 뉴올리언스에서는 갱들이 무방비의 여행자들을 덮쳐서 남자를 죽이고 여자를 강간했다는 보도가 있었다. 폭스 뉴스(어떤 블로그나 홈페이지에서는 '가짜(Faux) 뉴스'라고 부른다. 미국의 거대 언론 그룹인 뉴스코퍼레이션의 뉴스 전문 채널로, 미국에서 가장 대표적인 보수 언론에 속한다. ─ 옮긴이)는 흉악한 '강도, 강간, 차량 탈취'가 빈발하고 있고, 슈퍼돔(이재민이 수용되었던 돔 경기장)에서 '어린 아기'가 강간당했다고 보도했다. 하지만 기자들과 관료들은 몇 주일 뒤에도 이 범죄의 희생자를 찾지 못했다. "우리는 살인에 대한 어떤 공식 보고도 받지 못했습니다." 경찰서장의 말이다. 이 이야기들은 거의 예외 없이 헛소문이었다.

대중적인 공포의 헛소문과 일화 들은 사람들이 다른 사람들을 따라 하려는 어쩌할 수 없는 성향을 보여 준다. 이것은 합리적이지 않다. 1950년대의 홀라후프, 1990년대의 비니 베이비, 오늘날의 피어싱도 그렇다. 1630년대에 네덜란드 사람이 튤립 한 뿌리를 치즈 450킬로그램, 버터 2톤, 맥주 4톤, 양 12마리, 돼지 8마리, 황소 4마리, 은제 물 잔에 해당하는 돈을 내고 산 것을 인간의 독립적인 지성 덕분으로 그 영광을 돌리는 사람은 거의 없다.[2] 모방의 힘을 보여 주는 더 놀라운 예로, 2005년에 프랑스의 파리와 주변 지역에서 일어났던 소요 사태를 보자. 10월 27일에 파리 외곽의 클리치소부아(Clichysous-Bois)에서 십대 소년 보나 트라오레(Bouna Traore)와 자이드 베나(Zyed Benna)가 경찰에 쫓기다가 죽었다. 죄 없이 쫓기던 소년들이 변전소에 숨었다가 감전되어 죽은 것이다. 그 후 2주 동안 파리를 시작으로 프랑스의 여러 도시에서 거의 3,000명이나 되는 사람들이 폭력 시위 혐의로 체포되었다. 리옹, 디종, 에브뢰 등지에서 사회적인 스파크가 바람에 떠다니며 여기저기에 불을 붙이는 것만 같았다. 소요에 참가했던 15세의 소년이 《뉴욕 타임스》와 인터뷰에서 한 말이 이상한 전염성을 잘 요약해 준다. 처음에는 두 소년의 죽음이 폭동의 "좋은 이유"

가 되었다고 했다. 하지만 이제는 달라졌다. "차에 불을 붙이는 게 재미있었어요."

왜 사람들은 스스로 커져 가는 집단 행동에 그렇게 민감할까? 앞 장에서 사회적 원자를 지배하는 첫 번째 규칙을 보았다. 사람은 패턴을 알아보고 변하는 세상에 적응하는 뛰어난 능력을 가지고 있다. 사람은 세상과 서로 영향을 주고받으며 세상에서 배운다. 그뿐만 아니라 사람은 다른 사람들에게서도 배운다. 우리는 가족, 친구, 동료, 이웃의 네트워크 속에서 살아가고, 텔레비전, 신문, 인터넷에서 쏟아지는 의견들의 소음 속에서 살아간다. 진공 속에 고립된 원자와는 전혀 다른 상황에서, 사람들은 두터운 사회적 태피스트리 속에서, 전적인 상호 의존 속에서 살아간다. 짙은 액체 속에 있는 원자처럼 사람은 다른 사람을 건드리지 않고는 꼼짝하기도 힘들다. 사람은 사회에 푹 파묻혀 있으며 사회는 사람들이 뭘 먹는지, 뭘 입는지, 어떤 일을 하는지, 어떤 의견을 갖고 어떤 생각을 하는지에 영향을 준다.[3] 사람들은 전혀 스스로 생각하지 못한다. 사람들이 무엇을 믿고 왜 믿는지는 사람들 사이의 상호 작용에 크게 좌우된다.

이 장에서는 사회적 원자의 다른 측면을 살펴보겠다. 그것은 둘 또는 그 이상의 사회적 원자가 함께 있을 때마다 적용되는 행동적 습관이다. 사람의 적응 능력 다음으로, 모방하는 능력보다 더 두드러진 것은 어쩌면 없을 것이다. 유아들은 몇 분 안에 부모들의 표정을 그대로 따라한다. 사람들의 모방 성향을 잘 알고 있었던 로마 사람들은 중요한 장례식 때 울음을 유도하기 위해 통곡 전문가를 고용했다.[4] 우리는 모방하는 능력을 타고났을 뿐만 아니라 의식적으로 모방하기도 한다. 모방이 전략이 되며, 다른 사람들이 배웠을 장점을 취하는 유일한 전략이 되기도 한다. 물론 모방하다 보면 기괴하고 불필요한 왜곡이 나오기도 한다. 우리가 따라하는 그 사람들도 자기가 왜 그렇게 하는지 모를 때도 있기 때문이다. 그러나 궁극적으로, 모방의 놀라운 영향력은 수수께끼가 아니다. 과학자들은 이제 모방이 시계 같은 규칙적인 패턴을 유도한다는 것을 알아내고 있다.

인간은 부화뇌동하는 동물

1952년에 필라델피아 근처에 있는 스워스모어 대학의 한 실험실에서 몇몇 지원자들이 인간의 지각에 대한 연구에 참여했다. 사회 심리학자 솔로몬 애시(Solomon Asch)는 단순한 계획을 세웠다. 그는 커다란 카드를 준비했는데, 한 카드에는 세로로 직선 하나가 그려져 있고, 다른 하나에는 비슷한 직선 셋이 그려져 있다. 지원자에게 두 카드를 보여 준 다음에, 세 줄 중에 어떤 줄이 다른 카드에 그려진 한 줄과 길이가 같은지 질문한다. 세 줄이 그려진 카드에서 다른 두 줄은 길이가 크게 달라서 누구나 금방 알아볼 수 있다. 그러나 그는 여기에 속임수를 숨겨 두었다.

'지원자' 중에는 애시와 미리 짜고 들어온 가짜들이 섞여 있었다. 애시는 실험에서 가짜 지원자들이 줄지어 나와서 하나같이 아주 큰 목소리로 답을 말하게 한 다음에 진짜 지원자에게 같은 질문을 했다. 때때로 애시는 가짜 지원자들에게 똑같이 틀린 답을 말하게 한 다음에 진짜 지원자가 어떤 영향을 받는지 알아보았다. 결과는 놀라웠다.

이런 속임수를 쓰지 않은 대조 실험에서는 틀린 답을 말하는 지원자가 한 명도 없었다. 그들은 쉽게 바른 줄을 찾아냈다. 그러나 다른 사람들이 모조리 틀린 답을 말하는 것을 들은 다음에는, 지원자가 다수와 똑같이 틀린 답을 말하는 때가 많았다. 그들은 주저하고, 어색하게 웃으면서, 눈을 비비고 카드를 노려보다가 자기가 알아본 것을 포기하고 다수를 따랐다. 몇몇 사람들이 소리 내어 틀린 답을 말하기만 해도 멀쩡한 사람에게 틀린 답을 말하도록 강제할 수 있는 것이다.[5]

거친 표현이지만 사람은 '부화뇌동(附和雷同)'하는 경향이 있다. 애시의 실험 지원자들이 자기 확신이 부족해서, 사람들이 자기와 다르게 말하는 것을 보고 자기 자신의 인지를 의심했을 수도 있다. 설명이 무엇이건 애시는 이 결과가 마음에 거슬렸다. "우리 사회에서 순응하려는 경향이 이렇게 강하다는 것은, 다시 말해 선량하고 지적인 젊은이들이 상황에 따라서는 흑백도 뒤바뀔 수 있다는 생각을 기꺼이 받아들인다는 것은 심상치 않은 문제이다. 우리가 얻은 결과는 현재의 교육 방법이나 우리 행동의 지침이 되고 있는 가치관에 의문을 제기하고 있다."[6]

무분별한 빨갱이 사냥이 사회 전체를 휩쓴 매카시 시대의 히스테리적인 상황 속에서 쓴 글이다. 이 글에서 애시는 이렇게 되는 이유를 교육과 가치관의 탓으로 돌렸다. 그러나 이제는 사람들의 순응적 경향이 사실은 훨씬 더 깊은 생물학적 뿌리를 가지고 있음이 알려졌다.

2005년 애틀랜타의 에머리 대학교에서 신경 과학자 그레고리 번스(Gregory Burns)가 이끄는 연구진이 애시의 실험을 더 발전시켜서 수행했다. 그들은 비슷한 상황에서 지원자들의 뇌 활동을 MRI로 관찰했다. 그들은 지원자들에게 겉보기에 다른 입체 도형 두 가지를 보여주었다. 그다음에 그 도형이 진짜로 다른지, 아니면 같은 도형을 다른 각도에서 본 것인지 맞혀 보라고 했다. 여기에 답하려면 머릿속에서 도형들을 재배열하고 돌려보아야 한다. 애시의 실험처럼, 번스와 동료들은 지원자들 중에 배우들을 섞어서 때때로 틀린 답을 하도록 했다. 혼자서 판단할 때 지원자들은 언제나 바르게 답했다. 그러나 배우들이 틀리게 답한 다음에는, 지원자들의 40퍼센트쯤은 자기 생각을 포기하고 다수 의견을 따랐다.[7]

더 흥미로운 것은 지원자들이 집단의 의견을 무시해야 할 때의 MRI 영상이다. 그들이 의식적으로 판단을 할 때(도형을 바르게 인지했지만 다수를 추종할 때)는 일반적으로 계획과 문제 해결에 관련되는 전두엽에서 많은 활동이 일어날 것으로 생각된다. 하지만 이런 상황에서 연구진의 관찰에 따르면 공간 지각에 관련된 두정엽중간고랑(intraparietal sulcus)에서 뇌 활동이 가장 많았다. 이것이 의미하는 바는, 지원자가 바르게 알아봤지만 의식적으로 궁리한 다음에 집단을 추종하는 게 아니라, 물체의 인지 자체를 다르게 한다는 뜻이다. 다른 사람들의 말이 진정으로 그들이 보는 것에 영향을 주는 것이다. 저자들이 말했듯이, "사회적 상황에 따라 사람들이 세상을 인지하는 방식이 달라진다." 또한 번스와 동료들은 사람들이 집단의 압력에 굴복하지 않고 정확하게 판단할 때는, 뇌 활동이 주로 감정에 관여된 곳에서 크게 일어나는 것을 발견했다. 집단에서 벗어나면 본능적으로 위험하다고 느끼는 것처럼 말이다.

이 실험들은 모방 행동의 근원이 어떤 경우에는 진정으로 매우 원초적임을 암시한다. 이것은 자동적이고 무의식적이고 본능적이며 생물학적으로 미리 그렇게 만들어진 것으로 보인다. 우리는 이것을 '근원적' 모방이라고 부를 것이다. 여기에는 인간의 진화사를 반영하는 깊은 정신적 뿌리가 있기 때문이다. 그러나 모방에는 그리 근원적이지 않은 것도 있다. 판단을 내리는 의식적인 전략에 바탕을 둔 이것은 아마도 훨씬 더 영향력이 클 것이다. 아리스토텔레스가 오래전에 말했듯이, "사람이 하등 동물보다 뛰어난 점 한 가지는 세계에서 가장 흉내를 잘 낸다는 것이다." 사람은 적응을 매우 잘 한다. 그리고 사람이 가장 잘 따라하는 대상은 대개 다른 사람들이다.

사람은 펭귄과 그리 다르지 않다

펭귄들에게는 매일의 딜레마가 있다. 그들은 차가운 바다에서 물고기를 잡아먹으며 산다. 그러나 수면 아래에는 물고기뿐만 아니라 다른 것도 있다. 때때로 범고래가 펭귄을 공격한다. 펭귄은 매우 주의해야 하고, 안전하다고 확신할 때에만 물에 들어간다. 여기에서 일이 꼬인다. 뭍에 있는 펭귄은 범고래가 수면 아래에 있는지 알 수 없다. 알아보려면 직접 물에 들어가 볼 수밖에 없고, 그렇지 않으면 참을성 없는 다른 펭귄이 기다리다 지쳐서 뛰어들 때까지 끈기 있게 기다려야 한다. 그래서 펭귄은 범고래 룰렛 게임으로 하루를 시작한다. 몇 시간씩 둘러서 있다 보면 결국 어떤 성급한 펭귄 한 마리가 바다에 뛰어들고, 그때 전체 집단은 전부 뛰어들거나 아니면 아무도 뛰어들지 않게 된다. 바다에 피가 번지면, 아무도 움직이지 않는다. 아무 일도 없으면, 모두 뛰어들어서 먹이를 찾는다. (알려진 바에 따르면, 때때로 펭귄들은 그리 점잖지 않은 방식으로 이웃을 뛰어들라고 부추긴다.[8])

사람들은 대개 자기 판단으로 살아간다고 생각한다. 그러나 사람들은 실제로 펭귄과 크게 다르지 않다. 정보가 부족하면 다른 사람들을 보면서 어떻게 해야 할지 판단한다. 사람들로 북적대는 식당을 두고 텅 빈 식당으로 들어가는 사람은 많지 않다. 사람들은 식당이 북적대거나 텅 빈 데에는 어떤 이유가 있다고 생각한다. 은행들은 다른 은행들의 지점이 있는 곳에 지점을 개설하고, 기업 분석가들은 작은 기업들이 큰 기업을 모방하는 경향이 있다는 것을 알고 있다. 인텔쯤 되는 지도급 기업이 컴퓨터 칩을 만드는 검증되지 않은 어떤 신기술에 투자하면, 작은 기업들은 인텔이 방대한 자원으로 반드시 뭔가를 알아냈을 것이라고 생각하면서 똑같이 뛰어든다. 모방은 개인이나 집단 모두에게 정당한 전략이 될 수 있다. 생물학자들은 이것을 사회적 학습(스스로 배우는 것이 아니라 타인과의 상호 작용으로 배우는 것)이라고 부른다. 사회적 학습은 혼자 학습하는 것보다 더 많은 지식을 습득할 수 있게 해 주는 경우도 있다. 사람들의 모방 본능은 워낙 뿌리 깊어서, 20명이 하늘을 쳐다볼 경우 혼자만 하늘을 올려다보지 않기는 어렵다. 사회적 모방은 정보 수집 면에서 이득이 있지만 상식을 포기하게 하기도 한다.

2002년 10월에 워싱턴 DC 일대에서 무차별 살인 사건이 벌어졌다. 10월 3일에 살인자는 15시간 동안 다섯 차례에 걸쳐서 풀을 베는 정원사, 기름을 채우던 택시 운전사, 공원 벤치에서 책을 읽던 여자를 죽였다. 범죄 현장에 흰색 밴이 서 있었다는 말이 돌았고, 경찰은 차량 검문을 할 때 흰색 밴이나 트럭을 찾았다. 신문과 텔레비전도 흰색 밴 이야기를 자꾸 보도했고, 금방 모든 사람들이 살인자가 흰색 밴을 탄다고 '알게' 되었다. 이렇게 두 주일이 흘러갔다. 한편 경찰은 다른 단서를 따라가다가, 잠재적 용의자의 자동차인 파란색 시보레 카프리스 세단의 번호판을 우연히 점검했다. 놀랍고 당혹스럽게도, 이 파란색 카프리스는 실제로 총격 현장 근처에서 경찰에 여러 번 검문을 당했지만 한 번도 잡히지 않았던 것이다. 흰색 밴이 아니었다는 것이 가장 큰 이유였다. 파란색 카프리스를 수배한 지 몇 시간 만에 시민들의 제보로 메릴랜드의 고속 도로에서 41세의 존 앨런 무하매드(John Allen Muhammad)와 17세의 존 리 맬보(John Lee Malvo)가 검거되었다.

문제는 명백하다. 모방은 새로운 정보를 만들지 못하고, 작은 정보를 크게 증폭할 뿐이다. 이 정보가 진실인지 아닌지는 무관하다. 경영 서적 저술가인 마이클 트레이시(Michael Treacy)와 프레드 위어시마(Fred Wiersema)는 1995년에 『마켓 리더의 전략(The Discipline of the Market Leaders)』이라는 책을 출판한 뒤에,《뉴욕 타임스》베스트셀러 목록을 집계하는 서점들을 돌며 자신들의 책을 5만 부나 사들였다. 신문 서평은 미지근했지만 책은 의도대로 베스트셀러 목록에 진입했다. 베스트셀러 목록에 오르자 판매고는 꾸준히 유지되어서 그 자리에 계속 머물렀다.[9]

이런 예들은 한 사람이 다른 사람에게 영향을 주어 놀라운 일이 일어날 수 있음을 보여 준다. 사람들은 사회적 본능에 이끌려 맹목적으로 모방하거나, 다른 사람들은 나보다 더 잘 알겠거니 하면서 전략적으로 모방한다. 앞으로 살펴볼 것처럼, 다른 사람들이 자꾸 모방하기 때문에 결국 모방이 최상의 전략이 될 때도 있다. 근원이 무엇이든, 모방은 소수의 행동을 빠르게 세계 전체로 퍼뜨려서 사회적인 원인과 결과를 추적하기 어렵게 한다. 이것은 사회 과학이 '이야기하기'를 넘어서 사건들을 '법칙적으로' 설명하기 힘든 한 가지 이유이다. 물론 모방이 일어난다고 해서 인과의 사슬이 끊어지지는 않으며, 추적하기가 어려워질 뿐이다. 사람이 아니라 패턴에 집중한다면, 이런 일이 어떻게 일어나는지 살펴보기는 어렵지 않다.

사회적 눈사태의 '원자' 물리학

대부분의 경우에 경제 이론가들은 사람들이 서로 모방하는 영향을 무시하려고 한다. 경제학 이론에서는 아직도 '대표적 행위자(representative agent)'라는 개념을 중시한다. 이 개념은 한 집단의 구성원들이 어떤 사건(예를 들어 파리의 소요 사태)에 대해 반응하는 방식을 알아볼 때 사람들 사이의 상호 작용을 전적으로 무시한다. 모든 개인들은 일어난 일을 살펴보고 독립적으로 생각해서 소요에 가담할 것인지를 판단한다. 이러한 관점에서는 2퍼센트가 소요에 가담한다면, 그것은 이 사건이 2퍼센트의 사람들에게 행동을 하도록 영향을 주었기 때문이라고 판단할 수 있다. 이 개념은 군중이 특정 '성격'을 가지고 있고, 그것은 군중을 구성하는 사람들의 평균 성격을 반영한다고 본다. 이러한 사고 방식에 따르면 결과는 언제나 그것을 일으킨 사건에 비례한다. 작은 원인은 절대로 거대한 반향을 일으키지 못한다.

  이 개념은 수학을 쉽게 하는 데 큰 도움이 되어서, 이론을 깔끔한 방정식으로 유지하고 확실성의 환상을 유지한다. 그러나 현실을 설명하는 데에는 그리 좋지 않다. 이것은 "차에 불을 지르는 게 재미있다."라고 말하는 소년들을 무시하기 때문이다. 대표적 행위자 개념은 처음에 소요 사태를 일으킨 요인과 소요의 크기를 결정하는 요인이 일치하지 않는다는 사실을 무시한다. 맨 처음에 소요를 일으키는 사람은 완전히 자기 뜻으로 그렇게 한다. 하지만 그 후 100명의 사람이 더 난동을 부리게 되었을 때 101번째 사람의 판단은 완전히 다르다. 자기가 아는 모든 사람들이 난동을 부리고 있다면 난동에 뛰어들기는 그리 어렵지 않다. 많은 범죄들이 정말로 이런 식으로 일어난다. 예를 들어 10년 전에 수행된 중요한 실험에서 하버드 대학교의 경제학자 에드워드 글레이서(Edward Glaeser), 브루스 새커도트(Bruce Sacerdote), 호세 신크먼(Jose Schienkman)은 도시와 도시 또는 도시 내의 여러 지역에 따라 범죄율이 다른 이유를 그 지역의 경제 조건만으로 설명할 수 없다는 것을 알아냈다. 범죄율의 차이는 지역별 경제 조건의 차이보다 훨씬 더 컸다. 그러나 이러한 변이는 그 지역에 범죄자들이 있으면 다른 사람들도 범죄자가 되기 쉽다고 가정할 경우 설명이 가능했다. 그들은 이런 경향이 절도와 차량 절도에서 특히 두드러지고, 폭행과 강도에도 나타나며, 살인과 방화 같은 범죄에서는 약하다는 것을 알아냈다.[10]

  1978년에 스탠퍼드 대학교의 사회학자 마크 그라노베터(Mark Granovetter)는 이런 상황의 미묘함을 잡아내는 영특한 방법을 찾아냈다. 토머스 셸링이 사회 과학에 대해 '원자 물리학'으로 접근한 것에 자극을 받은 그라노베터는 사물을 가장 단순하게 만들려고 노력했다. 난동의 예를 다시 생각하자. 대부분의 사람들은 아무 일도 없을 때에는 난동을 시작하지 않지만, 그라노베터는 일정한 조건에서는 보통 사람들도 난동에 가담한다고 가정했다. 말하자면 아주 심하게 자극하면 난동에 가담하는 것이다. 다시 말해 사람마다 난동에 가담하는 '문턱값'이 다르다. 어떤 사람은 10명이 난동을 부리고 있으면 난동에 뛰어든다. 또 어떤 사람은 60~70명은 난동을 부리고 있어야 가담한다. 어떤 사람의 문턱값은 온갖 사정에 의존한다. 그 사람의 개성, 처벌 위협 등에 따라 문턱값이 달라지는 것이다. 사람에 따라서는 어떤 상황에서도 난동에는 가담하지 않을 수도 있고, 또 극소수는 혼자서도 난동을 일으킬 수 있다.

논리적으로 말해서, 사람들은 모두 특정한 상황에 맞는 특정한 문턱값을 가지고 있을 것이다. 이 값들을 실제로 알아내기는 꽤 어렵겠지만 말이다. 어떤 사람의 문턱값은 그라노베터가 말했듯이 "문제가 되는 일(여기에서는 난동에 가담하는 일)을 했을 때 개인의 인지된 이득이 인지된 비용을 넘는 지점"이다. 여기에서 중요한 것은 이득과 비용의 균형이 개인적인 선호뿐만 아니라 다른 사람들이 어떻게 하는가에 따라 달라지고, 얼마나 많은 사람이 그렇게 하는가에 따라서도 달라진다는 것이다. 이런 문턱이 존재한다는 것은 개인 사이의 영향이 행동을 촉발시키는 힘을 반영하고, 이것 때문에 집단의 행동을 예측하기가 대단히 어려워진다.

예를 들어, 100명의 사람들이 0에서 99까지의 문턱값을 가진다고 하자. 한 사람은 문턱값이 0이고, 한 사람은 1, 한 사람은 2, 이런 식이다. 이 경우에 거대한 난동은 피할 수 없다. 문턱값이 0인 '과격파'가 난동을 부리면 문턱값이 1인 사람이 가담하고, 이렇게 난동이 커져서 결국은 '문턱값이 높은' 사람들도 모두 가담하게 된다. 그렇다면 결과가 문턱값의 배열에 따라 얼마나 민감하게 변하는지 보자. 문턱값이 1인 사람을 제거하면, 첫 번째 사람이 난동을 부리기 시작해도 나머지 사람들은 단순히 서서 지켜볼 것이다. 누구도 난동에 가담하는 두 번째 사람이 되려고 하지 않으면, 연쇄 반응은 일어나지 않는다. 따라서 단 한 사람이 없다는 사소한 차이가 전체 집단에 극적인 효과를 가져온다. 그러나 그라노베터가 지적했듯이 이야기 식의 설명은 이러한 미묘함을 잡아내지 못하고, 대표적 행위자라는 사고 방식은 군중의 '성격'이 결과를 좌우한다고 잘못 말하게 된다. 이야기 식의 설명은 "과격한 사람들이 난동에 참여했다."라고 말하고, 대표적 행위자 이론은 반대로 "머리가 돈 말썽꾼 하나가 건실한 시민들 앞에서 창문을 깼다."라고 말할 것이다.[11]

사회적 눈사태의 '원자 물리학'에 따르면, 이 문제를 피하는 쉬운 방법은 없다. 소요 사태, 부동산 시장에 퍼져 나가는 비관론의 물결, 위원회의 투표 등 어떤 것이든 마찬가지이다. 정확하고 상세한 예측은 거의 기대할 수 없고, 사소한 세부 사항이 거대한 그림에 개입할 수 있다. 군중의 사소한 차이, 예를 들어 적절한 유형 몇 사람의 유무에 따라 창문 한두 개가 깨지고 마는 것과 거리 전체가 불길에 휩싸이는 것 사이의 차이를 만들 수 있다. 투표의 결과는 사람들이 투표하는 순서에 따라 완전히 달라질 수 있다. (미국 해군의 군법 회의는 모방의 영향을 줄이기 위해 계급의 반대 순서로 투표한다. 이것은 꽤 현명한 방식이다.)

이런 방식으로 사물을 보면 타임스 스퀘어에서 일어난 일도 쉽게 이해할 수 있다. 타임스 스퀘어의 사회적 상황에는 두 가지 안정된 상태가 있다고 볼 수 있다. 두 상태는 정반대이지만 급격한 전이가 일어날 수 있다. 1995년에 타임스 스퀘어 지역의 잠재력은 어느 회사에게나 명백했다. 하지만 그 지역 경제가 침체되어 있었으므로 위험도 똑같이 명백했다. 잠재적인 투자자들은 남극의 얼음 구멍에 둘러서서 누군가가 먼저 뛰어들기를 바라는 펭귄들과 닮았다. 디즈니가 뛰어들어서 뉴암스테르담 극장을 새롭게 단장하자, 마담 튀소 밀랍 인형 박물관과 엔터테인먼트 그룹 AMC 같은 회사의 중역들은 안도감을 느꼈다. 다른 사람들도 똑같이 결정한다면 나쁜 결정도 그리 나빠 보이지 않는다. 이 경우에는 다른 요인도 함께 작동했다. 그것은 양성 되먹임이다. 여러 사람이 함께하면 심리적으로 위안이 될 뿐만 아니라 다른 사람들의 참여로 그 지역이 더 좋아질 것이므로 그들의 판단에 정당성이 부여된다. 실제로 타임스 스퀘어에 점점 더 많은 투자자들이 뛰어들면서 매력이 더 커졌고, 지역 경제가 개선되었고, 이렇게 해서 다시 더 많은 투자자들이 몰려들었다. 이 예는 난동에 대한 그라노베터의 분석과 거의 완벽하게 맞아 떨어진다.

겉보기에는 아주 달라 보이지만, 앞에서 살펴본 케랄라의 '기적'도 동일한 예이다. 극적인 사회적 눈사태가 어떤 행동을 점점 더 매력적으로 보이게 해서 더 많은 사람을 끌어들인 것이다. 글을 읽고 쓸 줄 아는 사람이 거의 없고 전통적인 농업 생산을 중심으로 살아가는 농촌 사회에서는 읽고 쓰는 것이 중요하지 않다. 부모들이 왜 아이들에게 교육을 장려하지 않았는지 알아보기는 어렵지 않다. 배워도 얻을 것이 없기 때문이다. 오랫동안 사람들은 똑같은 방식으로 살아왔고, 케랄라에서도 마찬가지였다. 그러나 대부분의 사람들이 읽고 쓰게 되자 모든 것이 달라졌다. 경제 생활이 공업 생산과 소규모 판매업 중심으로 변했고, 경영 관리가 중요해졌다. 이제 아이들은 교육을 받아야 성공할 수 있게 되었고, 부모들의 교육열이 크게 높아졌다. 영향력 있는 한 기업의 첫걸음으로 타임스 스퀘어가 변하기 시작했다면, 케랄라에서는 자원 봉사 단체의 협력으로 교육 수준 향상이 일어났다. 자원 봉사자들의 노력으로 케랄라는 이제 장벽을 뛰어넘어 반대편에 가 있다. 교육을 통해 사람들은 새롭고 자기 지속적인 사회 패턴으로 들어갔다.

그라노베터의 사고 방식은 사람들이 주고받는 영향의 결과가 진정으로 복잡하다는 것을 잘 보여 준다. 그러면서도 이것은 이러한 영향으로 일어나는 사회 변화를 수학적으로 분석하기가 완전히 불가능하지는 않다는 것을 보여 준다. 연구자들은 최근에 그라노베터의 생각을 더 확장하고 있다. 여기에서 놀랍게도 우발적인 전환이 보편적인 현상이라는 것이 알려졌다. 사회 속에 숨어 있는 사회 물리학의 놀라운 예인 것이다.

사람은 생각만큼 자유롭지 않다

프랑스 물리학자 장필리프 부쇼(Jean-Philippe Bouchaud)는 아주 특이한 이력을 가지고 있다. 즉 물리학의 핵심 분야를 경험했을 뿐만 아니라 '경제 물리학(econophysics)'이라고 불리는 빠르게 떠오르는 분야의 선구자이기도 하다. 이 분야는 물리학에서 사용하는 수학 개념으로 경제와 금융 분야의 문제를 공략한다. 15년 전에 부쇼와 물리학자 연구진은 자신들만의 헤지 펀드까지 설립했고, 그들이 설립한 캐피털 펀드 매니지먼트 사(Capital Fund Management, CFM)는 시장과 가격 변동의 물리학적인 이해로 돈을 관리한다. 여러 해 전에 부쇼는 그라노베터의 모방하는 인간의 '문턱' 모형을 듣자마자 거의 믿을 수 없는 일치를 알아챘다. 그라노베터의 그림에서 사람들이 서로 영향을 주고받는 방식이 물리학의 가장 우아한 이론에서 원자들이 행동하는 방식과 수학적으로 거의 똑같다는 것이다. 이 이상한 연결을 자세히 파고들면서, 부쇼는 동료 퀜틴 미샤르(Quentin Michard)와 함께 사람들에게 적용되는 이론을 만들었다.

이 물리학 이론은 원자들이 철과 자성 물질 속에서 서로 영향을 주고받는 방식에 관한 것이다. 이러한 물질에서 원자는 N극과 S극이 있는 미세한 자석과 같다. 이때는 원자를 여러 방향을 가리키는 작은 화살표로 보아도 좋다. 쇳덩이에 강한 자기장을 걸면, 작은 화살들은 모두 자기장 방향으로 정렬해서 마치 병사들이 대열을 맞춘 것처럼 된다. 강력한 외부의 힘이 없어도 원자들은 서로 영향을 준다. 많은 수가 한 방향을 가리키면, 근처에 있는 다른 것들까지 같은 방향으로 늘어서도록 강요하게 된다(그림 7의 오른쪽). 부쇼가 보기에 이 논리는 그라노베터가 인간 사회에서 꺼낸 것과 똑같았다. 사람들은 모두 외부 영향에 반응한다. 예를 들어 사회 규범은 폭력보다 평화로운 행동

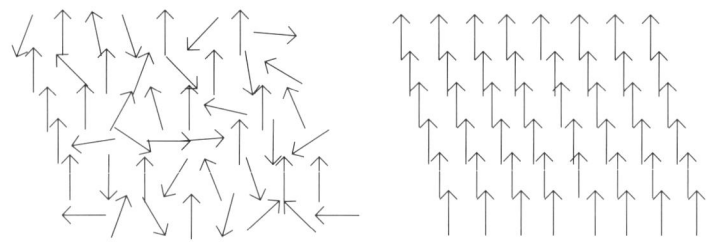

그림 7 왼쪽은 자기장이 없는 상태의 원자 자석 배열. 오른쪽은 자기장을 걸어 주었을 때 원자 자석 배열.

을 선호한다. 그러나 사람들은 옆 사람들과 더 강하게 영향을 주고받기도 한다.

따라서 추상적으로 생각해서 자석 속의 원자의 방향을 '의견' 또는 '행동'이라고 보면, 원자 수준에서 일어나는 일을 인간 사회의 모방이라고 볼 수 있다. 원자 하나의 움직임이 다른 원자의 움직임에 영향을 주는 것이다. 겉모습만 보면 이것은 억지스럽고 쓸모없는 유비처럼 보인다. 하지만 이것은 훨씬 더 많은 것을 담고 있다.

먼저 물리학에서, 처음에 자기장을 아래쪽 방향으로 준다고 하자. 자기장이 충분히 강해서 작은 원자 자석들이 모두 아래쪽으로 정렬된다. 이제 자기장의 방향을 천천히 회전시켜서 아래쪽에서 위쪽으로 바꾼다. 이것은 원자들에 영향을 준다. 어떤 원자들은 아래쪽에서 위쪽으로 방향을 바꾸기 시작한다. 원자들끼리 서로 영향을 주지 않는다면, 전체적인 변화는 서서히 일어난다. 원자들이 한 번에 하나씩 방향을 바꿔 결국 모든 원자가 위쪽을 가리키게 되어 외부 자기장의 영향에 복종한다. 그러나 한 원자가 다른 원자에게 영향을 줄 수 있으면 변화는 아주 다르게 일어난다. 이때는 변화가 빠르고 거칠게 일어난다. 진짜 실험에서 원자 하나가 뒤집히면 근처에 있는 다른 원자도 뒤집히고, 여기에 영향을 받아 또 다른 원자도 뒤집힌다. 그래서 모든 것이 아래쪽을 향한 상황에서 모두 위로 향하는 변화는 변덕스럽고 급작스러운 크고 작은 사태의 연속으로 일어나며, 서서히 부드럽게 일어나지 않는다. 게다가 원자들 사이의 영향이 없을 때보다 훨씬 빨리 모든 원자들이 위쪽을 향하게 된다. 변화하는 속도가 증폭되는 것이다.

 이것은 인간 사회와 어떤 관계가 있을까? 부쇼와 미샤르를 따라, 외부 자기장을 인간 행동에 영향을 주는 외부 요인이나 환경이라고 생각하자. 예를 들어 핸드폰을 보자. 핸드폰이 처음 시장에 나왔을 때는 덩치가 크고 비쌌으며 집에 있는 일반 전화보다 사용하기도 어려웠다. 놀랄 것도 없이 많은 사람들이 핸드폰을 거들떠보지도 않았다. 그러나 20년이 지나자 모든 것이 변했다. 핸드폰은 값이 싸고 쓸모가 많아서 거의 모든 사람이 하나씩 갖고 있다. 20년 동안의 변화를 외부 자기장의 역전과 그에 따른 원자 자석들의 정렬로 볼 수 있지 않을까. 이 경우에는 기술의 변화가 사람들의 행동을 변화시켰다. 게다가 부쇼와 미샤르는 자석과 인간 행동의 유사성이 여기에서 그치지 않음을 보여 주었다. 그들은 1990년대에 핸드폰이 받아들여지는 과정을 분석해서, 보급 속도가 자석 모형으로 예측한 것과 정확히 일치한다고 밝혔다. 여기에서 읽어 낼 수 있는 의미는 이제 그리 놀랍지 않다. 사람들은 핸드폰이 얼마나 유용할지 잘 따져 보고 산 것이 아니라, 단지 주위 사람들이 사니까 샀다.

 이제 대부분의 독자들은 사람들이 자동차를 사거나 영화를 볼 때,

핸드폰이나 옷을 살 때 모방이 분명히 영향을 준다고 수긍할 것이다. 사람들은 모방이 자신들의 삶에서 '중요한' 요소로 강하게 작용한다는 것을 인정하지 않으려고 한다. 말하자면 자기가 하는 일의 종류, 정치적인 견해나 종교관, 아이를 낳는 결정 등에 대해서 말이다. 이런 것들에 대해 사람들은 가장 독립적이다. 또는 그렇게 생각한다. 그러나 다시 생각해야 한다. 부쇼와 미샤르는 1950년과 2000년 사이에 유럽의 출생률이 극적으로 떨어졌음을 보여 주는 데이터를 검토했다. 의심할 바 없이 이 경향에는 수많은 요인들이 있어서, 경제 상황의 변화, 여성의 취업 기회 증가 등이 영향을 주었을 것이다. 그러나 데이터에 따르면 이 요인들은 변화의 아주 일부만을 설명한다. 두 물리학자는 사람들이 외부 요인만으로 독립적으로 판단했다고 설명하기에는 출생률의 변화가 너무 빨랐다는 것을 알아냈다. 많은 사람들이 아이를 낳지 않거나 적게 낳겠다고 결정했는데, 독립적인 판단이 아니라 모방으로 그렇게 했다. 두 물리학자는 이렇게 결론을 내렸다. "자연스러운 경향은 동료들의 압력을 통해 크게 증폭되고 과장된다."[12]

이 연구는 거대한 사회 변화에 대해 역설적인 교훈을 보여 준다. 부쇼와 미샤르의 수학적 분석에 따르면, 개인이 다른 개인에게 주는 영향이 강하면 사회 변화는 빠른 정도가 아니라 불연속적으로 일어나서, 인구의 상당 부분이 하나의 행동이나 한 사람의 견해에 따라 거의 같은 순간에 변화한다. 사람들의 판단에 영향을 주는 진정한 요인이 뚜렷하지 않을 때 일어나는 이러한 변이는 말 그대로 마른하늘에 날벼락이다. 아무 이유 없이 변화가 일어나는 것처럼 보이는 것이다. 이것이 시사하는 바는, 타임스 스퀘어의 재건이나 케랄라의 문화적 변화(둘 다 기존 상태로 오랫동안 변하지 않을 것처럼 보였지만 변화가 일어났다.)와 같은 당혹스러운 변화는 사회 변화의 본질을 보여 주는 것일지도 모른다는 것이다. 사회적 변화는 언제나 있을 법하지 않고 수수께끼 같지만, 사실 명확한 원인이 없이 안정 상태에 있던 집단 행동이 지속성을 가진 다른 집단 행동으로 바뀌는 것뿐일지도 모른다. 어떤 의미에서 이것은 맥 빠지는 답이다. 어떤 '심오한' 답은 없지만, 이러한 사고 방식은 사회 이론 자체가 껴안고 있는 근본적인 수수께끼는 이해할 수 있게 해 준다. 수많은 중대한 사건들이 매끈하게 연결된 인과 관계를 결여하고 있는 것처럼 보이는 이유를 말이다.

이 이야기에 하나 덧붙일 것이 있다. 두 물리학자는 재미 삼아 이 모형으로 음악회에서 사람들의 박수가 갑자기 끝나는 것을 예측할 수 있는지 알아보았다. 알다시피 몇몇 사람들이 박수를 치기 시작하면 모든 사람들이 박수를 친다. 그러다가 박수가 잦아들고 뒤늦은 박수가 계속 이어지다가 조용해진다. 놀랄 것도 없이 이 모형은 여기에도 아름답게 들어맞는다. 이 현상도 거의 전적으로 모방으로 인해 일어나기 때문이다. 청중의 유일한 목표는 다른 사람들이 박수칠 때 박수치고 다른 사람들이 그만둘 때 함께 그만두는 것이다. 박수 소리 데이터(여러 음악회에서 녹음된 것)와 출생률과 핸드폰 보급률 데이터를 함께 놓고 시간 규모의 차이를 무시하고 보면, 세 현상이 모두 정확하게 동일한 수학적 곡선을 따른다(그림 8). 우리는 자기 마음대로 행동할 수 있고, 박수를 치는 일과 아이를 갖는 일은 엄청난 차이가 있지만, 우리는 보편적인 패턴에 따라 타인의 행동으로부터 영향을 받는다.

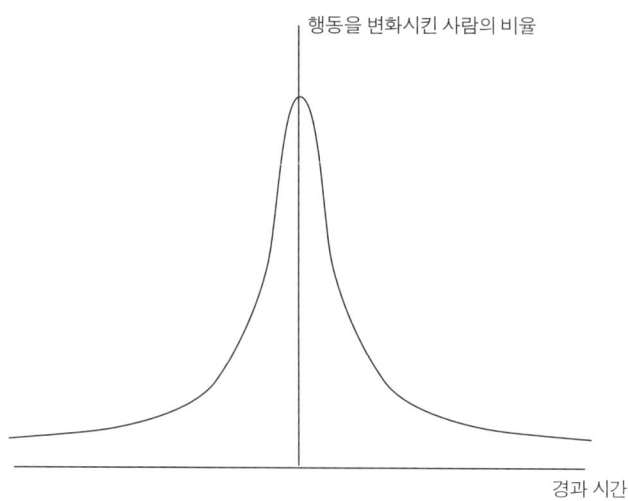

그림 8 다른 사람의 영향을 받아 행동을 변화시킨 사람들의 수를 나타내는 곡선.

아이를 낳거나 직업을 선택하는 등 인생에서 정말 중요한 판단이 사실은 어떤 힘(사회적 힘)에 반응한 결과이고, 음악회에서 박수칠 때와 똑같은 형태로 똑같은 영향을 받는다고 생각하면 아주 맥이 빠진다. 그러나 우리는 사회적인 존재이고 군중에 묻혀 있으며, 군중과 별개의 존재가 아니다. 사람은 생각만큼 자유롭지 않다.

'단순화'가 핵심이다!

좋은 과학에는 적절한 근사(近似)가 필수적이다. 어떤 것에 대한 '완벽'한 모형 따위는 없다. 구도에 포함된 일부 요소들을 무시해야 진정으로 관심이 있는 것에 답할 수 있다. 구리는 왜 전기가 잘 통할까? 물리학자들은 고체 구리 속의 모든 전자, 양성자, 중성자 들이 중력으로 서로 끌어당긴다는 것을 안다. 동시에 물리학자들은 중력이 믿을 수 없을 만큼 약하기 때문에, 구리 원자가 질서정연한 결정 구조를 이루면 전자의 이동이 아주 쉬워진다는 것에 중력이 아무런 영향도 주지 못한다는 것도 알고 있다. 그러나 구리 원자들이 서로 결합하면 원자에서 전자가 하나씩 빠져나와서 자유롭게 돌아다닐 수 있다는 것은 절대로 무시할 수 없는 핵심이다.

뭔가를 설명한다는 것은 중요한 핵심적 세부 사항에 집중한다는 것이고, 그렇지 않은 것들을 무시한다는 것이다. 사회적 원자에 접근하고 사회적 원자로 이루어진 세상에 접근할 때도 마찬가지이다. 인간은 적응적인 문제 해결자라고 말한다고 해서 문제가 모두 해결되지는 않는다. 사람은 합리적인 계산 기계가 아니라 패턴을 인식하는 생물학적 존재이며 실수로부터 배우는 능력이 있다. 이것은 엄청나게 많은 것들을 무시하지만, 이 단순한 출발점은 앞 장에서 보았듯이 훨씬 더 '정교한' 이론들이 설명하지 못한 금융 시장의 근본적인 특징을 설명하기에 충분하다.

그러나 패턴 인식과 적응을 한다고 해서 **다른** 사회적 원자들을 직접 이용할 수는 없다. 다른 사람(사회적 원자)들과 함께 있어야 한다. 함께 있다는 것만으로도 그들을 이용할 수 있는 기회를 얻게 되는 것이다. 모방(본능적, 또는 의식적인 모방)을 하면서 우리는 안전을 확보하고, 타인들을 도구 내지 우리 자신의 결정을 돕는 힌트로 이용한다. 이것은 언제나 좋은 이용 방법이라고는 할 수 없다. 철학자 에릭 호퍼(Eric Hoffer, 1902~1983년)가 지적했듯이, "사람들을 자기 마음대로 하게 놓아두면, 그들은 대개 서로를 흉내 낸다. …… 개인에게 무제한의 자유를 주는 사회는 당혹스러울 정도로 획일화되는 일이 많다."

그러나 이러한 '획일성'은 놀라운 규칙에 따라 일어난다. 사람들이 새로운 기술을 받아들일 때, 또는 사회적으로 중요한 행동 변화를 일으킬 때, 사람들은 모방을 통해서 보편적인 증폭 패턴을 따르는 것 같다.

그러나 여기에는 여전히 인간 사회에서 가장 중요한 수많은 것들이 빠져 있다. 신뢰와 불신에 관련된 강한 상호 작용, 앙심과 질투, 직접적인 증오와 적의, 헌신과 책임감 등이 없는 것이다. 우리는 모방을 사회적 입자들 사이의 '약한' 상호 작용으로 생각할 수 있다. 여기에서 우리는 서로를 정보의 실마리로 이용한다. 그러나 이것보다 '강한' 상호 작용이 존재한다. 약한 상호 작용이 우리를 새로운 핸드폰이나 루이뷔통 패션에 열광하는 집단으로 묶는다면, 사회 물리학의 강한 상호 작용은 협력, 경쟁 등을 통해 가족과 친구 같은 공동체를 하나로 묶어 낸다. 이런 것들을 인간 사회의 강한 상호 작용으로 생각할 수 있다. 약한 상호 작용과 강한 상호 작용은 둘 다 사람들을 개인으로 두지 않고 집단적인 패턴에 따르게끔 몰아댄다.

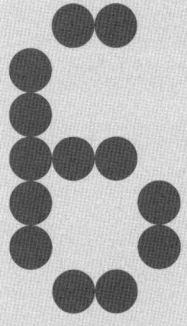

협력하는 원자

> 사람은 친구에게 친구가 되어야 하고 선물을 받으면 선물로 갚아야 한다.
> 미소를 미소로 맞고 거짓말에는 배신으로 응대해야 한다.
> ―「에다」, 13세기 노르웨이 서사시 선집

　2004년 12월 26일, 수마트라 해안 근처의 인도양에서 현지 시간으로 오전 8시쯤에 규모 9.15의 지진이 일어났다. 바다 밑바닥이 갑작스럽게 변형되어, 두 시간 뒤에 타이의 카오 락(Khao Lak) 해변에서 참사가 벌어졌다. 이때 미국 관광객 존 톰슨은 우연히 사진 두 장을 7초 차이로 연달아 찍었다. 첫 번째 사진에서는 텅 빈 해변에서 현지인들과 관광객들이 모여서 엄청난 썰물을 바라보고 있다. 두 번째 사진에서 해변은 이미 묵시록적인 파도로 가득 차 있다. 동남아시아에서 일어난 죽음의 쓰나미였다. 톰슨은 도망치면서 사진을 몇 장 더 찍었고, 호텔의 위층으로 기어 올라갔다. 그의 바로 뒤와 아래에서 거대한 물의 벽이 따라왔고, 무거운 파편들이 부서져서 밀려들면서 위력을 더하고 있었다. 동남아시아 전체에 비슷한 파도가 밀어닥쳐서 28만 3000명이 목숨을 잃었고, 자연의 거대한 힘 앞에 인간이 얼마나 나

약한지 절실히 깨닫게 했다.[1]

끔찍스러운 파도의 엄청난 파괴력에 맞설 수 있는 것은 오로지 살아남은 사람들의 투지뿐이었고, 전 세계에서 수많은 온정이 쏟아졌다. 몇 주 안에 전 세계의 개인과 국가 들이 7억 달러 이상을 구호 단체와 지역 정부에 내놓았다. 사람들은 한 번도 가 보지 못한 곳에 사는 한 번도 만나지 못한 사람들을 위해 수표에 서명했다. 톰슨은 쓰나미에서 살아남은 수천 명의 행운아들이 했던 일을 했다. 그는 떠나지 않고 남아서 밀려드는 구호 물품을 나눠주는 일을 도왔다. 1년이 지나자 개인, 기업, 정부 들이 기부한 액수는 130억 달러가 넘었다.

대부분의 사람에게 이런 일은 신비로울 것이 없다. 다른 사람들을 위해 자기를 희생하는 것은 인간의 가장 고귀한 특성이다. 사람들은 아이를 구하기 위해 급류에 뛰어들고, 어떤 사람들은 자신의 애완 동물을 구하기 위해서도 그렇게 한다. 2001년 9월 11일에 세계 무역 센터에 비행기가 충돌했을 때 어떤 남자가 하반신 불수인 동료와 함께 있다가 죽었고, 다른 사무실의 직원들은 장애인 동료를 휠체어에 태워서 60층을 계단으로 내려갔다. 제2차 세계 대전 때 이오지마 전투의 끔찍스러운 이야기를 다룬 『극한의 잔혹(Utmost Savagery)』에서 미국 해병 대령 조지프 알렉산더(Joseph Alexander)는 한 미군 병사가 이미 한쪽 손이 날아갔는데도 동료들을 구하기 위해 수류탄을 들고 적의 토치카로 들어가는 명백한 자살 행위를 했음을 기록했다.[2]

자기 희생은 세계의 모든 문화권에서 도덕적 원리들 중에서도 높게 평가된다. 하지만 여기에는 심오한 수수께끼가 있다. 윤리적으로 고상한 정신과 개인적인 자기 희생은 결국 냉혹한 생물학적 현실에 직면하게 된다. 진화는 타인의 안녕을 위해 자신의 이득을 버리는 생명체에게 친절하지 않다. 새끼를 기르는 암사자는 귀중한 시간과 노력을 들여 얻은 신선한 먹이를 들개 떼에게 주지 않는다. 들개가 고마워할 것으로 생각해서 그렇게 하는 사자는 결코 없을 것이다. 회색곰은 자기가 잡아먹는 연어들에게 연민을 느끼지 않으며, 수컷 곰이 다른 수컷 곰을 공격할 때도 상대에게 연민 따위는 느끼지 않을 것이다. 진화는 필사적인 경쟁이기 때문에 이것은 놀랄 일이 아니다. 식물도 빛을 얻기 위해 서로 경쟁하며, 미생물들은 생화학 무기를 사용한다.

사람도 다른 생명체와 마찬가지로 이기적이라는 견해에는 생물학자와 사회 이론가 모두 동의한다. 겉보기에 이타적인 행위도 그저 속임수이거나, 이기주의에서 나온 영특한 책략이라는 것이다. 예를 들어, 생물학자들은 순수한 이기주의가 겉보기에는 가까운 친족들 사이의 이타적인 행위로 비칠 수 있음을 알고 있다. 생물학적으로 말해서 인간의 유전자는 자신들의 이해(利害)를 가지고 있으며, 주로 자신과 똑같은 유전자를 다음 세대에 남기려고 한다. 이것의 성공 가능성을 높이기 위해서 나의 유전자는 나의 복지에 신경을 쓰고, 조금 덜 명백하지만 나의 아이들에게도 신경을 쓴다. 나의 자식은 내 유전자의 절반을 공유하며, 사촌은 내 유전자의 4분의 1을 공유한다. '이기적인 유전자'의 눈으로 보면, 자식이나 사촌이 살아남도록 돌보는 것은 내 유전자를 미래에 보존하는 방편일 뿐이다. 사람들은 형제자매에게 기꺼이 헌신하고, 그가 살아남도록 기꺼이 간 이식을 해 주기도 하지만, 이것이 이타심의 발로는 아니다.[3]

경제학자들은 다른 종류의 위장된 욕망으로, 우리가 왜 웨이터에게 팁을 주고 일할 때 동료에게 친절을 베풀고, 독일의 자동차 경주 선수 미하엘 슈마허(Michael Schumacher) 같은 유명 인사가 쓰나미 구호 기금으로 1000만 달러를 기부하는지 설명할 수 있다고 말한다. 오늘 낸 팁은 다음 주에 더 좋은 서비스로 돌아온다는 것이다. 도움을 받은 동료는 나중에 친절로 보답할 것이며, 특히 우리가 도움이 필요할 때 그럴 것이다. 슈마허는 다른 유명 인사들처럼 대중적으로 좋은 이미지가 얼마나 중요한지 잘 알고 있는 것이다. 17세기 영국의 철학자 토머스 홉스(Thomas Hobbes, 1588~1679년)는 인간의 동기에 대한 경제학적 관점을 이렇게 요약했다. "모든 사람들은 자연스럽게 자기에게 좋은 것을 추구하며, 정의는 평화를 위한 명분이거나 우연의 산물일 뿐이다."[4]

그러나 이것이 진정으로 이야기의 전부인가? 인간의 행동에는 '진정한' 이타성이란 존재하지 않는가? 동료를 구하기 위해 극단적인 위험을 무릅쓴 군인처럼 역사에서 자주 나타나는 예는 무엇인가? 나치스 치하의 유럽에서 목숨을 걸고 유대인을 숨겨 준 보통 사람들은 어떻게 된 것인가? 경제학자 로버트 프랭크(Robert Frank)가 말했듯이, "현대의 이기심 이론의 안경으로 보면, 사람들이 하는 이런 행동은 행성이 네모난 궤도를 도는 것이나 마찬가지이다."[5]

이 장에서 나는 사회적 원자의 다른 면을 살펴보려고 한다. 다른 사회적 원자와 교류할 때 나타나는 사람들의 성향을 살펴보자. 우리는 사회적 원자가 어떻게 문제를 풀고 실수를 하는지, 다른 사회적 원자를 어떻게 주위 환경에 대한 정보원으로 이용하는지 보았고, 남들의 흉내를 내고, 때때로 이렇게 해서 이득을 얻는다는 것을 알았다.

그러나 우리는 아직 사회적 원자들이 직접 마주쳤을 때 어떻게 상호 작용하면서 협력하고 경쟁하는지 살펴보지 않았다. 그러나 서구에서 극동까지 지구 전체에 걸쳐서, 사람들이 서로 영향을 주고받는 방식에는 일관된 경향이 있다. 지난 10년 동안의 연구는 마침내 이기주의 이론의 관에 못을 박은 것으로 보인다. 이기주의는 타인과의 관계에서 아주 일부만을 설명하며, 많은 사람들은 경제 이론가들이 오랫동안 가정한 것처럼 탐욕스럽지 않다. 게다가 더럽혀지지 않은 인간의 이타심 같은 것이 진정으로 존재하며, 그것도 아주 흔히 존재하는 것으로 보인다.

이런 행동을 설명하기 위해서는 수많은 사회적 원자가 함께 있을 때 개인의 행동이 어떻게 거대한 집단적 패턴을 만드는지에 대한 사회 물리학적 연구가 필요하다. 앞으로 살펴볼 것처럼 우리의 '친(親)사회적인' 성향과 우리의 고귀한 이타적 경향은 사회적인 자기 조직화의 물리학에 깊이 뿌리내리고 있고, 인류라는 종이 거대한 집단과 단체(길모퉁이 가게에서 다국적 기업까지, 작은 마을에서 거대한 국가까지)를 그렇게 잘 조직하는 이유를 설명해 준다.

'이기적' 이타주의

사람들은 자기에게 이득이 될 때만 남을 돕는다는 것이 표준적인 설명이다. 물론 두 사람 다 즉각 이득을 얻을 때는 서로 돕는 것이 당연하다. 어떤 농부가 쟁기 2개와 소 한 마리가 있고, 다른 농부는 쟁기 1개에 소 두 마리가 있다면, 그들은 위험 없이 잠시 쟁기와 소를 교환할 수 있다. 그러나 두 사람이 협력하려면 대개 복잡한 상황에서 상호 이득을 보장하기 위한 협상이 필요하며, 그렇게 해도 어느 한쪽이 속을 위험을 완전히 없앨 수는 없다. 250년 전에 스코틀랜드의 경제학자이자 역사가인 데이비드 흄(David Hume, 1711~1776년)은 이 상황의 핵심을 이렇게 정리했다.

> 너의 옥수수가 오늘 익었다. 내 것은 내일 익는다. 내가 너를 위해 오늘 일하고, 네가 내일 나를 도와준다면 둘 다 좋을 것이다. 나는 너에게 친절하지 않고, 너도 마찬가지이다. 그래서 나는 너를 위해 힘든 일을 하지 않을 것이다. 나는 보상을 바라고 너를 위해 일해야겠지만, 나는 실망하게 될 것을 안다. 너의 감사에 기대는 것은 헛된 일일 것이다. 그래서 나는 오늘 네가 혼자 일하게 둔다. 너도 나를 똑같이 대한다. 계절은 바뀌고, 서로 믿지 못해서 우리는 둘 다 추수에 실패한다.[6]

수리 경제학의 뼈대인 게임 이론은 이러한 재앙의 결과가 당연하다고 말한다. 게임 이론에 따르면 이런 상황에서 이기적인 동기는 언제나 실패하게 되어 있다. 이 이론은 본질적으로 흄의 말을 그대로 반복해 다음과 같이 논증한다. 엄밀하게 자신의 이득에만 관심이 있는 농부가 단 한 번만이라도 추수의 딜레마를 경험하면, 둘 다에 대한 최상의 선택은 이웃과 자신이 각자 스스로의 밭을 알아서 돌보는 것이다. 이것을 아는 농부는 누구도 첫째 날에 이웃의 일을 거들려고 하지 않는다. 그는 분명히 두 번째 날에 속을 것을 알기 때문이다. 그래서 두 농부는 협력하지 않을 것이다(단 한 번 만날 때만 그렇다. 여러

번 마주칠 때는 달라진다.).[7]

그러나 사람들은 이런 상황에서도 일상적으로 서로 돕는다. 사람들은 생물학자들이 말하는 '호혜적 이타주의(reciprocal altruism)'에 따라 협력을 구축하고 유지한다. 두 사람이 반복해서 만나게 되면 상황이 완전히 달라진다. 농부들은 해마다 추수를 해야 하고, 농사를 짓는 동안에 추수뿐만 아니라 서로 도우면 둘 다 이득이 되는 상황이 많을 것이다. 이때 만일 한 농부가 어떤 순간에 배신하면 그다음에 많은 비용을 물어야 할 것이다. 신뢰가 깨지면 상대방 농부가 앙갚음으로 협력을 거부할 것이기 때문이다. 반복하면 논리가 완전히 달라져서, 두 당사자 사이에 주고받는 일이 일어난다. 각자는 상대방이 협력하는 한 계속 협력을 유지할 것이다. 어쩌다 한 번 상대방을 속여서 이득을 얻더라도 다음번에 보복을 당할 것이다. 미시간 대학교의 정치 과학자 로버트 액설로드가 고전적인 연구 『협력의 진화(*The Evolution of Cooperation*)』에서 보여 주었듯이, 이 논리는 농부뿐 아니라 협력이 이롭지만 속임수의 위험이 있는 상황이면 어디에나 적용된다.[8]

영국 육군의 제프리 더그데일(Geoffrey Dugdale)은 1915년에 벨기에에서 영국-독일 전선에 배치되었다. 그와 대원들은 참호에서 지친 부대와 교대하기로 되어 있었다. 그러나 임무를 맡기 며칠 전에 전선을 둘러보던 더그데일은 깜짝 놀랄 만한 일을 보았다. 영국 군인들이 적을 소홀히 대하고, 적 병사가 분명하게 보이는데도 전혀 사격하려 하지 않았던 것이다. 나중에 더그데일은 이렇게 회상했다. "독일 병사들이 소총의 유효 사거리 안에서 유유히 돌아다니고 있었다. 우리 병사들은 전혀 신경쓰는 것 같지 않았다. 나는 우리가 이 전선을 맡으면 이런 일은 하지 않을 것이라고 마음먹었다. 이들은 지금이 전쟁 중이라는 것을 잊은 것 같았다. 양쪽 다 '나도 살고 너도 살자.' 하는 식이었다."[9]

이러한 행동은 더그데일에게 이상하게 보였겠지만, 논리적인 관점에서는 별로 이상하지 않다. 제1차 세계 대전의 초기에는 병력 이동이 활발하고 전투가 치열하게 벌어졌지만, 나중에는 단위 부대들이 수백 미터에 걸쳐 포진해 지루한 참호전에 돌입했다. 양쪽 다 장기간의 집중 포격을 하면 잃을 것이 많았고, 서로 어느 정도 합의하면 이득이 있었다. 양측은 상황이 반복되면서 협력하는 법을 배웠다. 아군의 호의가 적군의 호의를 부르고, 위반했을 때는 강력하게 응징한다. 참전 군인들의 회고에 따르면, 정해진 일정에 따라 예측 가능한 장소에 포격을 하고, 양측이 서로 적에게 솜씨를 뽐내면서(암묵적인 경고이기도 하다.) 적을 살상할 의도는 없다는 것을 보여 준다. 한 군인이 말했듯이, "전선이 조용한 진짜 이유는 양측 모두 그 지역에서 진정으로 전진할 의도가 없기 때문이다. …… 영국군이 독일군을 포격하면 독일군도 응사하며, 손실은 동일하다. 독일군이 영국군의 참호를 포격해서 군인 다섯 명이 죽으면, 영국군의 대응 사격으로 독일군 다섯 명이 죽는다."[10]

전선을 떠나는 부대는 교대하는 부대에게 암묵적인 합의가 바람직하다고 알려 준다. "미스터 보시(Mr. Bosche, 독일 병사를 가리키는 말—옮긴이)는 나쁜 친구가 아니다. 당신이 그를 건드리지 않으면 그도 얌전히 있을 것이다."[11]

물론 이런 종류의 이타주의는 진정한 이타주의와는 거리가 멀다. 단지 부조리한 상황에서 자신을 지키는 영특한 전략일 뿐이다. 지난 30년에서 40년 동안 많은 생물학자들과 사회 이론가들은 모든 이타주의에는 비슷한 전략적 사고가 숨어 있다고 믿게 되었고, 이런 전략을 따르는 이타주의자는 언제나 친절에 대한 보상으로 무언가를 얻으려 한다고 생각했다. 이것은 가면을 쓴 이기주의이다. 이기적인 존재가 나중의 이득을 위해 남에게 호의를 베푸는 메커니즘은 여러 가지이고, 호혜적 이타주의는 그중 한 가지일 뿐이다. 친절을 베푸는 사람은 나중에 남의 호의나 복종을 받을 수 있다. 이타적 행위를 하는 사람은 믿을 만한 사람이라는 명성을 얻고, 명성은 나중에 이익을 얻고자 할 때 도움이 된다.

 속임수가 가능한 상황에서 이기적인 참여자들이 서로 '전략적으로' 협력하려면 상황이 반복되어야 한다. 이렇게 해서 다른 사람의 협력을 이끌어 내기 위해 자신의 협력을 전략적인 미끼로 사용할 수 있어야 한다. 반복의 기회를 없애서 나중에 다시 만날 일이 없어지면 협력은 물 없는 사막의 꽃처럼 시들어 버린다. 제1차 세계 대전 때의 고무적인 '나도 살고 너도 살자.' 이야기를 더 끌고 가면 실망스러운 장면이 나온다. 전쟁 말기에 탱크가 도입되어 전투가 훨씬 더 유동적이 되고 부대 이동이 잦아지자 부대들은 더 이상 서로 장기간 반복적으로 만날 일이 없어졌다. 이렇게 되자 '나도 살고 너도 살자.' 논리가 적용되는 사례도 함께 사라졌다.

 앞의 이야기는 사람들 사이의 협력의 수수께끼에 대한 학계 주류의 사고를 극단적으로 요약한 것이다. 꽤 최근까지의 논의들 말이다. 그중 많은 것들이 아직 좋은 지혜로 남아 있으며, 사회적 원자들이 이기적이고 전략적인 동기로 협력하는 경우에 잘 맞는다. 우리가 유전적으로 게임에 능숙하다는 데에는 의심할 여지가 별로 없다. 연구에 따르면 우리는 사기꾼을 전문으로 찾아내는 전용 생물학적 메커니즘을 갖고 있는 것처럼 보이기도 한다. 다음과 같은 수수께끼를 살펴보자. 당신이 보스턴 근교로 최근에 이사했다고 하고, 보스턴 시내로 가려면 누구나 지하철을 탄다고 누군가가 말했다고 하자. 이제 그림 9와 같은 카드 네 장을 보자.

카드의 한쪽에는 어떤 사람이 가야 할 목적지가 적혀 있고, 반대쪽에는 거기까지 갈 교통 수단이 적혀 있다. 이제 당신이 할 일은 다음과 같다. 사람들이 보스턴에 갈 때는 언제나 지하철을 탄다는 정보가 맞는지 확인하려면 어떤 카드를 뒤집어 보아야 하는지 맞혀 보라.

논리적인 관점에서, 답은 처음과 마지막 카드이다. 여러분은 첫 번째 카드를 확인해 봐야 한다. 보스턴에 갈 때 지하철을 탄다는 정보가 맞다면, 첫 번째 보스턴 카드 뒤에는 '지하철'이라고 적혀 있어야 한다. 또 마지막 카드도 봐야 한다. 택시의 반대편에 '보스턴'이라고 씌어 있으면 안 된다. 당신이 바른 답을 얻지 못했다면, 그리 염려할

그림 9 한쪽 면을 목적지, 다른 쪽 면은 교통 수단을 나타낸 카드.

것 없다. 이런 종류의 실험의 대부분에서 25퍼센트의 사람들만이 바른 답을 골랐다. 이제부터 더 흥미로운 부분이다. 이 테스트를 다시 하는데, 이번에는 문제의 핵심은 그대로 두고 표면적인 상황만 바꾼다. 이렇게 바꾼 문제를 보자. 어떤 학교에서 아이들은 오후에 쿠키를 먹을 수 있는데, 놀이방을 청소한 어린이만 먹을 수 있다. 각각의 카드는 특정한 어린이에 대한 정보를 알려 주는데, 그가 청소를 도왔는지가 한쪽에 나와 있고, 반대쪽에는 쿠키를 먹었는지에 대한 정보가 적혀 있다(그림 10).

규칙을 어긴 아이가 있는지 확인하기 위해 어떤 카드를 조사해야 하는지 찾아보라. 이번에도 답은 처음과 마지막 카드이다. 이것이 더 쉽게 느껴지는가? 이 실험에서는 사람들의 65퍼센트가 바른 답을 썼다. 논리적으로 동일한 문제를 상황만 살짝 바꾸었는데도 훨씬 많은 사람들이 정답을 맞힌 것이다. 말할 것도 없이 쿠키를 먹지 않은 아이나 청소를 도운 아이들은 확인해 볼 필요가 없다. 이 아이들은 규칙을 어길 이유가 없기 때문이다. 쿠키를 먹었거나 청소를 돕지 않은 아이들만 확인해 보면 된다. 비슷한 설정의 다양한 실험이 제시하는

| 쿠키를 먹었음 | 쿠키를 먹지 않았음 | 놀이방 청소를 도왔음 | 놀이방 청소를 도우지 않았음 |

그림 10 한쪽 면은 쿠키를 먹었는지 여부, 다른 쪽은 청소를 도왔는지 여부를 나타낸 카드.

바는, 우리가 속임수를 가려내는 깊은 본능을 가지고 있다는 것이다. 다른 사람들과 협력할 때 속지 않는 것이 우리 진화의 역사에서 아주 중요했기 때문일 것이다.[12]

그러나 속임수를 알아내는 재주를 타고났다는 것만으로는 관계가 지속되는 상황에서 사람들이 기꺼이 협력한다는 결론을 끌어낼 수 없다. 사회 이론가들이 지난 20년 동안 배운 것이 있다면, 사람들은 언제나 인간 행동에 대한 깔끔한 이론대로 행동하지 않는다는 것이다. 완전한 이기주의의 논리에 따를 경우, 미래에 뭔가 얻을 희망이 없으면 모든 이타주의가 완전히 사라져야 한다. 그러나 지금 본 것처럼, 이것은 단순히 옳지 않다. 무엇보다 우리 중 어떤 사람들은 '진정한 이타주의자'로 보인다.

인간의 사회성은 본능

내가 당신을 방 안으로 데려가서 완전히 낯선 사람 옆에 앉히고, 100달러를 준다고 하자. 당신은 낯선 사람과 돈을 나눠 가져야 하는데, 1달러에서 100달러까지 얼마를 줘도 좋다. 상대방이 그 돈을 받으면 두 사람 다 그 돈을 가질 수 있다. 그러나 상대가 그 돈을 받지 않으면, 당신은 100달러를 모두 나에게 돌려주어야 한다. 당신은 단 한 번만 이 게임을 할 수 있고, 방을 나간 다음에는 게임에서 만난 사람을 결코 다시 볼 일이 없다. 당신은 어떻게 할 것인가?

당신이 진정한 합리주의자라면, 그리고 당신이 모든 인간은 합리적으로 자기 이익을 추구한다고 믿는다면, 선택은 아주 쉽다. 두 사람은 단 한 번 만나고, 낯선 사람은 이기적이기 때문에, 별로 선택할 것이 없다. 당신이 얼마를 내놓든 그는 이 돈을 받아서 떠날 수 있다. 돈이 얼마라도 있는 게 전혀 없는 것보다 나으니까, 그 사람은 돈을 받을 것이다. 그러므로 당신은 내놓을 수 있는 최소의 금액인 1달러만 내놓아도 그 사람이 이 돈을 받는다고 전적으로 확신할 수 있다. 당신은 99달러를 갖게 될 것이다.

기존 경제학의 게임 이론에서 이런 상황(최후 통첩 게임이라고 한다.)은 논리가 너무나 명확해서 이론가들의 관심을 끌지 못한다. 진짜 사람들을 대상으로 이 게임을 시험해 보자는 것은 정신 나간 소리로 여겨졌지만, 15년 전부터 상황이 달라졌다. 결과가 어떻게 나올지 뻔한 실험을 왜 해야 하는가? 과학에 내재된 아름다움과 순수 논리의 일관성을 그대로 믿는 것보다 더 위험한 것은 없기 때문이라는 것이 그 답이다. 다행스럽게도 지난 10여 년 동안 연구자들은 인간 행동의 규칙을 찾는 최상의 방법은 완벽한 합리성이나 순수한 욕망의 이론적 이점에 안주하는 것이 아니라 물리학자들이 원자를 다루듯이 사회적 원자를 다루는 것임을 깨달았다. 즉 직접 실험을 해서 사람들의 생각과 감정을 알아보는 것이다.

이제까지 연구자들은 말 그대로 수백 번의 게임을 연구했다. 이런 연구에서는 대개 학생들을 모집해서 게임에 참여시키는데, 지원한 학생들을 무작위로 짝지어 10달러나 20달러로 게임을 하게 한다. 여기에서 이론가들이 깜짝 놀랄 일이 일어났다. 이러한 단발성 실험에서 '제안자' 역할을 맡은 대부분의 사람들은 돈의 40퍼센트쯤을 내놓았다. 그들은 이렇게 하는 것이 공정하다고 생각하거나, 너무 적게 내면

6. 협력하는 원자   161

거절당할 것을 염려해서 그렇게 했다. 한편으로 '수령자'의 절반 정도는 20퍼센트 수준 이하면 거절했다. 이런 경향은 돈을 수백 달러로 올려도 마찬가지였다. 분명 순수한 이기심에 따라 행동하는 학생은 거의 없었다.

이 결과는 경제학자들의 기대에 어긋났고, 많은 경제학자들은 이것을 받아들이기를 거부했다. 예를 들어, 어떤 이론가들은 참가자들이 게임하는 동안에 상대방을 볼 수 있기 때문에 서로의 얼굴을 익힐 수 있고, 나중에 다시 만날지도 모른다고 생각했기 때문이라고 반박했다. 이렇게 되면 서로 협력하는 것이 설명되고, 이것은 보통의 호혜적 이타주의가 된다. 그러나 연구자들은 컴퓨터를 이용해 완전히 익명으로 이런 실험을 여러 차례 수행했다. 이렇게 하면 참가자들이 나중에 서로 우연히 마주쳐도 전혀 알아볼 수 없다. 그런데도 결과는 언제나 똑같았다. 사람들은 여전히 협력한다. 전통적인 이기주의 이론가들은 대부분의 지원자들이 학생이어서, 이런 결과가 나왔다고 반박했다. 이것은 순진하고 이상주의에 빠진 학생들의 행동이지 보통 사람들을 대표하는 행동이 아니라는 것이다. 그러나 정통 이론을 구원하려는 이 절망적인 시도마저 계속된 추가 실험에 견디지 못했다.

몇 년 전 에머리 대학교의 인류학자 조지프 헨리히(Joseph Henrich)가 이끄는 연구진이, 익명으로 진행하는 단발성 최후 통첩 게임 실험을 탄자니아 농부에서 페루 원주민들까지 전 세계적으로 서로 다른 15개 문화권에서 실시했다. 참가자들이 진지하게 임할 수 있도록, 연구자들은 내기에 걸린 돈을 그 문화권에서 하루나 이틀의 인건비로 정했다. 연구자들은 어떤 문화권의 사람들은 믿을 수 없을 만큼 관대하다는 것을 알아냈다. 예를 들어 파라과이 동북부의 아체(Aché) 족과 인도네시아의 라멜라라(Lamelara) 족은 평균 50퍼센트 이상을 상대방에게 주겠다고 했다. 그러나 더 중요한 점은, 모든 문화권이 한결같이 경제적인 '이상'인 엄격한 이기주의에서 체계적으로 벗어나 있다는 것이다. 가장 '야박한' 문화권도 평균 25퍼센트 이상의 돈을 내놓았다. 평균적으로 '수령자'들은 대개 25퍼센트 이하일 때 돈을 받지 않았다. 헨리히와 동료들은 이렇게 결론을 내렸다. "많은 참가자들이 물질적인 보상뿐만 아니라 공정성과 호혜성을 염두에 두는 것으로 보였다. 그들은 자신의 이득을 양보해서라도 물질적 보상을 공정하게 하려고 했고, 협력적인 사람들은 잘 대해 주고 그렇지 않은 사람들에게는 개인적인 손해를 무릅쓰고 벌을 주려고 했다."[13]

이 최후 통첩 게임에 이상이 없음을 확실히 하기 위해 연구자들은 다른 여러 가지 실험도 함께 수행했다. 이 실험들은 기술적인 세부 사항은 다르지만 본질적으로 똑같은 딜레마가 포함된다. 자신의 이기심으로 쉽게 돈을 벌든지, 아니면 스스로 손해를 감수하면서 공정성이라는 사회 규범을 따르든지 하는 것이다. 예를 들어, 최후 통첩 게임을 조금 바꾼 독재자 게임이 있다. 이것은 최후 통첩 게임과 똑같은데다만 '수령자'가 제시된 돈을 거절할 수 없다는 것만 다르다. 제안자(독재자)는 자기가 얼마를 줄 것인지만 결정한다. 이 설정에서는 전혀 거절당할 위험이 없는데도 많은 사람들은 여전히 상당한 부분을 다른 사람에게 주었다. 이것은 명백히 공정성을 고려한 행위였다.[14] 전 세계의 여러 문화권에서 수행한 실험에서 온갖 종류의 사람들이 '강한 호혜주의(strong reciprocity)'적 성향을 보였다. 사람들은 타인들과의 호혜 관계에 목을 매고, 나중에 이득이 없는 상황에서도 협력하며, 협력하지 않는다고 느껴지는 사람들을 벌준다.

조금 거슬리는 점은, 이기주의를 강조하는 현대 경제 이론 탓에 경제학자들 자신이 '보통' 사람들보다 더 이기적이라는 것이다. 예를 들어 여러 전공의 대학원생들에게 데이비드 흄이 묘사했던 농부와 비슷한 상황에서 협력 게임을 하게 했다.[15] 심리학과와 수학과 학생들은 보통 사람들과 거의 똑같이 행동했다. 두드러지는 한 집단은 경제학과 대학원생들이었는데, 그들은 사람들이 언제나 이기적으로 행동한다고 확신했고, 자신들도 똑같이 행동했다. 그들은 다른 학생들보다 훨씬 더 자주 협력을 거절했다. 실제로 경제학(적어도 과거의 경제학)을 공부하면 사람이 탐욕스러워지는 것이다. 이 연구의 논문 집필자가 말했듯이, "이기주의 모형에 노출되면 스스로 이기적으로 행동하게 된다." 이 관찰을 보면 조금 걱정스러워진다. 세계 각국 정부들이 경제학자들의 조언을 받고 있기 때문이다.

결론적으로 말해 이 실험에서 관찰된 이타주의는 '진정한' 이타주의로 보이며, 이기주의 이론으로 보면 전혀 근거가 없는 행동이다. 사회적 원자에 대한 이러한 새로운 관점에서 볼 때(추측보다는 증거를 바탕으로), 쓰나미 피해자에게 보내는 성금은 전혀 이상한 것이 아니며, 사람들이 공유하고 있는 행동 패턴을 대표한다. 그러나 인간의 행동 패턴을 제대로 알아보는 것과 그 패턴을 설명하는 것은 다른 일이다. 남을 돕는 개체는 진화적으로 불리하다는 것은 엄연한 사실로 보이기 때문이다. 과학적으로 이타주의를 어떻게 설명할 수 있을까?

친절의 기원

얼핏 생각하기에 우리의 감정이 모든 것을 단번에 설명하는 것처럼 보인다. 쉽게 말해서, 이타적으로 행동하면 마음이 편하다. 우리는 남들을 도와줄 때 자신이 가치 있는 사람이라고 느끼고, 남에게 인색하게 굴 때 죄책감을 느낀다. 빚을 갚으면 마음도 홀가분해지고, 악의적으로 나를 괴롭혔던 사람에게 앙갚음을 하면 마음이 후련해진다. 어떤 행동이든 주고받을 때, 개인은 외적인 보답뿐만 아니라 내적인 보답까지 고려한다. 대부분의 사람들은 자신의 경험으로 이것이 옳다고 느낀다. 경제 실험을 하면서 뇌 영상을 촬영한 결과도 이것을 지지한다. 그레고리 번스는 사회적 적응에 관한 실험을 하기 몇 해 전에, 연구진과 함께 지원자들에게 농부의 딜레마와 비슷한 상황을 부여했다. 즉 두 사람이 협력할 수 있지만, 상대방을 속이면 자신은 더 많은 이득을 얻을 수 있다. 뇌 영상에 따르면 참가자들이 협력할 때 가장 활성적인 뇌의 부위는 측좌핵과 안와전두엽피질이었다. 이 부위는 감정적인 보상을 처리하는 부분이다.[16] 2004년에 취리히 대학교의 경제학자 에른스트 페르(Ernst Fehr)와 심리학자 도미니크 디 케르뱅(Dominique de Quervain)은 비슷한 실험에서 우리가 사기꾼을 벌할 때 정신적인 만족감을 얻는다는 것을 발견했다. 처벌에 자기 돈이 들어도 만족감은 그대로였다.[17]

그러나 이것은 부분적인 설명에 불과하다. 생물은 감정적인 보상만으로 살 수 없다. 그들에게는 음식과 보금자리와 짝이 필요하다. 더 중요한 질문은, 왜 우리가 그런 감정을 갖게 되며, 어떻게 이런 것들이 우리에게 생물학적으로 도움이 되는가 하는 것이다. 수류탄을 덮쳐서 부대원을 살리는 따위의 '극단적으로' 이타적인 행위를 하도록 만드는 감정은 어떻게 자신에게 도움이 되는가? 이러한 행위를 생물학적으로 의미 있게 설명할 수 있는가? 이것을 설명할 수 없다면, 왜 진화 과정에서 이러한 감정을 가지고 행동하는 사람들이 도태되지 않았을까? 이 수수께끼는 과학계에서 계속되는 논쟁거리이다.

한 가지 가능성은 진화를 통해 실제로 이런 사람들이 도태되고 있지만, 아직 그 과정이 완결되지 않았다는 것이다. 중요한 점은 사람들이 언제나 오늘날처럼 살지 않았다는 것이다. 1960년대에 NASA 보고서의 저자들이 말했듯이, 인간이 존재한 오랜 기간에 비해 현대와 같은 삶의 조건이 갖춰진 기간은 매우 짧다.

> 5만 년이라는 시간은 800명분의 수명을 합친 것과 같다. 이 800명 중에서 650명은 동굴 같은 곳에 살았고, 마지막 70명만이 타인과 효율적으로 의사 소통하는 수단을 가졌으며, 마지막 6명만이 인쇄된 글자를 보았고, 차가움과 따뜻함을 측정할 진정한 수단을 가졌고, 마지막 4명만이 시간을 정확하게 잴 수 있었고, 마지막 2명만이 전기 모터를 사용했으며, 우리의 물질 문명을 이루는 절대 다수의 물건들이 800번째 사람이 태어난 뒤에 개발되었다.[18]

지금 우리가 하는 행동을 깊이 이해하기 위해서는, 인간 역사의 거의 모든 기간 동안 우리 조상들이 소규모의 고립된 수렵 채집 집단 속에서 살았다는 것을 알아야 한다. 인류학자들은 이 시기를 진화적 적응 환경이라고 부르며, 이런 상황이 인간 역사의 99퍼센트를 차지한다. 이 오랜 시간 동안에 무수히 많은 사람들이 수천 세대에 걸쳐 작은 집단 속에서 끊임없이 서로 반복적으로 상호 작용을 했다. 다시 말해 우리 조상들은 끝없이 계속되는 실세계의 경험에서 호혜적 이타주의를 습득했다. 우리가 오늘날 여기에 있는 것은 조상들이 이 논리를 마음의 구조 속에 흡수했고, 여기에서 협동의 이익을 끌어냈기 때문이다.

분명 생물학적으로 깊이 각인된 호혜적 이타주의는 현대의 실험(익명의 참가자들이 단 한 번만 만난다.)에서 발견된 진정한 이타주의를 직접 설명하지 못한다. 호혜적 이타주의가 의미 있는 전략이 되려면 상황이 반복되어야 한다. 그러나 진화 생물학자와 인류학자 들에 따르면, 우리의 습관은 내부에 깊숙이 각인되어 있어서 우리를 본능의 오류로 이끌지도 모른다. 사람들을 실험실로 데려와서, 게임을 단 한 번만 하고 게임에서 만난 사람을 다시는 볼 수 없다고 알려 주어도, 이 메시지는 그들에게 스며들지 않는다. 메시지가 의식의 수준까지는 도달했을지 모르지만, 그들의 행동에 영향을 미칠 만큼 깊이 파고들지는 못했기 때문이다. 단순한 산수 문제에서 본능적 오류를 저지르는 대학생들처럼, 이 실험에 참여한 사람들은 단발 상황에서도 마치 반복적인 상호 작용을 다루는 것처럼 실수를 저지르는 것인지도 모른다. 이런 입장을 잘 논의한 최근의 한 논문은 이렇게 주장한다. "우리의 뇌는 먼저 관대하게 지출하고 속임수를 징벌하는 사람이 전체적으로 이득을 얻는 세계에서 형성되었다. 이러한 협력 지향적인 경향은 수백만 년에 걸친 진화로 다듬어진 뇌에서 나온다. 이렇듯 장구하게 이어져 온 경향은 도시에 살면서 익명의 낯선 사람들과 단 한 번만 마주치는 일이 흔해진 최근까지 그대로 살아남아 있는 것이다."[19]

이런 생각이 옳다면 강한 호혜주의는 단지 '부적응(maladaption)'일 뿐이다. 인간의 진화사에서 99퍼센트에 달하는 기간 동안 사회적 원자들의 반복적인 상호 작용을 겪다 보니, 주의 깊게 설계된 실험실에서 이루어지는 단발성 상호 작용에 적절히 대처하지 못하는 것이다. 이러한 인위적인 상황에서 우리는 확실히 우리의 이익에 반대되는 일을 하게 된다. 이것은 3장에서 살펴보았던 '오류 본능'과도 비슷하다. 성적 욕구는 원래 번식을 더 많이 하기 위해 진화되었지만, 포르노 영화나 사진을 보고도 성적으로 흥분하는 것처럼 말이다.

이 아이디어는 적절해 보인다. 그러나 여기에 반대하는 논의도 많이 있다. 예를 들어, 우리 조상들이 언제나 작은 집단 속에서만 상호 작용했다는 것은 결코 명백하지 않다. 특히 기근이나 한발 같은 위기 상황에서 사람들은 물이나 짐승 떼를 찾아서 아주 멀리 넓은 지역을 떠돌아 다녔을 것이고, 다른 집단에 소속된 낯선 사람도 자주 만났을 것이다. 자기 영역에서 멀리 벗어나 있기 때문에 둘은 다시 만날 가능성이 거의 없다. 현대 수렵 채집인들에 대한 관찰 자료를 이용해서, 헨리히는 이러한 단발성 상황이 꽤 자주 일어났을 것으로 추정했다.

> 인간 진화의 특성을 결정한 조상들의 환경(진화적 적응 환경)으로 돌아가서 경험적 증거로부터 '역행 분석'을 한다면, 우리 조상들은 낯선 사람들과 자주 만났다고 볼 수 있고, 이런 만남들은 본질적인 적응의 결과를 가져온다. 식량을 찾아 떠도는 소규모 사회와 침팬지를 보면 명확히 낯선 이들과

의 조우가 자주 일어나고, 이런 상황에 대한 적응은 생존에 큰 영향을 준다.[20]

게다가 이런 만남은 위험할 수 있다. 두 사람은 모두 생사의 갈림길에서 각자의 부족을 대표한다. 진화는 이러한 단발성 만남을 반복성 상호 작용과 똑같이 다루는 개체에 친절하지 않을 것이고, 협력의 정신으로 손을 내미는 개체는 가차없이 죽일 것이다. 이러한 부적응은 오래전에 도태되었을 것이다.

그렇다면 강한 호혜주의는 수수께끼로 남는다. 그러나 좀 더 자연스러운 설명도 가능하다. 강한 호혜주의는 근본적으로 사회 응집의 물리학에 포함되어 있어서, 응집적인 집단을 형성하는 핵심 요소였을 수도 있다. 모든 동물들 중에서 인간의 사회적인 성향이 가장 크다는 사실에는 강한 호혜주의가 핵심적인 역할을 했을 것이다.

협력과 배신의 역학

아무도 세금을 내고 싶어 하지 않는다. 하지만 도로와 신호등, 대중 교육, 공중 보건, 군대 등을 유지하기 위해 세금이 필요하다. 경제학자들은 이런 것들을 공공재라고 부른다. 비용을 내든 내지 않든 모든 사람들이 이 재화로부터 이익을 얻는 것이다. 그런데 여기 문제가 있다. 기여를 하든 하지 않든 모든 사람들이 이익을 얻는다면, 모든 사람들이 속임수를 쓰려는 유혹을 느낄 것이기 때문이다. 예를 들어 도로를 사용하기만 하고 돈은 다른 사람들이 내게 하는 것이다. 이런 행동들의 궁극적인 결과는 사회 기능의 마비이다. 이것이 유명한 '공유지의 비극'이다.

　1968년에 개릿 하딘(Garett Hardin, 1915~2003년)이라는 경제학자가 처음으로 명확한 형태로 제시한 이 문제는 모든 사회 과학에서 기본적인 논제 중 하나이다.[21] 하딘은 단순한 비유를 들었다. 어떤 마을이 있는데, 그 마을의 한가운데에는 누구나 소를 먹일 수 있는 무성한 목초지가 있다. 이 목초지는 공유지여서 공동체 모두가 이용할 수 있다. 풀이 다시 자랄 수 있도록, 공동체는 풀을 먹이는 전체 양을 제한해야 한다. 불행하게도 이 마을에는 풀을 먹이는 일을 제한하고 목초지를 관리하는 사람에게 보수를 주는 체계가 없어서, 흄이 오래전에 말한 것과 같은 농부의 실패를 마을 단위에서 되풀이할 수밖에 없게 되어 있다. 모든 사람이 이기적일 때는 자기 소에게 풀을 뜯기지 않으면 자기만 손해이다. 어중이떠중이들이 모두 와서 목초지를 망가뜨릴 것이 뻔하므로 나는 오늘 당장 소를 먹여야 하고, 다른 사람들도 마찬가지이다. 필연적으로 모든 사람들이 목초지가 망가지기 전에 소를 먹이려고 하고, 소들은 풀을 너무 많이 뜯어 먹어서 목초지는 결국 망가지고 지속 가능한 협력을 위한 사회 물리학은 실패한다.

　다른 사회 현상과 마찬가지로, 공유지의 비극도 실험실에서 쉽게 확인할 수 있다. 예를 들어 취리히 대학교의 에른스트 페르와 동료들은 지원자들을 모아 '공공재' 게임을 시켰다. 이 게임은 몇 명의 게임 참가자들이 예를 들어 10달러쯤의 돈을 가지고 시작하고, 각 회마다 '공공 기금'으로 얼마나 낼지 결정한다. 참가자는 0달러에서 10달러까지 마음대로 기여금을 낼 수 있다. 액수가 결정되면 실험자가 돈을 걸고, 이 돈의 두 배를 모든 게임 참가자들에게 골고루 똑같이 나눠 준다. 여기에서 두 배가 된다는 것이 중요하다. 이것은 공공재(도로, 목초지 등)에 투자하면 집단 전체에 이득이 된다는 뜻이다. 모든 사람들이 더 많이 투자하면 할수록 더 많은 이득이 돌아온다. 참가자가 네 명일 때 모든 참가자가 10달러씩 내면 40달러가 모이고, 실험자는 참가자에게 2×40=80달러를 돌려줘서, 각각의 참가자들은 20달러를 받게 된다. 한 사람이 10달러씩 이득을 얻는 것이다.

하지만 이 게임이 흥미로운 것은, 다른 사람들을 속이면 이득을 더 얻을 수 있다는 것이다. 게임 참가자는 한 푼도 안 내면서 이득을 볼 수도 있다. 예를 들어 한 사람은 아무것도 내지 않고 다른 사람들은 모두 10달러를 내면, 실험자는 2×30=60달러를 나눠 주기 때문에 각각 15달러를 받게 된다. 아무것도 내지 않은 사람은 원래 자기 돈이던 10달러를 아꼈을 뿐만 아니라 15달러를 번 것이다. 상황이 이렇기 때문에 이득을 더 얻을 수 있다는 유혹으로 협력이 망가진다. 연구자들은 게임 초기에는 협력 정신이 주도한다는 것을 알아냈다. 진짜로 이기적인 사람들은 언제나 속임수를 쓰겠지만, 대부분의 게임 참가자들은 강한 이타주의자들이어서 처음에는 관대하게 기여하고, 집단은 전체적으로 이득을 얻는다. 그러나 일부 사람들이 속임수를 쓰기 시작하고, 이들의 행동은 금방 다른 사람들에게 영향을 준다. 다른 게임 참가자들이 속임수를 눈치 채게 된다. 손해를 보면서 사기꾼에게 이득을 주고 싶은 사람은 없다. 회(回)가 거듭되면서 게임 참가자들은 점점 더 옆 사람을 믿지 못하게 되고, 자신도 속임수를 써서 복수한다. 10회가 지난 뒤에는 공공의 이익을 위하는 정신은 사라져서 모든 사람들이 한 푼도 안 내게 된다.[22]

이 간단한 실험에 따르면, 속 좁은 이기심만으로는 거대 집단이 협력을 유지할 수 없다. 이론적인 연구에서도 거의 비슷한 결론이 나온다. 호혜적 이타주의자뿐만 아니라 이기적인 행위자들이 협력을 구축하는 데는 여러 가지 방법이 있지만, 이것은 모두 다 소수의 집단에서만 가능하다는 것이다. 구성원의 수가 30명이나 40명이 되면 이런 일은 잊어버려야 한다. 최근까지 사회 이론가들은 이 딜레마에 대해 단 한 가지 해결책만 알고 있었다. 그것은 '정부'이다. 강력한 누군가가 큼직한 매를 들고 사람들에게 공공 복지에 기여하도록 강요하고 처벌의 위협으로 속임수를 막는 것이다. 이런 이유로 우리가(우리 대부분이 어쨌든) 정부에 세금을 내는 것이다.

그러나 연구자들은 실험실에서 사회적 원자를 가지고 여러 조건으로 테스트를 했고, 마침내 공유지의 비극을 피하는 다른 방법을 찾았다. 이것은 인간의 사회 조직에서 가장 심오한 비밀이라고 할 수 있는 협력을 위한 처방이다. 페르와 동료들은 원래의 실험을 조금 바꿔서 누구든 1달러를 낸 사람은 이전 회에서 기부하지 않은 사람에게 벌금을 물릴 수 있도록 했다. 신고자도 1달러를 내게 되지만, 적발된 사람은 2달러의 벌금을 낸다. 이 돈은 결국 모두 공공 자금에 보태진다. 신고자에게는 분명 아무런 이득이 없다. 그들은 1달러를 그냥 잃을 뿐이다. 하지만 속임수를 보고 화가 치민 많은 실험 지원자들은 비용을 감수하고 얌체들을 응징했다. 처벌의 위협이 자리 잡자 속임수의 매력은 줄어들었고, 실험의 추이는 변했다. 이번에는 10회 뒤에도 협력이 지속되었다. 강한 호혜주의는 안정된 협력을 저절로 낳고 그것을 지속시키는 힘으로 기능하는 것으로 보인다.[23]

이 단순한 실험들의 결과는 수렵 채집인으로 살아가던 우리 조상들에게 훨씬 더 중대한 의미가 있다. 당시에는 정부가 없었지만, 집단의 생존은 협력의 성공 여부에 달려 있었다. 식량을 모으고, 큰 동물을 사냥하고, 다른 집단의 위협을 물리치는 것이 모두 협력에 달려 있었다. 앞의 실험에 따르면 강한 호혜주의는 단지 행동적 특성으로, 사회적 원자가 협력을 성취하는 사회적 접착제인 것으로 보인다. 사실 개인 수준에서 자연스럽게 집단에 협력하고 응집하는 것은 원자들 사이에 인력이 작용해 원자들이 응집해서 고체를 형성하는 것과 닮았다. 오늘날 우리가 가진 강한 호혜주의는 그런 특성을 가진 조상들이 응집적인 집단을 형성해서 냉혹한 생존 경쟁에서 살아남은 덕분에 형성된 것일지도 모른다. 한편, 우리보다 더 이기적인 사촌들은 협력에 실패해서 먼 과거에 죽어 없어진 것이다.

매사추세츠 애머스트 대학교의 경제학자 허버트 긴티스(Herbert Gintis)와 캘리포니아 대학교 로스앤젤레스 캠퍼스(UCLA)의 인류학자 로버트 보이드(Robert Boyd)는 이 아이디어를 수학적으로 뒷받침하는 연구를 했다. 그들은 방대한 컴퓨터 모의 실험으로 원시 시대의 수렵 채집인 집단 사이에서 일어났을 자연적인 경쟁을 탐구했다. 이런 집단들은 다른 집단과 영역, 식량, 짝짓기를 두고 끊임없이 경쟁했을 것이고, 대규모로 협력하는 능력이 분명히 큰 장점이 되었을 것이다. 이 연구자들은 모의 실험에 두 가지 결정적인 요인을 포함시켰다. 첫째, 어느 집단에서든 개인들은 식량, 짝짓기 등을 두고 경쟁한다. 여기에서 강한 호혜주의는 아무 장점이 없다. 집단 안에서는 강한 호혜주의를 가진 사람들이 이기적인 사람들에게 착취만 당할 것이다. 이것은 명백한 단점이므로, 강한 호혜주의를 가진 구성원은 진화의 작용에 따라 서서히 사라져야 마땅하다. 경쟁이 집단 안에서 작용하는 유일한 힘이라면, 이런 사람들은 오래전에 사라졌을 것이다.

그러나 정반대 방향으로 작용하는 다른 힘이 있다. 집단 단위의 경쟁에서는 협력적인 사람들이 일반적으로 더 유리하다. 강한 호혜주의를 가진 사람의 구성 비율이 더 높은 집단이 그렇지 않은 집단과의 전투에서 이기는 경향이 있거나, 긴 가뭄에도 효율적으로 협력해 더 오래 살아남을 수 있다. 결국 집단 수준의 경쟁은 이기적인 구성원들로 이루어진 집단을 도태시키고 이타주의자들의 집단을 보존한다. 긴티스와 보이드는 집단 수준의 경쟁이 충분히 크면(당시의 상황은 틀림없이 그랬을 것이다.) 강한 호혜주의를 가진 사람들의 인구 비율이 높게 유지된다는 것을 보였다. 이타주의자는 스스로에게 도움이 되지 않지만, 자기가 속해 있는 집단에 도움이 된다. 협력이 집단의 생존에 더 중요해질수록, 진정한 이타주의가 존재한다고 기대할 수 있다. 이타주의는 가장 냉혹한 환경에 대항해서 집단 생존에 기여하기 때문이다. (좀 퉁명스럽게 말하면, 개체들 사이에 작용하는 선택은 강한 호혜주의에 반대하는 방향이지만, 집단들 사이의 선택은 강한 호혜주의를 옹호한다. 집단 사이의 경쟁이 더 중요해지면 강한 호혜주의는 자연스럽게 진화한다.)

이 발견은 진정한 이타주의가 부적응이 아니라, 사회적 접착제로 작용해서 조상들이 강하고 탄력적인 집단을 형성하게 함으로써 인류를 성공하게 한 열쇠일 수 있음을 시사한다. 무엇보다 우리는 그리 탐욕스럽지 않으며 자기 중심적이지도 않다. 진정한 친절 같은 것이 진화해야 하며, 오늘날의 세계를 더 낫게 만드는 데에도 이것은 여전히 중요하다. 우리는 생물학적으로 협력하도록 되어 있다.

인간의 집단주의적 개성

1793년 7월, 이십대 중반의 샤를로트 코르데(Charlotte Corday, 1768~1793년)라는 젊은 여인이 비밀리에 프랑스 서해안의 캉(Caen)에서 파리를 향해 떠났다. 다음 날 시장에서 산 긴 칼을 들고, 그녀는 프랑스 혁명의 지도자 중 하나인 장폴 마라(Jean-Paul Marat, 1743~1793년)의 집으로 가서 그를 죽였다. 코르데는 도망치지 않고 체포되었다. 그녀는 소신대로 조국을 위해 목숨을 바쳤다. 일주일 뒤 처형되던 날에 그녀는 아버지에게 다음과 같은 편지를 썼다.

> 아버지, 저를 용서해 주세요. 아버지의 허락을 받지 않고 제 목숨을 마음대로 하는 것을요. 저는 수많은 무고한 희생자들을 위해 복수했고, 더 많은 참사를 방지했습니다. 사람들은 학정에서 벗어난 것을 즐거워할 것입니다. …… 아버지, 저를 용서해 주시기보다 저의 운명을 기뻐해 주세요. 그 동기는 영광스러운 것입니다.[24]

샤를로트 코르데가 다른 사람을 위해 목숨을 바친 이유를 설명하려면 그녀의 성장 과정과 성격을 자세히 알아야 하고, 프랑스 혁명이 일어나기 전까지 그녀의 경험을 알아야 하며, 마라가 혁명에서 어떤 역할을 했는지에 대해 그녀가 들은 이야기와, 그녀는 왜 마라가 죽어야 상황이 더 나아진다고 생각했는지에 대해서도 알아야 한다. 9·11

테러 때 뉴욕 시 소방관들의 이타적인 행위에 대해서도 비슷하게 그들의 성격과 인생 경험과 목숨이 위태로운 소방관이라는 직업을 택하기까지의 과정을 자세히 파헤쳐야 한다. 어떤 시대, 어느 장소에서나 누구에 의해서든 진정한 이타적 행위를 자세히 설명하려면 똑같은 일을 해야 한다.

그러나 냉혹한 생존 경쟁에서 사심이 전혀 섞이지 않은 진정한 이타적 행위가 과연 살아남을 수 있는지는 역사학이나 심리학의 문제가 아니라 과학의 문제이다. 사회적 원자가 철저히 탐욕스럽고 자기중심적이라는 전통적인 관점은 틀렸다. 이것은 수백만의 사람들이 매일 일상적으로 아무 대가 없이 행하는 이타적인 행위를 설명하지 못한다. 우리 중 많은 사람들이 이타적인 본능을 가진 것 같다. 목숨까지 걸지는 않겠지만, 우리는 다른 사람을 돕기 위해 손을 내밀거나 돈을 주거나 시간을 쓴다. 어떤 미래적 이익도 기대하지 않고 그렇게 한다. 사람들은 길거리에서 완전히 낯선 사람에게 길을 가르쳐 주고, 잃어버린 편지를 찾아서 다시 부쳐 주며, 돈이 든 지갑을 돌려준다.

우리가 자기 중심적이라는 가설은 지역 사회에서, 기업에서, 대학에서, 클럽에서, 어디에서든 대규모로 일어나는 협력을 설명하지 못한다. 그리고 우리는 왜 그런지 알기 시작했다. 이타적인 행동은 대규모 협력이 가능하도록 하는 사회적 원자의 핵심 특성인 것 같다. 여러 시대에 걸쳐, 이타 행위를 하는 사람들로 이루어진 집단은 그렇지 않은 집단을 압도했고, 이렇게 해서 자연스럽게 그런 행동이 널리 퍼지게 되었다. 앞에서 보았듯이, 이 점을 이해하기 위해서는 복잡성보다는 단순성이라는 관점이 필요하다. 이것은 사회를 이루는 원자가 무엇인지 적절하게 포착해 내고 이것을 모아 놓았을 때 어떤 놀라운 일이 일어나는지 살펴보는 것이다. 개인으로서 우리의 행동이 우리를 어떻게 돕는지가 아니라 집단의 일부로서 우리의 집합적 행동이 우리를 어떻게 돕는지가 중요하다. 우리의 습관은 우리가 속한 집단에서 쉽게 분리할 수 없다. 그것이 사실이라면, 로버트 라이트(Robert Wright)가 『넌제로(Nonzero)』에서 논했듯이 인간의 역사는 협력의 수준이 높고 낮은 여러 집단 사이에 벌어진 긴 경쟁으로 이해할 수 있고, 여기에서 협력이 잘 되는 쪽이 이기는 경향이 있다. 우리는 승자의 자손이기 때문에, 우리가 협력하도록 타고난 것은 이상하지 않다.[25]

전기와 자기의 힘에서 화학 법칙이 나오듯이, 이상할 정도로 이타적인 사회적 원자의 특성에서 사회의 협력이 나온다. 경제학자들은 오랫동안 왜 많은 회사들이 피고용자들에게, 다른 회사와 비교할 때 꼭 줘야 하는 것보다 더 많은 급여를 주는지 이해하지 못했다. 그들은 또한 왜 많은 피고용자들이 자기가 받는 급여보다 훨씬 더 많은 일을 회사를 위해 하는지도 이해하지 못했다. 일상 생활에 나타나는 이러한 수많은 '비정상'들은 이제, 사회적 원자가 순수히 금전적 고려를 뛰어넘어서 공정성의 감각으로 소속 집단을 위한다는 실제적인 그림을 받아들이지 않을 때에만 비정상적으로 보인다.[26]

그러나 사회적 원자의 강한 호혜주의가 언제나 좋은 것은 아니다. 다음 장에서 볼 것처럼 여기에는 어두운 면도 있다. 강한 호혜주의의 진화적 근원으로 보이는 핵심 요소는 자신의 소속 집단과 깊은 연관을 맺고 있다. 협력하는 경향은 개인적인 이익이 없어도 나타난다. 이

동전의 뒷면은 다른 집단 출신자들을 불신하고 싫어하고 두려워하는 경향으로 우리 마음속에 깊이 각인되어 있다. 우리는 현대 중부 유럽의 심장부인 옛 유고슬로비아 지역에서 중세의 야만이 터져 나오는 것을 보고 경악한 바 있다. 사회적 원자를 가지고 세상을 바라보면 이것은 그리 놀랄 일이 아니다. 민족 갈등을 일으키는 집단적 증오와 의심은 우리가 가진 고귀한 선물인 자비심과 함께 가는 것일 수 있다. 사회 물리학의 심오한 역설은 바로 이것일 수 있다. 평화를 가져오는 본능적인 재주는 전쟁을 일으키는 데에도 똑같은 역할을 할 수 있다.

왜 우리는 집단주의에 빠지는가?

과학의 위대한 힘은 그 능력, 야수적인 객관성,
우리가 예상하지 못했던 진실을 드러내는 데에 있다.
— 로버트 로플린

《워싱턴 포스트》의 사만다 파워(Samanda Power) 기자는 1995년 7월까지 약 2년 동안 보스니아의 무슬림과 세르비아 인들 사이의 충돌을 취재했다. 그녀는 수용소 생활과 집단 강간으로 정신적 상처를 입고 살아남은 사람들과 자기 눈앞에서 가족들이 처형되는 것을 본 사람들을 인터뷰했다. 그녀는 600~700년 전에 있었던 전투의 패배를 보복하겠다는 신기루 같은 욕망에서 나온 미친 듯한 증오심을 보았다. 그러나 인간 문명의 정상적인 울타리 안에서 길들여진 사람이 그 너머의 가능성을 이해하기는 힘들었다. 나중에 파워 기자는 그때의 기억이 이상하게 무디고 비현실적이고, 그 일을 하고 있던 당시에도 내내 꿈을 꾸는 것 같았다고 말했다.

나는 사라예보에 있었다. 거기에는 흙탕물이 든 깡통을 끌고 가는 할머니를 표적삼아 사격 연습을 하는 세르비아 저격수들이 있었고, 그림 같은 공원은 젊은이들의 시체로 공동 묘지가 되어 가고 있었다. 세르비아의 수용소에서는 몸무게가 20킬로그램이나 빠지고 영구적인 정신적 상처를 받은 수척한 사람을 인터뷰했다. 최근에는 여학생 네 명이 살해당한 사건을 취재했다. 그런데도 나의 경험, 또는 그것 때문에, 내가 이미 목격했던 것이 꿈에서 본 것처럼 희미하게만 떠올랐다.

그녀는 이렇게 자신이 맞닥뜨렸던 현실을 무의식적으로 멀리 했기 때문에, 7월 11일에 스르프스키 공화국의 라트코 믈라디치(Ratko Mladic, 1942년~) 장군이 스레브레니차(Srebrenica)를 점령했다는 소식을 들었을 때 그녀가 무감각했던 것은 그리 놀라운 일이 아니다. 그들은 이 지역이 국제 연합(UN)이 지정한 '안전 구역'이었는데도 이런 일을 저질렀다. 다른 사람들과 마찬가지로 파워 기자도 보스니아의 세르비아 인들이 국제 사회의 군사 개입을 부를 일을 저지르지는 못할 것으로 보았다. 그녀는 다음에 일어날 일에 대해 이상할 정도로 아무런 대비를 하지 않았다. "스레브레니차가 점령된 지 며칠이 지난 뒤에 동료 한 사람이 뉴욕에서 전화를 해서, 보스니아의 UN 대사가 보스니아 세르비아 인들이 스레브레니차의 한 축구 경기장에서 1,000명이 넘는 이슬람교도들을 학살했다고 말했다고 알려 주었다. 이것은 가능하지 않다. 나는 단순히 아니라고 말해 주었다. 친구는 되풀이해서 사실이라고 말했지만, 나는 절대로 그럴 리가 없다고 대답했다."

파워 기자가 옳았다. 믈라디치는 1,000명을 처형한 것이 아니라 소년과 남자만 골라서 8,000명이 넘게 학살했다. 이것은 제2차 세계 대

전 이후 유럽에서 벌어진 가장 큰 학살이었다.[1]

사만다 파워처럼 대부분의 사람들은, 그녀가 말했듯이 "악을 헤아리는 데 필요한 상상력"이 부족하다. 우리가 생각하고 경험이 확인해 주는 바에 따르면, 특별히 반사회적인 인물과 전문 범죄자 같은 사람들을 제외하면 대부분의 사람들은 합리적으로 행동하고 평화적인 규범을 따른다. 제정신을 가진 보통 사람들은 아기나 할머니를 재미로 학살하지 않으며, 머리와 귀를 트로피처럼 수집하지도 않고, 어머니에게 자기 자식을 총으로 쏘라고 명령하지도 않는다. 괴이한 일에는 괴이한 원인이 있다고 우리는 생각한다. 대량 학살과 거기에 비교할 만한 집단 폭력에서 우리는 광기와 사악함을 보고, 이런 일을 어떤 사람들('피에 굶주린 세르비아 인')이나 슬로보단 밀로셰비치(Slobodan Milosevic, 1941~2006년)나 라트코 믈라디치처럼 미친 사람 또는 그 집단의 비정상적인 성격 탓으로 돌리고 싶어 한다. 이런 설명들은 대량 살상이 인간 세계의 '정상적인' 작동이 아니라 돌발적인 지진이나 화산 폭발처럼 비정상적인 것이라고 생각하면서 안심시키는 힘이 있다. (보스니아 헤르체고비나 내 자치 공화국인 스르프스카는 독립하지 못했고 라트코 믈라디치는 아직 체포되지 않았다. ― 옮긴이)

그러나 우리가 바람직한 사회적 결과를 인간 본성의 자연스러운 산물로 보면서, 동일한 인간 본성이 만드는 어두운 면을 외면하는 것은 잘못된 일이다. 역사를 돌아볼 때 인간이 가진 증오와 폭력의 능력도 분명히 우정과 협력의 능력과 똑같이 자연스러운 것이다. 보스니아에서 일어난 일에 대한 신뢰할 만한 설명, 또는 적어도 어떻게 그런 사건이 일어났는지에 대한 설명은, 그것을 그저 광기와 사악함 탓으로 돌리는 것보다 훨씬 많은 것을 담고 있어야 한다. 무엇보다도 보스니아에서 일어난 비극은 인간의 역사에서 드문 일이 아니다. 비슷한 참사들(1994년 르완다, 1915년 아르메니아, 또는 나치스 독일에서 일어난 일들)이 수백만의 평범한 사람들에 의해 일어났고, 그들 중 대부분은 나중에 평범한 생활로 돌아갔다. 오스트리아의 경제학자 프리드리히 아우구스트 폰 하이에크가 제2차 세계 대전 때 말했듯이, "앞장서지는 않았지만, 독일에서 가장 존경받는 건실한 사람들이 지금은 그들이 싫어하는 일을 뒤에서 준비했다는 것이 가장 큰 비극이다."[2]

이 장에서 나는 민족적 증오와 대량 학살에 대한 설명을 탐구하고, 여기에 부합하는 단순한 사회적 원자 모형을 구축할 것이다. 앞 장에서 보았듯이, 많은 사람들이 가지는 강한 호혜주의는 협력을 통해 공동 목표를 성취하는 데 중요한 역할을 하는 것으로 보인다. 우리 조상들은 협력을 통해 힘든 추수를 해 냈고, 적을 방어했고, 땅과 자원을 차지하기 위해 전쟁을 벌여 이웃 집단을 살육했을 것이다. 이런 면에서 개인이 가진 이타적인 본성은 역설적으로 집단으로 인해 생겨난다. 개인이 개인을 돕는 행위로만 보아서는 이타주의를 설명할 수 없다. 개인들이 뭉쳐서 사회를 이루고 집단 단위로 경쟁한 결과로만 이타주의를 설명할 수 있다. 이 견해에 따르면, 개인이 가진 인간 본성 자체에 우리가 집단을 이루고 살았다는 역사의 흔적인 것이다.

그러나 협력과 집단 형성과 결합해 있는 것은 강한 호혜주의와, 보다 근원적인, 네가 나를 도우면 나도 너를 돕는다는 호혜적 이타주의만이 아니다. 집단에 대한 가장 명백한 사실 하나는 그것을 정의하고 특징을 부여하는 무언가가 필요하다는 것이다. 집단의 구성원은 뭔가를 공유하는데, 이것은 국적일 수도 있고 피부색, 복장, 나이, 거주 지역, 말투 등이 될 수도 있다. 그뿐만 아니라 특정 집단을 싫어한다는 공통점만으로도 집단이 만들어질 수 있다. 집단 안의 구성원은 그 특성을 갖고, 집단 밖의 사람들은 그렇지 않다. 이러한 표지들은 심리적인 힘을 행사해서 많은 사람들을 원천적으로 차별하며, 피부색이나 종교, 옷 따위로 다른 사람들을 판단하게 만든다. 우리는 왜 우리가 그렇게 차별을 잘하는지, 또는 왜 우리 중 많은 사람들이 한 번도 본 적이 없고 알지도 못하는 사람들을 증오하는지 잘 묻지 않는다. 앞으로 보겠지만 그 대답은 결코 명백하지 않다. 사람들을 자세히 관찰하거나 인종주의와 민족주의의 역사를 조사한다고 대답이 나오지는 않는다. 그러나 사회 물리학은 이런 문제에 대해 뭔가 할 말이 있다.

민족주의적 증오, 인종주의적 혐오 또는 다른 문화에 대한 증오는 사회적 역설이다. 사람들을 불화하게 하는 이런 힘이 협력을 부추기기도 하기 때문이다. 믿을 수 없겠지만 눈 먼 편견이 사람들을 단결시키는 요인임을 앞으로 보게 될 것이다.

집단은 불행만을 만드는가?

1954년 여름에 오클라호마 대학교의 사회 심리학자 무자페르 셰리프(Muzafer Sherif)와 동료들은 12세가량의 평범한 소년 22명을 모아서 로버스 케이브 주립 공원에 있는 80만 제곱미터 넓이의 보이 스카우트 캠프로 데려갔다. 연구자들은 소년들을 신체적, 정신적, 사회적 능력의 균형을 고려해서 11명씩 두 집단으로 나눴다. 실험은 두 가지 문제를 탐구하도록 설계되었다. 첫째, 사람들을 집단으로 묶고 공통의 목표를 주기만 하면 개인이 두드러진 역할을 하는 계층 구조가 생겨나는지 알아보는 것과, 둘째, 아무런 기준이나 공통점 없이 완전히 임의로 나눈 집단에서도 집단 사이에 경쟁이 일어나면 강한 집단 구별과 집단 내 충성심이 나타나는지 알아보는 것이었다.

처음에 과학자들은 두 집단을 따로 떼어 놓았다. 며칠 동안 '팀 구축' 훈련을 하고 나자, 어떤 소년은 지도자가 되고 나머지는 추종자가 되었다. 그리고 두 집단은 집단의 이름을 지어서 독수리 팀과 방울뱀 팀이 되었다. 며칠 동안 두 집단은 서로 용기를 뽐내고 다른 집단을 야유했다. 그러나 이때까지 두 집단은 서로 만난 적이 없었다. 두 집단이 시합을 할 것이라고 연구자들이 말하자 적대감이 더 커졌다. 방울뱀 팀은 야구장을 차지하고 뒷그물에 자신들의 깃발을 꽂았으며 운동을 하려고 야구장으로 오는 상대 팀 소년들을 때리겠다고 위협했다. 두 집단이 마침내 얼굴을 맞대자, 그들은 서로 야유를 퍼붓고 상대방을 조롱하는 노래를 부르는 등 전쟁터에서 만난 고대의 전사들처럼 굴었다. 날이 갈수록 적대감이 커져서, 서로 상대 집단의 깃발을 불태우려고 할 정도였다.

셰리프와 동료들의 연구에는 물리학 실험과 같은 우아한 단순성이 있다.[3] 한쪽에 원자들을 모아 두고, 다른 곳에 다른 원자들을 모아 둔다. 두 원자 집단을 상호 작용하게 하고 무슨 일이 일어나는지 본다. 원자가 사람일 때(적어도 12세의 미국 소년일 때) 두 가지 사실을 얻는다. 원자들은 자신의 집단에 강하게 달라붙고, 집단 바깥의 원자들에는 적개심을 가진다. 12세 아이들만 이런 종류의 '우리'와 '남'이라는 편견을 갖는 것은 아니다.

지구상에는 1만 년 전의 인류처럼 고립된 환경에서 살아가는 부족이 아직도 남아 있다. 그들은 요즘도 집단 바깥의 사람들을 극도로 경계한다. 2005년 1월 27일에 불행한 두 인도 어부가 야자술에 취한 채 벵골 만의 안다만 군도에 속한 노스 센티넬 섬 해변으로 표류해 갔다. 그들은 허리싸개를 두른 원주민 용사들에게 곧바로 살해당했다. 인도 해안 경비대 헬리콥터가 시체를 수습하려고 왔지만 젊은 원주민 전사들이 헬리콥터를 향해 창을 던지고 독침을 쏘는 등 심하게 방해하는 바람에 그냥 돌아오고 말았다. 외부인에 대한 이러한 맹목적인 적대감은 현대 세계에서는 분명히 '부적응'이지만, 과거에 노스 센티넬 섬 사람들에게 유용했고, 우리 조상들 모두에게도 유용했을 것이다.

사우스 센트럴 로스앤젤레스에서 30년 동안 서로 죽고 죽인 악명 높은 갱 블러드와 크립스의 맹목적인 적대감도 이것과 크게 다르지 않다. 전통적으로 블러드 패는 빨간 옷을 입고 크립스 패는 파란 옷을 입는다. 길고 복잡한 역사를 가진 두 갱은 마약 밀매 따위의 범죄 행위로 거리에서 경쟁하면서 갈등을 키웠다. 하지만 그렇게 강한 적개심은 갱의 소속감을 낳은 깊은 본능과 관련되어 있다. 두 갱에 속한 젊은이들은 서로 비슷했고, 비슷한 처지의 이웃들 사이에서 성장했으며, 똑같은 종류의 문제에 직면했다. 반대파에 소속되지만 않았다면 많은 이들이 자연스럽게 친구가 되었을 것이다. 어떤 인터뷰에서(어디에서 읽었는지는 잊어버렸다.) 이 갱 소속의 십대들은 상대편의 용기와 위세를 드러내 놓고 칭찬했다고 한다. 한 조직원은 이렇게 말했다. "우리는 그 녀석들을 존경했다. 그들은 정말 거친 녀석들이었다." 이렇게 말한 사람은 물론 칭찬한 상대방을 어떻게든 죽이려고 했다. 소속 집단이 다르고, 색깔이 다르기 때문이다.

현대 사회에는 법, 제도, 사회 규범이 있어서 집단 편향의 흉측한 분출을 막아 준다. 하지만 집단 편향은 도처에 남아 있어서 인종주의와 민족주의에서 명백히 드러나며, 다른 곳에서도 암암리에 드러난다. 전형적인 사회 현상인 '패거리' 행동은 평상시에는 집단의 결속을 다지고 위기일 때 지도자를 중심으로 뭉치게 한다. 2001년 9월 10일에 실시된 여론 조사에서 조지 부시 미국 대통령의 지지율은 현대 모든 미국 대통령들의 집권 후 동일한 시기의 지지율 중에서 최저를 기록했다. 제럴드 포드 대통령이 여론의 빗발치는 반대를 무릅쓰고 닉슨을 사면했을 때의 지지율이 여기에 비교될 정도이다. 그러나 9·11 테러가 일어나자 부시의 지지도는 즉각 하늘 높이 치솟았고, 거의 90퍼센트나 되는 사람들이 부시가 잘하고 있다고 생각했다. 부시 지지자들은 이것을 그의 리더십이 강력하다는 증거라고 내세우겠지만, 이것은 역사를 통해 반복되는 패턴이다. 국가적인 위기가 닥치면 대통령의 지지도는 언제나 치솟는다. 위기를 맞으면 사람들은 자기 지도자가 무슨 짓을 하든 강한 지도력을 갖고 있다고 여기며, 자연스럽게 외부자와 다른 집단 구성원들을 불신하게 된다. 2006년 5월 2일에 몬태나 주 입법부는 제1차 세계 대전 때 독일어를 말하거나 독일어로 씌어진 책을 소지하거나 정부나 성조기에 대해 "불충하고, 폭력적이고, 상스럽고, 경멸하는" 말을 하거나 출판하는 것을 금지하는 주 법령에 따라 유죄가 선고되었던 독일계 시민들에게 마침내 공식적으로 사과

했다. 어떤 사람들은 전시 식량 제한을 "엄청난 농담"이라고 말했을 뿐인데도 이 법에 따라 주 교도소에서 7~20년의 징역형을 선고받았다.[4]

맹목적으로 집단에 충성하고 집단적 편견에 빠지는 이러한 예들에 나타나는 공통점은, 집단의 문제에 대해 사람들의 태도가 놀라울 정도로 유연하지 못하다는 것이다. 사람들은 자신들이 미리 준비한 편견에만 따르고 다른 가능성은 거들떠보지 않는다. 이 모든 경우에 사람들은 원시인으로 변한다. 우리 아니면 남이고, 독수리 팀 아니면 방울뱀 팀이 되는 것이다. 집단 정체성에 대한 본능은 민족적 증오나 갱들의 전쟁처럼 극적인 일에만 영향을 주는 것이 아니다. 2004년에 조지 부시와 존 케리(John Kerry)가 맞붙은 미국 대통령 선거 때, 에머리 대학교의 심리학자 드루 웨스턴(Drew Westen)의 연구진은 공화당원과 민주당원에게 자신들의 후보가 명백히 틀린 발언을 하는 모습을 보여 주었다. 웨스턴과 동료들은 개인들이 그 모순을 설명하려고 노력할 때의 뇌 활동을 관찰했다. 활성화된 부위는 이성과 관련된 부위가 아니라 감정과 갈등 해결에 관련된 부위들이었다. 웨스턴이 결론을 내렸듯이, "의식적인 추론과 관련된 부위는 특별히 참여하지 않았다. …… 본질적으로 당원들은 자신이 원하는 결론을 얻을 때까지 인식의 만화경을 이리저리 돌리는 것 같았다." 우리 중 많은 사람들은 소속 집단을 보존하고 지지하기 위해 현실을 감정적인 방식으로 여과해서 보는 것 같다.

이런 본능은 어디에서 올까? 이런 행동에는 어떤 원시적인 의미가 있는 듯하다. 왜 그런지 알기 위해서는 약간의 컴퓨터 작업이 필요하지만 말이다.

생존을 위한 편견

인종주의와 민족주의의 원인과 결과에 대한 세밀한 연구는 쉽게 여러 권의 책을 채울 수 있다. 물론 이런 책은 이미 많이 나와 있다. 그러나 무엇이든 이렇게 인간의 삶에 지배적인 영향을 미치는 것의 뿌리를 이해하려면, 먼저 세부 사항에서 멀찍이 물러서서 어떤 단순하고 근본적인 과정이 작동하지 않나 살펴보아야 한다. 이렇게 하기 위해서는 실세계를 잠시 제쳐 두고 먼저 토머스 셸링의 동전들처럼 과도하게 단순화된 세계를 살펴보아야 한다.

사람들이 자주 만나서 물자를 교환하고 사업상의 거래를 하는 세계를 생각하자. 이 모형에서 어떤 두 사람이 만나면 그때마다 농부의 문제와 비슷한 상황이 벌어진다고 하자. 다시 말해 개인은 다른 사람의 도움으로 이득을 얻을 수 있고, 속임수를 쓰면 더 많은 이득을 얻는다. 사람들이 언제나 서로 협력하면 모두에게 좋지만, 이것은 말처럼 쉽지 않다. 이런 상황에서 어떤 사람이 언제나 협력만을 바라고 목을 내밀고 있으면 나를 좀 속여 달라고 하는 꼴이 된다. 이 모형에서 인구가 매우 많아서 두 사람이 다시 만날 수 없다고 가정하자. 이렇게 되면 과거에 누가 어떤 짓을 했는지 기억해 봐야 소용이 없다.

물론 이 모형은 우리의 세계와 닮지 않았다. 현실 세계에서 사람들은 개성, 성격, 지성, 재주, 경험에 따라 천차만별이다. 우리는 일반적으로 이런 특성을 바탕으로 사람들을 어떻게 대할지 판단한다. 그러나 이 모형에서는 이러한 판단이 가능하지 않다. 이 가상의 세계는 정보의 사막이다. 당신은 만나는 사람마다 속일 수도 있고, 모든 사람과 협력할 수도 있고, 기분 내키는 대로 어떤 이에게는 협력하고 어떤 이는 속일 수도 있다. 만나는 사람들에 대한 정보가 전혀 없기 때문에 특정한 개인에 대해 전략을 세울 수가 없다. 이 사고 실험에서 모든 사람들이 똑같은 고깃덩어리여서 과거의 기억도 없고 구별 가능한 성격도 없다면, 사람들은 사회적인 혼돈 속에 떠돌고 지속적인 신뢰의 끈을 형성할 수 없다.

그러나 이 실험에 작은 변화를 가하면 더 흥미로워진다. 이제 사람들이 모두 똑같지 않다고 가정하고, 여러 색깔, 예를 들어 빨강, 파랑, 노랑, 초록을 띤다고 하자. 이러한 색깔 차이는 완전히 임의적이고 의미가 없다. 사람들이 태어날 때 무작위로 색깔이 칠해졌다고 생각해도 좋다. 예를 들어 빨간 사람들은 파란 사람들과 더 많이 협력할 이유가 없고, 초록 사람들이 특별히 타고난 사기꾼이 아니다. 그러나 색깔이 중요하지 않다고 해서 사람들이 색깔을 중시하지 않는다는 뜻은 아니다. 노란 사람은 15명을 겪어 보고 나서 같은 노란 사람들이 더 협력적이며 파랑, 초록, 빨강 사람들은 훨씬 더 많이 속인다고 생각하게 될 수도 있다. 이것은 모두 우연이겠지만, 이 노란 사람은 같은 노란 사람들끼리만 협력하고 다른 색깔의 사람과는 협력하지 않겠다고 결심할 수도 있다. 물론 다른 사람들은 다른 경험을 할 것이다. 파란 사람은 세 번 거듭해서 파란 사람에게 속을 수 있다. 이렇게 해서 색깔이 다른 사람들에게만 협력하고 같은 파란 사람과는 절대로 협력하지 않는다는 교훈을 얻을 수도 있다.

결국 실제로는 아무 뜻도 없는 색깔에 사람들이 집착하게 된다. 그렇다. 우리는 특별한 이유도 없이 중요한 패턴이 나타나는 것을 이미 여러 번 살펴보았다. 정치학자 로버트 액설로드와 로스 해먼드(Ross Hammond)가 몇 년 전에 발견한 것과 똑같은 경우가 되는 것이다. 이 연구자들은 가상 세계 속의 사람들이 "색깔을 의식하게 되면" 다음과 같은 네 가지 단순한 전략 중에서 하나를 선택할 것이라고 추론했다. 개인은 (1) 모든 사람과 협력한다, (2) 아무와도 협력하지 않는다, (3) 같은 색깔의 사람에게만 협력한다, (4) 다른 색의 사람에게만 협력한다.[5] 그다음에 연구자들은 이런 질문을 던졌다. 장기적으로 어떤 전략이 최상의 전략인가? 다시 말해 어떤 전략을 채택한 사람들이 다른 사람들보다 더 이익을 얻게 되는가?

이것을 알아보기 위해, 액설로드와 해먼드는 이 인공 세계에서 작동하는 단순한 컴퓨터 모형을 설계했다. 그들은 모형 속 사람들을 여기저기 흩어 놓고 마구잡이로 짝을 지어 관계를 맺게 한 다음, 가까이 있는 사람에게 더 잘 협력하고 멀리 있는 사람에게는 잘 협력하지 않는 자연스러운 경향을 갖게 했다. 사람들이 살다가 죽고, 때때로 다른 곳으로 이사를 가기도 한다. 연구자들은 네 가지 색깔을 모두 같은 수로, 또 네 가지 전략을 가진 사람의 수도 같도록 하고 이런 특성을 무작위로 배정했다. 또한 그들은 다른 특징도 추가했다. 이 세계의 사람들은 우리의 세계와 마찬가지로 다른 사람의 성공을 보고 배울 수 있다.[6] 말하자면 어떤 노란 사람이 1번 전략을 쓰는 사람이 잘 되는 것을 보면 자기도 1번 전략을 채택한다. 이것은 자연스러운 일이다. 액설로드와 해먼드는 이렇게 설정한 뒤에 컴퓨터를 돌렸다.

일련의 실험에서 그들은 인공 세계를 오랫동안에 걸쳐 진화하도록 했고, 모든 사람들이 최소한 1,000번 이상 다른 사람들과 관계를 맺도록 했다. 그런 다음에 컴퓨터를 멈추고 그 세계에 어떤 일이 일어났는지 살펴보았다. 결과는 언제나 똑같았다. 3번 전략, 즉 같은 색깔의 사람들끼리만 협력하는 전략이 언제나 집단 전체에 퍼져 있었다. 이모의 실험에서 연구자들은 전형적으로 행위자들의 4분의 3 정도가 결국은 이런 편견 섞인 전략을 채택하는 것을 발견했다. 왜 그럴까? 그 해답은 간단하지만, 어쩌면 아주 심오한 것일 수 있다.

액설로드와 해먼드는 완전히 무작위인 상황에서 출발해도 관계의 혼돈 속에서 색깔에 따라 집단이 분리되는 것을 관찰했다. 빨간 집단이나 파란 집단이나 노란 집단이 나타나는 것이다. 편견 전략의 성공이 이러한 분리를 이끄는 것이다. 어떤 시점에 우연히 같은 색깔끼리 어울리면 이득이 된다는 편견을 가진 집단이 형성될 수 있다. 그들은 서로 영향을 주고받아서 언제나 서로 협력하게 된다. 동일한 영역에 있는 색깔이 다른 사람들은 배척당하고, 색깔이 같아도 편견을 공유하지 않는 사람들은 그만큼 잘하지 못하게 된다. 편견을 가진 이웃들에게 도움을 받지 못하고, 다른 사람들에게 헛된 노력을 쏟아 붓고는 아무것도 돌려받지 못하게 되는 것이다. 개인들이 주위를 살펴보면, 편견이 있는 사람들은 잘 되고 편견이 없는 사람들은 잘 되지 못하는 것을 본다. 이렇게 되면 학습을 통해 더 많은 사람들이 편견을 갖게 된다. 여기에서 진짜로 놀라운 것은 이 세계에서 전체적인 협력의 수준은 시간에 따라 늘어나며, 편견을 가진 사람들이 늘어나도 이런 경향은 지속된다는 것이다. 균일한 집단이 성장하면서 집단에 있는 사람들은 공동체에 편안하게 안주한다. 편견을 공유하는 공동체가 생겨나는 것이다. 이제 집단 내부에서는 거의 모든 상호 작용이 협력적인 것이 된다. 단, 집단의 경계면에서 외부와 마주하고 있는 일부 사람들 사이에는 충돌이 있을 수 있다. 사람들이 균일한 집단으로 분리되기 때문에, 서로 다른 색깔의 사람들은 거의 접촉하지 않게 된다. 이 원시적인 세계에서 편견은 잘 작동하기 때문에 널리 퍼져 나간다.[7]

물론 이 원시적인 세계에서 다른 특징이 '색깔'의 역할을 할 수도 있다. 색깔이 아니라 사람들을 구별해서 집단으로 나눌 수 있는 어떤 표지여도 상관없다. 머리카락의 길이나 정치적 성향, 말투, 옷 입는 스타일이 될 수도 있다. 이것이 무엇이든, 이 논리에 따르면 무의미한 표지에 따른 구별이 실제로 협력을 일으키는 강력한 메커니즘이 될 수 있다. 의미 없는 표지가 사회에 구조를 만들고, 사람들에게 '부족'에 참여하도록 강요한다. 진짜로 이상한 것은 처음에는 무의미했던 표지들이 시간이 지남에 따라 진정한 의미를 갖게 된다는 것이다. 당신이 마음이 열린 빨간 사람이어서 색깔은 태어날 때 아무렇게나 칠해진 것임을 안다고 해도 색깔에 주의를 기울이는 것이 좋다. 파랑, 노랑, 초록 사람들은 대개 당신과 협력하지 않으려고 하고, 빨간 사람들만 당신과 협력하려 할 것이다. 외고집들의 세상에서는 외고집들만이 살아남는다.

해먼드와 액설로드의 연구에 근거한 나의 민족 중심주의의 발흥에 대한 설명이 이 문제에 대한 유일한 설명이라고 생각하지는 않는다. 캘리포니아 대학교 로스앤젤레스 캠퍼스의 인류학자 피터 리처슨

(Peter Richerson)과 로버트 보이드는 사회 규범이 해먼드와 액설로드의 색깔과 비슷한 역할을 한다는 설득력 있는 대안적 견해를 개발했다. 그러나 크게 보면 이 견해에서도 거의 같은 생각을 읽어 낼 수 있다. 편견의 작동은 흉측하고 해악이 심하지만, 적응적인 조상들의 진화를 어느 정도 설명하는 것 같다. 이 연구자들이 논했듯이, 사회 규범을 공유하는 사람들은 일반적으로 적절한 행동에 대한 기대를 공유하기 때문에 더 쉽게 협력한다. 이것만으로도 자신들의 행동을 조직화해서 협력의 이익을 실현하기가 더 쉬워진다. 리처슨과 보이드는 민족('그래야 함'과 '그러면 안 됨'의 특정한 규칙들로 정의되는 안정된 집단. 복장, 언어, 성적 행동 등이 이런 규칙이 될 수 있다.)의 존재 자체가 궁극적으로 이러한 이점과 관계가 있다고 주장했다.[8]

컴퓨터가 없었다면 개인이 모여 집단을 이루는 이 놀라운 정렬 과정을 이처럼 제대로 재현해 볼 수 없었을 것이다. 플라톤, 카를 마르크스, 에밀 뒤르켕(Émile Durkheim, 1858~1917년) 같은 사회 이론가나 철학자도 이런 논리를 짚어내지 못했다. 인간의 정신력만으로는 원인과 결과의 섬세한 궤적을 추적할 수 없기 때문이다. 물론 이러한 가상 세계는 분명히 현실 세계와 다르다. 따라서 이 모형이 무엇을 의미하는지 알기 위해서는 좀 더 깊이 생각해 보아야 한다.

민족 중심주의의 함정

액설로드와 해먼드의 색깔 게임은 주목할 만한 두 가지 사실을 가르쳐 준다. 첫째, 사람들이 초기 설정에서 이웃을 대하는 전략이 몇 가지뿐일 때, 편견이 유리하다. 편견 또는 더 정확하게 민족 중심주의는 추악하지만, 인간 관계의 가장 기본적인 수준에서 효율적이다. 둘째, 일단 민족 중심주의적 태도가 나타나서 많은 사람들에게 퍼져 나가면 놀랍게도 더 협력적인 세계가 만들어진다. 민족 중심주의적 행동은 사람들을 특정한 색깔의 집단으로 자발적으로 분리시킨다. 이 원시적인 세계에서 같은 색깔의 사람들 사이에서만 대부분의 관계가 이루어진다. 여기에서 색깔을 '종교'나 '국적'이나 '언어'로 바꾸면 우리의 세계에서도 비슷한 무언가가 작용한다는 것을 쉽게 알 수 있다.

그러나 이것은 모두 너무 추상적이다. 이 발견을 적절하게 해석하려면, 이것이 현실 세계에서 무엇을 함의하는지 더 세심하게 생각해야 한다. 당신 주위의 사회를 둘러보라. 당신이 특별히 불운하지 않다면, 당신은 다르푸르 같은 곳에 살고 있지 않을 것이다. 다르푸르에서는 아랍 토착 부족이 용병을 고용해서 비아랍계 사람들을 쓸어 내고 있다. 당신은 옛 유고슬라비아 지역의 인종 청소를 겪지도 않았을 것이고, 지구상에 있는 그 비슷한 민족 갈등도 겪지 않았을 것이다. 당신이 다른 대부분의 사람과 비슷하다면, 당신은 액셀로드와 해먼드의 세계에서 나타나는 철저한 민족 중심주의 같은 것을 거의 겪지 않았을 것이다. 다행스럽게도 대부분의 사회는 다양한 종교, 문화, 언어를 가진 사람들이 동일한 공동체에 섞여 살고 있고, 함께 사업을 하고, 이웃과 친구로 살고, 함께 게임을 한다. 뉴욕, 런던, 뭄바이, 멕시코시티와 같은 대도시에서 여러 문화의 사람들이 친하게 지내고 매일 협력한다. 옛 유고슬라비아에서조차 여러 해 동안 크로아티아 인과 세르비아 인과 무슬림들이 통합된 공동체에서 평화롭게 살면서 유고슬라비아의 공산주의 지도자 요시프 브로즈 티토(Josip Broz Tito, 1892~1980년)의 꿈을 실현하고 있었다. 하지만 민족 중심주의 모형은 이런 모습과 한참 다르다. 물론 민족 중심주의도 세상의 일부이기는 하지만, 그것이 전부여서는 안 되는 것이다.

액설로드와 해먼드의 세계와 달리, 대부분의 사회에서 사람들은 개인으로서 관계를 맺지 인종, 문화 또는 다른 표지가 붙은 집단의 대표로서 관계를 맺지는 않는다. 그들은 함께 살고 일하기 때문에 거듭해서 상호 작용을 하며, 기억과 친구를 가지고 신뢰의 끈을 형성하고 서로 이해해서 이러한 표지들의 잠재적인 힘을 무력화시킨다. 이러한 건강한 사회적 상호 작용의 다른 메커니즘(다른 유형들끼리 거듭되는 상호 작용, 강한 사회 제도, 효율적인 사회 규범)은 민족 중심주의를 궁지에 몰아넣는다. 색깔 게임은 사람들이 조악하고 피상적인 딱지만을 바탕으로 판단할 때 일어날 수 있는 일을 보여 준다. 이런 상황에서 사람들은 맹목적인 편견에 따라 행동하는데, 이러한 편견은 나름의 이익이 있기 때문이다. 사실상 색깔 게임은 공포, 강제, 세뇌 또는 어떤 일 때문에 자신의 개성을 잃고 다른 사람들과 인간 대 인간으로 관계를 맺을 수 없을 때의 우리 세계와 비슷한 것 같다. 색깔 게임이 제시하는 것처럼 사람들이 통상적으로 관계를 맺고 신뢰를 쌓는 대부분의 방법을 제거하면, 민족 중심주의의 함정에 빠지게 된다. 이것은 사람의 이상 성격에서 오는 것이 아니다. 민족 중심주의는 사람들이 일상적으로 하는 완전히 정상적인 행동에서 나오는 것이다. 민족 분리는 앞에서 본 인종 분리와 마찬가지로 일종의 보편적 경향이다. 단지 주도적인 힘이 이것을 통제하지 못할 때 일어날 뿐이다.

이러한 만화 같은 인공 세계가 시사하는 바는, 민족 사이의 증오와 폭력이 나타나는 것은 사회 조직이 무너져서 야만의 상태로 되돌아가는 조짐이라는 것이다. 그러나 사회 속의 특정한 개인이나 문화를 자세히 보는 것으로는 사회 붕괴 과정을 이해할 수 없다. 사람이나 문화가 야만적이어서 사회가 야만 상태로 돌아가는 것이 아니기 때문이다. 이것은 다시 사람의 문제가 아니라 패턴의 문제이다. 석유, 가스, 전기 공급이 갑자기 파괴되면 체온을 유지하기 위해 불을 피워야 하듯이, 평화로운 공존을 지원하는 정교한 사회 메커니즘이 교란되면 사람들은 더 야만적이고 조악한 구별에 의존할 수밖에 없게 된다. 많은 전문가들도 최악의 민족 간 폭력 사태의 원인으로 정확히 이런 점을 지적했다.

사회 연구자들이 제시한 강한 민족적 증오의 주요 원인은, 같은 공동체에 속한 다른 민족들이 어떤 이유로 사업이나 거래를 하지 못하게 되면서 민족 간의 사회적 연결이 무너져 통상적인 사회 역학이 붕괴하기 때문이라고 한다. 경제가 혼란스럽거나 내전이나 혁명이 일어나서 건전한 사회적 상호 작용이 무너지면, 사람들은 신뢰할 만한 사람들을 구별하기 위해 원시적인 메커니즘에 매달리게 된다. 다른 사람들의 성격과 평판을 알아보기 위해 정교한 판단의 근거를 찾으려는 노력은 무력해지고 조악한 인상이 그 자리를 차지하는 것이다. 국외자와 외국인, 다른 인종의 사람들이 갑자기 위험 인물들로 보인다.

옛 유고슬라비아의 경우, 처음에 연방에서 이탈하려 했던 슬로베니아공화국에서 일어난 내전에서 시작된 문제가 크로아티아로 번졌고, 그다음에 보스니아헤르체고비나로 건너갔다. 그때 이미 경제 상황은 악화되어 있었다. 냉전 시기에 독자 노선을 걸었던 옛 유고슬라비아 연방이 건전한 경제 기반을 구축하는 데 실패했기 때문이다. 1987년에 소련이 갑자기 없어지고 50년간 소련에 눌려 지내던 동구권 국가들이 민주화 물결에 휩쓸린 것도 영향을 주었다. 경제 악화와 동구 붕괴의 혼란 속에서 정상적인 사회가 붕괴되자 원시적인 힘이 작동하기 시작했다. 게다가 민족 구별이라는 표지에 민족끼리 불화하던 고대 역사라는 불씨도 준비되어 있었다. 이런 요인들이 그때까지는 연방제라는 베일에 덮여 있었던 것이다.

그러나 민족 간의 증오와 불신만으로는 약탈과 폭력까지 가지 않을 수도 있다. 사회적 빈곤만으로는 인종 청소가 일어나지 않는다. 끔찍한 사건이 일어나는 두 번째 공통점은 정치 지도자나 정당이 민족적 증오를 전략적으로 이용한다는 것이다. 이렇게 되면 사건은 액설로드와 해먼드의 색깔 게임 수준을 넘어서 걷잡을 수 없이 악화된다. 미국의 역사가 헨리 브룩스 애덤스(Henry Brooks Adams, 1838~1918년)에 따르면, 현실 정치는 "무엇을 가장하든, 언제나 체계적인 증오를 조직화하는 데 달려 있다." 이 말은 지나친 면이 있지만 중요한 점을 지적한다. 특정 개인은 인간 역사에 엄청난 힘을 발휘할 수 있다. 그들이 실제로 그만큼 강하고 지적이거나 카리스마가 있어서 그런 게 아니라, 그들이 사회 패턴을 조작하는 데 성공했기 때문이다.

집단 광기와 권력

역사가와 역사 철학자는 역사가 강력한 개인들의 뜻에 좌우되는지, 집단의 '사회적인 힘'에 따라 결정되는지를 두고 오랫동안 논쟁을 벌여 왔다. 국가들은 권력에 굶주린 지도자들에 의해 살인적인 전쟁으로 끌려 들어가는가, 아니면 어떤 한 개인보다 훨씬 더 거대하고 깊은 힘에 의해 그렇게 되는가? 역사가들은 한때 역사를 '위인전'의 집합으로 보았다. 최근에는 개인의 힘보다는 경제적인 힘, 인구 분포, 넓은 문화적 영향력 등을 역사의 구동력으로 보는 쪽으로 더 기울어지고 있다. 어느 쪽이 옳은가? 분명 둘 다 일리가 있다.

옛 유고슬라비아가 분열되면서 다민족 문화가 불화를 일으키는 위험 요인이 되었다. 이런 상황에서 슬로보단 밀로셰비치는 모든 비세르비아 인을 악귀로 몰고 세르비아 인들은 억압받는 사람들이라는 신화를 퍼뜨려서 이 불꽃 위에 연료를 쏟아 부었다. 밀로셰비치는 텔레비전과 라디오 연설에서 크로아티아 인들을 제2차 세계 대전에서 부활한 파시스트로, 보스니아의 무슬림을 피에 굶주린 오스만투르크로, 코소보의 알바니아 인을 세르비아 인의 씨를 말리려는 살인자들로 그렸다. 연설에서 그는 터키에 대한 패배와 1389년 코소보 폴례('지빠귀들의 들판'이라는 뜻. 세르비아와 오스만 제국 사이에 전투가 벌어진 곳이다. ― 옮긴이)에서 '순교'한 라자르 왕을 이야기하면서 세르비아 민병대를 부추겼다. 체코의 정치 이론가 미로슬라프 흐로흐(Miroslav Hroch)가 말했듯이, 밀로셰비치는 "분열하는 사회에서 통합의 대체물"로 민족주의를 내세웠다.

르완다, 아르메니아 또는 나치스 독일에서 명백히 정치 지도자들은 문제를 일으키는 데 아주 중요한 역할을 했다. 르완다 학살 때는 몇 안 되는 정부 관료들 소유의 라디오 방송국과 신문 들이 투치 족을 "인간 이하"라고 말했다. 정부는 후투 족 급진파를 조직하고 자금을 대서 무기를 사들이고 사람들을 살인자로 훈련시키게 했다. 임박한 대량 학살 계획이 각료 회의에서 공개적으로 논의되었다. 어떤 여성 장관은 진심으로 투치 족 제거에 찬성했고, 투치 족이 없으면 르완다의 모든 문제가 끝날 것으로 생각했다. 1994년 4월 6일에 르완다 대통령 주베날 하뱌리마나(Juvénal Habyarimana)와 부룬디의 후투 대통령 키프리엔 은타리아미라(Cyprien Ntaryamira)가 탄 비행기가 키갈리에서 격추되어 두 대통령이 죽자, 투치 족 100만 명의 운명은 거의 결정되었다.[9]

한 개인 또는 몇몇 개인들이 작정하고 정치적으로 부추기지 않으면 민족적 증오가 바로 집단 학살로 이어지지는 않는다. 이것만 본다면 개인이 역사를 바꾼다는 것은 맞는 말이다. 슬로보단 밀로셰비치는 아무도 쏠 필요가 없었다. 그는 죄가 있지만, 스스로의 판단으로 행동하는 수만 명의 사람들이 수만 명을 살해한 일을 밀로셰비치 한 사람의 탓으로 돌리기는 어려워 보인다. 나치스가 독일을 지배한 것은 히틀러 때문만이 아니라 독일의 일시적인 분위기와 독일인들의 성격이 그의 메시지를 받아들이도록 준비되어 있었기 때문이다. 역사는 개인과 집단 둘 다의 통제를 받는다. 어떻게 이렇게 되는지 더 자세하게 보려면 다시 한번 패턴을 보아야 하며, 다시 한번 사회 물리학을 고려해야 한다.

사회는 개인들에 의해 만들어지며, 개인들만이 결정하고 행동할 수 있다는 것은 사실이다. 그러나 역사를 개인들로만 이야기하는 것은 분자만으로 대양을 이야기하고 파도에 대해 말하지 않는 것과 같다. 아시아에 들이닥친 거대한 쓰나미도 결국 분자들일 뿐이다. 하지만 이 분자들이 집단적으로 함께 움직일 경우 어마어마한 파괴력을 행사한다. 파도는 수많은 분자들의 행동을 조직하고 연결하는 패턴이며, 따라서 관성과 운동량을 얻는다. 파도를 이루는 질서정연한 패턴은 반대로 그것을 구성하는 분자들에게 영향을 준다. 비슷하게 사회가 개인으로 구성된다고 해도, 수천, 수백만 명이 참여하는 사회적인 힘 또는 패턴은 개인들에게 반대로 작용해, 그들의 선택을 지배하고 원래의 패턴을 강화한다. 민족 중심주의의 경우에 집단적인 패턴은 한 번 시작되면 스스로 에너지를 가진다. 가장 합리적이고 참을성 있는 사람들도 이웃들에게 자꾸 공격을 당하다 보면 신뢰할 수 없고 폭력적인 사람이 된다.

집단적인 패턴의 에너지는 밀로셰비치 같은 개인들에게 거대한 힘을 휘두를 수 있는 권능을 주며, 패턴의 논리를 정확히 이해하면 이것을 자기 목적에 이용할 수 있게 된다. 슬로보단 밀로셰비치는 수천 가지 다른 상황에서 태어났을 수도 있고, 그런 사람들처럼 전혀 영향력을 발휘하지 못했을 수도 있다. 그가 강력한 악의 힘이 될 수 있었던 것은 그가 직관적으로, 그리고 지적으로 자기 민족에게 작용하는 집단적인 힘을 정확히 읽었기 때문이다. 위대한 정치가든 그 이름을 입에 담기도 힘든 독재자든 거대한 사회의 흐름을 흔들어 놓을 수 있는 사람은 자신들의 행동을 이용해서 개인이 가진 에너지보다 훨씬 큰 운동을 만들고 지도한다. 하지만 그렇다고 해서 그들이 순전히 자기 의지만으로 일을 밀고 가는 것은 아니다. 그들 역시 사회 물리학 법칙들의 테두리 안에서 가능성을 찾고 맞추어야 한다.

이런 면에서, 소수의 사람들에게 거대한 권력을 주는 우리 사회의 계층 구조도 흥미로운 대상이다. 그 소수의 자칭 '엘리트'들은 자신이 위대하기 때문에 그런 지위를 누린다고 생각할 수 있으며, 지도자 개인이 역사를 끌고 간다고 볼 수도 있다. 그러나 좀 더 깊은 관점에서, 왜 인간 사회에 계층 구조가 나타나는지 설명해야 한다. 이것은 역사적으로 명확하다. 추장을 중심으로 조직화하는 원시 부족에서 현대 사회에 이르기까지, 집단은 수천에서 수백만의 사람들이 정합적이고 조직화된 형태로 결집할 때 능력이 더 커진다. 계층 조직은 이렇게 하기 위한 한 가지 효율적인 방식이고, 권력의 자리에 있는 개인은 몇 마디 말로 다수의 에너지를 좌우할 수 있다. 그러나 거대한 힘이 그 개인에게서 나온다고 보는 것은 잘못이다. 집단은 한 사람에게 많은 힘을 주도록 스스로 조직화하는데, 그것은 이렇게 할 때 그 집단이 더 강력하고 적응적이기 때문이다. 결국 지도적인 개인의 힘은 조직된 집단에서 나오며, 그가 개인으로서 특별히 위대한 것은 아니다.

따라서 사회 물리학에서 교훈을 찾는다면, 민족 증오는 원시적인 인간들이 집합적으로 행동할 때 나타나는 한 가지 '모드(mode)'인 것이다. 이것은 기타 줄이나 흔들이의 자연스러운 진동과 비슷하다. 그렇지 않다면 민족적 증오에 불을 지피는 것은 결코 효율적인 정치 전략이 아니며, 평소에는 인간의 성향에 반대된다. 정치가들이 민족적 공포에 호소하는 것은 그들이 공포의 동기에 대해 잘 알고 있으며, 어떤 감정보다 기본적이고 즉각적임을 알기 때문이다. 상황이 잘 맞아떨어지면, 권력에 굶주린 개인의 기회주의적인 지성은 수백만의 행동을 좌지우지할 수 있다.

단순화의 '기적'

　민족 전쟁(수백만 사람들의 의지와 행동에 따라 달라지며 수많은 목숨을 앗아 가는 인간 경험의 극단)처럼 복잡한 사건이 액설로드와 해먼드의 단순한 색깔 게임과 꽤 비슷하다고 말하면 안일한 추측이라고 생각할 것이다. 사람도 복잡하고 사회도 복잡하고 문화도 복잡하다. 어떤 시대도, 어떤 사회도 이렇다고 할 수 있다. 따라서 보잘것없는 수학 모형이 이런 것들의 작동을 설명한다는 것은 그럴듯하지 않아 보인다. 수많은 사람들과 사회 과학의 전체 전통이 똑같이 이런 의심을 내비친다. 그러나 이런 의심은 과학에 대한 신화적 인식과 오해에서 비롯된 것이다. 아무리 복잡한 대상도 극단적으로 단순화한 모형으로 그 핵심을 짚을 수 있음과 그 모형으로 실세계에 도달할 수 있음을 잘 모르기 때문이다. 이런 일이 가능하다고 하면 거의 기적처럼 보일 것이다. 어쩌면 그럴 것이다. 그러나 이런 기적이 없으면 과학도 없다.

　물리학을 '정밀' 과학이라고 부르기도 한다. 그러나 물리학자들은 방정식을 가지고 엄밀한 해만을 구하려고 하지는 않는다. 개념적으로, 철학적으로, 실용적으로 물리학의 강점은 언제나 어림짐작에 있다. 진짜로 중요하지 않은 사소한 것들을 무시하고 중요한 것에만 집중하는 것이다. 특수한 몇몇 경우를 제외하면, 현실을 그렇게 심하게 단순화하면서도 어떻게 그처럼 많은 것을 알아낼 수 있는지 우리는 진정으로 모른다. 우주는 쉽게 분해를 허용하는 듯하다. 세계는 의외로 아주 단순한 방식으로 조립되어 있다.

　냉장고에 붙어 있는 자석을 생각하자. 자석은 냉장고에 달라붙고

못을 끌어당기는 등 꽤 마법적인 일을 한다. 그러나 자석을 용광로에 넣고 770도까지 가열하면 갑자기 힘을 잃고 못을 끌어당기지 못한다. 가마에서 꺼내면 마력이 되살아난다. 놀랍게도 물리학자들은 100년 전에야 겨우 이 변화의 뒤에 있는 대략의 이야기를 조잡하게 알아냈고, 몇십 년 전에야 자세한 이론에 도달했다. 5장에서 철 원자가 미시적인 자석이고 작은 화살표와 비슷하다고 한 것을 기억하자. 실온에서 이 화살표들(원자들)은 서로 밀고 당기면서 줄을 맞추려는 경향이 있다. 이것들은 팀워크를 통해서 못을 끌어당길 수 있다.[10] 용광로에서는 어떤 일이 일어나는가? 온도는 조직화되지 않은 원자 운동의 활기를 나타내는 척도이다. 온도가 높으면 원자들이 심하게 요동쳐서 화살표들이 늘어선 줄을 유지하기 어렵다. 섭씨 770도에서 자석이 자력을 잃는 이유는 화살표들이 줄을 맞춰 늘어설 수 없기 때문이다. 조직이 깨지는 것이다.

이 조직이 어떻게 와해되는지를 설명한 수학적 수식들은 실제로 현대 물리학의 아름다움을 대표한다. 이 '작은 화살표'를 바탕으로 한 현대의 이론들은 실험 결과와 대단히 정확하게 일치한다. (이 현상을 설명하는 '상전이' 이론은 끈 이론에서 우주론까지 거의 모든 물리학 분야에서 중요한 역할을 하는 근본적인 아이디어이기도 한다.) 그러나 가장 놀라운 것은, 설명의 정확도가 물리학적 그림의 정확성과 무관하다는 것이다. 이것을 이끌어 낸 물리학적 그림은 사실 충격적으로 실재를 뒤틀어 놓은 것이다. 철 원자는 엄청나게 복잡하다. 철 원자는 양성자 26개와 중성자 30개로 되어 있고, 주위에 전자 26개가 구름을 이루고 있다. 각각의 양성자와 중성자는 빛에 가까운 속도로 날아다니는 쿼크로 되어 있고, 전자들이 서로 상호 작용하는 방식은 아무도 완전히 이해할 수 없을 정도로 복잡하다. 게다가 미시적인 상황이기 때문에 이 모든 것을 양자 역학으로 다루어야 한다. 정확한 방정식을 쓰기도 벅차며, 어떤 수학 천재도 이 방정식을 풀기에는 한참 못 미친다.

그러나 문제없다. 물리학자들은 그동안 양자론을 무시할 수 있다는 것을 배웠다. 양성자와 중성자에 대해서도 잊어버리고, 전자와 쿼크에 대해서도 잊어버리고, 원자가 작은 화살표 같다고 생각하기만 하면 된다. 이렇게 하면 자석의 움직임에 대해 믿을 수 없을 정도로 정확한 그림이 나온다. 이것은 기적처럼 보일 수도 있다. 하지만 여기에서 중요한 것은 '작은 화살표' 모형이 핵심을 짚고 있다는 것이다. 작은 화살표 모형은 모든 원자에 방향이 있다는 것과, 한 원자가 다른 원자에 대해 서로 줄을 맞추도록 힘을 행사한다는 사실에 주목한다. 자석에서 보통 물질로의 변화는 오로지 조직의 변화이고, 이것이 일어나는 방식은 잡다한 세부 사항에 의존하지 않는다. 핵심은 과도하게 단순화된 어떤 모형이 제대로 작동한다는 것이 아니라, 진짜로 중요한 몇몇 세부 사항을 제대로 짚은 모형은 많은 것을 설명할 수 있다는 것이다.

모든 좋은 과학은 이런 보편적 성질을 가진 '기적'에 의존한다. 중요한 패턴은 수천 가지 요인에 민감하게 좌우되는 것이 아니고, 오로지 결정적인 소수의 요인에만 따른다. 이런 이유로 과학에서는 실세계의 무한한 세부 사항을 모두 잡아내려는 정확한 모형이 필요하지 않다. 우리는 정반대 방향으로 가야 한다. 무시할 수 있는 것은 모두 무시하고 이론을 최대한 단순하게 만드는 것이다. 너무나 단순해 보여 '장난감'처럼 보이는 모형이라고 해서 실세계의 핵심을 꿰뚫지 못하는 것이 아니다. 이것은 사람을 대상으로 하는 문제에서도 마찬가지이다.

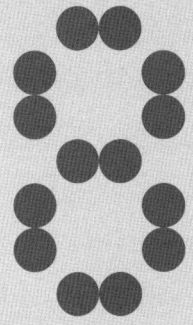

부자 아빠의 음모, 가난한 아빠의 과학

> 일반 대중은 오래전부터 두 부류로 나뉘어 있었다.
> 한 부류는 과학은 무슨 일이든 할 수 있다고 생각하고,
> 다른 한 부류는 과학이 그렇게 할까 봐 두려워한다.
> ─딕시 리 레이

1942년 8월 19일, 6,000명이 넘는 연합군 병력이 프랑스의 항구 도시 디페를 기습했다. 독일군이 유럽과 북아프리카에서 눈부신 성공을 거두자 주도권을 빼앗기 위해 연합군이 처음으로 시도한 공격이었다. 그러나 이 작전은 완전히 실패했다. 주로 캐나다 인으로 구성된 주력 부대가 공격을 개시하자 독일군은 해변의 적에게 기관총과 대포로 탄막을 형성하며 맹렬하게 반격했다. 오후가 되자 캐나다 병사 907명이 전사했고 1,946명이 포로로 잡혔다. 작전에 참가한 캐나다 병사 4,963명 중에 2,210명만이 영국으로 돌아왔다. 사실상 디페 기습은 다른 이유 없이 군사적인 이유로 실패했다. 독일군은 잘 준비되어 있었고, 방어가 그리 강하지 않은 항구 도시조차 연합군 전략가들의 생각보다는 훨씬 공략하기 힘들었던 것이다. 연합군은 전쟁 중에 다시는 이런 작전을 시도하지 않았다. 그러나 시일이 지나자 영국에서는 이러한 평범한 사실은 밀려나고 환상적인 설명이 힘을 얻었다. 소문에 따르면, 실번 가루 비누라는 제품의 라디오 광고가 기습이 있기 며칠 전에 디페 해변을 언급했다고 한다. 간첩이 독일 측에 기습의 장소와 날짜를 알려 주었기 때문에 독일군은 공평하지 않은 이점을 얻었다는 것이다. 거짓이기는 하지만 이런 음모론적인 소문은 심리적인 위안을 준다. 연합군이 미숙했고 적군의 화력과 전투력이 더 뛰어나다는 참기 힘든 진실을 외면하게 해 준다.[1]

음모론적인 설명은 더 안전하거나 심리적으로 더 받아들이기 쉬운 해석을 제시하기 때문에 살아남는다. 그것들은 대개 잘못을 적의 탓으로 돌리거나 어떤 놀라운 사건 때문에 일이 그렇게 되었다는 식의 변명거리를 제공한다. 사람들은 음모론을 꾸며 내는 무한한 능력을 보여 준다. 에이즈 바이러스인 HIV는 자연에서 생겨난 것이 아니라 동성애자, 흑인, 마약 상용자를 표적으로 미국 국방부가 만들어 냈다는 설이 꾸준히 인기를 얻고 있다. 2002년 2월에 이슬람 국가 9개국을 대상으로 CNN이 실시한 설문 조사에 따르면, 9·11 테러의 배후는 이슬람 국가가 아니라 이스라엘 첩보부거나 미국 정부의 자작극이라고 믿는 사람이 61퍼센트나 되었다. 미국의 'UFO 연구자' 윌리엄 쿠퍼(William Cooper)는 케네디 대통령이 암살된 이유는 미국 정부가 이미 3개 이상의 외계 종족과 조약을 맺었다는 사실을 공표하려고 했기 때문이라고 여러 해 동안 주장했다.[2]

그러나 음모론이라고 해서 미친 소리 같거나 부적절해 보이는 요소가 항상 드러나는 것은 아니다. 음모론은 일상적인 정치 같은 범속하고 평범한 것에도 스며든다. 미국의 부는 인구 전체에 고루 분포하지 않는다. 현재 미국에서는 모든 부의 85퍼센트를 상위 20퍼센트의 가구가 소유하고 있다.[3] 이러한 불평등의 원인은 무엇인가? 물론 정치적인 좌파와 우파에게는 준비된 설명이 있다. 좌파는 불평등이 자유 시장 자본주의의 실패 때문이라고 주장한다. 자유 시장 자본주의에서는 부유한 소수가 다수를 지배하도록 되어 있다는 것이다. 반대로 우파의 주장에 따르면, 부유한 사람들은 그만큼 능력이 뛰어나고 열심히 일했기 때문에 그만한 재산을 가질 가치가 있다는 것이다. 물론 이 주장들의 유일한 공통점은(대부분의 정치 논쟁이 그렇듯이) 확신이 증거를 압도한다는 것이다. 더 명백한 음모론들과 마찬가지로, 결론이 먼저 나오고 정당화가 그 뒤를 따라가는 것이다.

인간 세상을 다루는 과학이 진정으로 쓸모가 있으려면 이런 종류의 이야기를 벗어나야 한다. 그러기 위해서는 음모론적 사고를 따라가지 않고, 과학이 하는 것처럼 해야 한다. 다시 말해 추측을 현실과 세심하게 비교하며 검증하는 것이다. 과학 철학자 카를 포퍼가 말했듯이, 과학 이론이 가치를 지니려면 반증(反証)이 가능해야 한다. 과학 이론이 제기하는 구체적인 주장은 검증 가능한 동시에, 그것이 원리적으로 오류임을 밝힐 수 있는 가능성을 가져야만 한다. 물리학의 이론들은 목을 내놓음으로써 존경을 얻는다. 세계에서 발견할 수 있는 패턴에 대해 확정적인 예측을 내놓는 것이다. 이것이 틀리면 그 이론은 끝장이다. 맞으면 이 아이디어는 바른 길에 있다는 지지를 얻으며, 더 탐구해 볼 만한 가치를 가진 것으로 평가받는다. 이 책의 앞부분에서 나는 사회 물리학의 아이디어를 제안했다. 사회에서 패턴, 되먹임, 자기 조직화의 중요성을 인지하면 인간 세상을 다루는 과학을 시작할 수 있다. 4장과 5장에서는 시장의 변동, 유행, 견해의 변화 등에서 나타나는 수학적 패턴을 살펴보았다. 6장과 7장에서는 수학에서 조금 벗어나서 단순한 모형이 일상적인 인간 행동을 추적하는 데 얼마나 유용한지 알아보았다. 이 장에서는 사회의 수학 법칙이라는 아이디어로 돌아가서 부의 불평등의 수수께끼에서 출발하겠다. 바른 관점에서 보면 이것을 꽤 단순하게 설명할 수 있다.

부의 불균등한 분배는 보편적 인간 특성

인류학자들이 말하는 '보편적 인간 특성(human universals)'이란 모든 문화권과 대륙에 걸쳐 똑같이 나타나는 개인적인 행동 습관이나 사회적 활동을 뜻한다. 캘리포니아 대학교 샌타바버라 캠퍼스의 인류학자 도널드 브라운(Donald Brown)이 말했듯이, 보편적 인간 특성이란 "모든 민족과 역사에서 기록을 통해 공통적으로 나타나는 언어, 문화, 행동, 사고 방식"이다.[4] 어떤 문화권에 속한 사람이든 연장을 사용하고, 정해진 일과에 따라 살아가며, 문법에 따라 말하고, 신화와 전설로 인간 경험의 핵심을 전달한다. 예를 들어, 모든 사람들은 몸짓과 표정을 사용해 자신의 감정과 의사를 표현하고, 공포와 슬픔을 누그러뜨리기 위해 '방어 기제'에 의지한다. 사회적인 수준에서 모든 인간 집단은 예외 없이 노동의 분업과 협업을 발전시킨다.

이렇게 명확하지는 않지만 심오한 보편적 인간 특성도 있다. 한 나라의 부가 사람들에게 나뉘는 방식은 대개 그 나라 사람들의 수많은 세부 사항에 따라 달라진다고 생각할 것이다. 상속법과 세법이 큰 영향을 줄 것이고, 그 나라의 경제가 농업 중심인지 중공업 중심인지 등에 따라서도 크게 달라질 것이다. 어떤 사람들은 사회적 평등을 특히 중시할 수도 있기 때문에 그 나라의 문화도 큰 영향을 줄 것이다. 그러나 숫자를 보면 이 모든 예상이 틀렸음을 알 수 있다. 부의 분포는 놀랄 만큼 전 세계적으로 보편적인 특성을 보인다. 이탈리아의 경제학자 빌프레도 파레토(Vilfredo Pareto, 1848~1923년)가 100년 전에 지적했듯이, 어느 나라에서나 소수의 부자들이 국부의 대부분을 차지하고 있다. 미국에서는 상위 20퍼센트가 부의 85퍼센트를 소유하고, 칠레, 볼리비아, 일본, 남아프리카 공화국, 유럽의 여러 나라들도 비슷하다. 10퍼센트가 90퍼센트를 소유하거나, 5퍼센트가 85퍼센트를 소유하거나, 3퍼센트가 96퍼센트를 소유하는 정도의 차이는 있지만 어떤 경우나 부는 소수의 손에 집중되어 있다. 좋은 자료가 슬플 정도로 부족하지만, 소련 출신 이민자들에 대한 면담 조사를 바탕으로 한 연구에서는 1970년대의 공산주의 소련에서조차 부의 불평등은 영국과 비슷한 정도라는 결과가 나왔다.[5]

그러나 파레토는 실제로 국가들 사이의 유사성보다 더 심오한 것을 발견했다. 그는 수학으로 파고들어서, 모든 국가들의 소유 분포가 한 가지 수학적 형태를 따른다는 것을 알아냈다. 인구에 따른 부의 분포에서, 부 W를 소유한 사람의 수는 W^{α}에 반비례한다는 것이다. 여기에서 α는 2와 2분의 1쯤 된다. 다시 말해 부가 늘어남에 따라 2와 3의 중간쯤 되는 수의 거듭제곱에 따라 사람의 수가 줄어든다. 흥미롭게도 이것은 4장에서 보았던 금융 시장의 변동과 똑같은, 이른바 멱함수 분포의 형태이다. 이 법칙에 따르면 부가 10배 늘어날 때마다 그만큼의 부를 소유한 사람의 수가 6분의 1로 줄어든다. (예를 들어 1000만 달러를 가진 사람은 100만 달러를 가진 사람의 6분의 1이다.) 이 수는 자연스럽고 규칙적으로 줄어든다.

이 보편적 인간 특성은 연장을 사용하고 언어를 사용하고 협력 관계를 유지하는 따위의 다른 정성적 유사성보다 훨씬 더 보편적이다. 파레토의 시대 이후로 수많은 연구에서 모든 대륙과 문화권에서 이 규칙성이 확인되었다. 우리의 자유 의지에도 불구하고, 사람들이 열중하는 잡다한 일에도 불구하고, 물리학에서 발견되는 것과 같은 수학적 규칙성이 개인들의 활동에서 나타날 수 있음을 이 사례는 극적으로 보여 준다. 나라마다 나타나는 이 놀라운 규칙성의 원인은 무엇일까? 이것은 단순히 인간 능력의 자연스러운 분포 때문일까? 아니면 부자들이 어떤 악마 같은 음모를 꾸민 걸까? 부와 그 불평등 문제가 초미의 관심사라는 것을 생각한다면 과거부터 오늘날까지 수많은 경제학자들이 이 문제에 달려드는 것도 그리 놀랄 일이 아니다. 존 케네스 갤브레이스가 경제학사에 대해 언급했듯이, "경제학자들 중에서도 가장 뛰어난 이들이 이러한 불평등을 설명하고 정당화하는 데 매달렸다."[6]

그러나 일반적으로 받아들여지는 설명은 오랫동안 나오지 않았고, 이런 사정은 최근에 와서야 변했다.[7]

주지하다시피, 이렇게 복잡한 문제에 대한 적합한 설명을 찾으려면 상식적으로 부의 분배와 관련 있다고 여겨지는 모든 요소들, 즉 개인의 능력, 상속, 강력한 사회적 관계의 영향 등을 모조리 무시하고, 마치 물리학에서 하듯이 문제의 핵심에 거칠게 접근해야 한다. 부는 사람에서 사람으로 흘러간다. 때때로 부는 창조되기도 하고 파괴되기도 한다. 이 기본적인 그림에 집중하고 사회적 원자의 특성을 조금 고려하면 이 수수께끼를 충분히 풀 수 있다.

돈은 어디로, 어떻게 흐르는가?

한 사람의 부는, 정의상 그 사람이 가진 모든 것을 말한다. 그의 자동차와 집과 선반에 쌓인 통조림, 저축과 주식과 채권, 거기에서 부채를 뺀 것이 그 사람의 부이다. 모든 사람은 얼마쯤의 부를 갖는데, 어떤 사람은 다른 사람보다 더 많이 가진다. 부의 양은 돈을 벌거나 쓰거나 주식의 오르내림에 따라 늘어나거나 줄어든다. 한 개인의 부가 시간에 따라 어떻게 변하는지 예측하는 것은 분명히 까다로운 일이다. 그러나 이 변동을 인지할 수 있는 범위 안에서 가장 단순화한다면 개인의 부가 어떻게 변하는지를 두세 가지로 분명하게 정리할 수 있다. 논리적으로는 서로 다르지만 똑같이 근본적인 두 가지 방식이 있다.

미국 근로자의 연평균 소득은 현재 약 3만 달러이다. 매년 회사들은 피고용자들에게 평균적으로 이 정도의 돈을 이전한다. 물론 이 돈은 어디에선가 나오는데, 대개 그 회사가 공급하는 재화나 서비스를 구매하는 소비자들에게서 나온다. 이것이 부가 변할 수 있는 첫 번째 방식이다. 즉 사람들 사이에서 부가 흘러 다니는 것이다. 사람들이 예금을 하거나, 신용 카드로 선물을 사거나, 현금이 손에서 손으로 넘어갈 때마다 소량의 부가 경제 교환의 사슬을 따라 이동해 어떤 사람은 조금 부자가 되고 어떤 사람은 조금 가난해진다. 이러한 종류의 거래는 사람들의 일상적인 경제 생활의 빵과 버터가 되고, 부의 총량은 그대로 있어도 개인들은 부를 얻거나 잃는다.

개인들의 부가 변할 수 있는 두 번째 방식은 투자를 통한 것이다. 1990년대에는 기술 관련 주식, 특히 인터넷 회사의 주식 가격이 다섯 배씩 뛰어서, 주식 보유자들에게 전에 없던 어마어마한 부를 가져다주었다(적어도 서류상으로는). 이 글을 쓰고 있는 지금 미국에서는 집값이 10여 년간의 폭발적인 상승세를 끝내고 곤두박질치고 있다. 투자는 부를 창조하기도 한다. 또 투자는 부를 없애기도 한다. 많은 사람들이 집값은 언제나 뛰기만 한다고 생각하지만 집값이 떨어질 때도 많았고, 2000년 봄의 인터넷 산업 주가처럼 폭락할 수도 있다. 투자는 사람들의 부가 변할 수 있는 두 번째 방식이고, 이것은 우연에 크게 의존한다.

부를 물질처럼 생각한다면, 부는 개인들 사이에서 흘러 다니고, 투자를 통해 커지기도 하고 작아지기도 한다. 의외이겠지만, 이 단순한 도식을 인간 행동에 대한 통찰 한 가지와 결합하면 빌프레도 파레토의 발견을 설명할 수 있다.

여러 해 전에 물리학자 장필리프 부쇼와 마르크 메자르드(Marc Mezard)는 이러한 사실을 바탕으로 한 가지 인공 세계를 탐구했다.[8] 이 인공 세계의 주민들은 다른 사람들과 거래하면서 부를 교환하며, 투자를 통해서 부를 얻거나 잃는다. 사회적 원자의 행동을 실제와 비슷하게 하기 위해 이 물리학자들은 한 가지 가정을 덧붙였다. 부의 가치는 상대적이라는 가정을 도입한 것이다. 일을 하면서 아이를 기르는 홀어머니는 100달러만 잃어도 큰 타격을 입는다. 반면에 부유한 사람은 수천 달러를 잃어도 별로 타격을 입지 않는다. 다시 말해서 부의 가치는 그 사람이 가진 것에 따라 달라진다. 이것은 투자에 영향을 준다. 부유한 사람들이 가난한 사람보다 가진 재산에 비례해서 더 투자한다는 뜻이다(예를 들어 가난한 사람들은 주식을 거의 소유하지 않는다.). 부쇼와 메자르드는 컴퓨터 모의 실험을 이용해서 많은 사람들이 이러한 규칙에 따라 교환하고 투자하는 인공 경제를 작동시켰다. 그들은 사람들 사이의 거래는 부를 주위로 퍼지게 하는 경향이 있다는 것을 금방 알아냈다. 어떤 사람이 엄청난 부자가 되고 나면 여행을 다니고 집을 짓고 많은 물건을 소비한다. 이렇게 하면서 부는 다른 사람들에게로 흘러간다. 비슷하게, 가난한 사람은 물건을 적게 사기 때문에 다른 사람들에게 흘러 들어가는 부가 많지 않다. 전체적으로 사람들 사이의 돈의 흐름은 부의 불평등을 씻어 없애는 경향이 있다. 그러나 균일화를 향하는 이 경향은 반대되는 힘을 감당할 수가 없다고 알려져 있다.

 부쇼와 메자르드는 인공 세계의 모든 사람들에게 정확히 똑같은 정도의 투자 재주를 주었지만, 순전히 운으로 어떤 사람은 다른 사람들보다 돈을 더 많이 벌었다. 이들은 이제 투자할 돈이 더 많아졌고, 돈을 벌 기회가 훨씬 더 많이 생겼다. 그리고 이것은 부의 불평등에 숨겨진 진짜 비밀을 보여 준다. 사람들은 대개 제곱으로 불어나면 얼마나 빨리 늘어나는지를 잘 인지하지 못한다. 예를 들어 0.1밀리미터 두께의 얇은 종이가 있다고 하자. 이제 이 종이를 반으로 접는데, 25번을 연달아 반으로 접으면 얼마나 두꺼워질까? 사람들은 대개 이런 질문을 받으면 엄청나게 과소평가된 답을 내놓는다. 이 경우에 접힌 종이의 두께는 3킬로미터가 넘는다. 비슷하게 투자에서 이득을 얻을 때 개인의 부는 덧셈이 아니라 곱셈으로 증가하기 때문에 인구 집단 사이에서 거대한 부의 불평등이 일어날 수 있다. 이 모의 실험 결과 대부분의 부가 자동적으로 소수의 손에 집적되었다. 게다가 사람들 사이에서 나타나는 수학적 분포도 현실에서 나타나는 것과 정확히 똑같은 멱함수 법칙을 따랐다.

부쇼와 메자르드 모형의 가정이 단순하다고 해도, 현실의 숫자들과 정확하게 일치하는 것을 볼 때 이 결론을 비판하기는 어렵다. 불평등의 원인은 정치적인 좌파나 우파의 이데올로그들이 정해 놓은 답과는 무관해 보인다. 방금 설명한 부자 게임처럼 완전히 자연적인 과정에 따라 대부분의 부가 소수의 손에 모일 수 있다. 여기에는 어떤 음모나 권력자와의 결탁이 전혀 필요하지 않다. 이 모형에서는 인간 재능의 분포와 무관하게 엄청난 부의 불평등이 생길 수 있음을 보여준다. 모든 사람이 돈을 버는 재주가 다 똑같아도 이런 일이 나타난다. 따라서 부자는 단순히 똑똑하거나 열심히 일했기 때문에 부자가 된다고 볼 수 없다.

이러한 통찰은 인간 성취의 거대한 차이가 내재된 재능의 차이 때문이 아니라 단순한 논리 과정 때문에 생긴다고 주장하는 많은 연구들과 일치한다.[9] 한 가지 예를 들면, 캘리포니아 대학교의 미하일 심킨(Mikhail Simkin)과 브와니 로이초드허리(Vwani Roychowdhury)는 최근에 제1차 세계 대전의 최고 비행사 만프레트 폰 리히트호펜(Manfred von Richthofen, 1892~1918년. 일명 붉은 남작)의 놀라운 공중

전 기록을 다시 검토했다. 리히트호펜은 공중전에서 80연승을 기록했는데, 이것은 그의 뛰어난 재주를 반영하는 것으로 보였다. 이런 정도를 순전히 운으로 이루었다고 보기는 어려웠다. 그러나 그렇지 않을 수도 있다. 심킨과 로이초드허리가 제1차 세계 대전 때의 모든 독일 전투기 조종사들의 기록을 조사해 보니, 전체 전적이 6,745승에 '패배'는 1,000번에 불과했다. 이 패배는 조종사가 죽거나 다친 경우를 포함했다. 그들이 지적했듯이, 이 불균형은 부분적으로 독일 전투기 조종사들이 무장이 빈약하거나 기동성이 약한 비행기를 상대로 쉽게 이겼다는 것을 반영한다. 이렇게 해서 평균적인 독일 전투기의 승률은 80퍼센트나 되었다. 이런 사실을 고려할 때, 전쟁 중에 활동한 거의 3,000명에 가까운 독일 조종사들 중에 한 사람이 순전히 우연으로 80연승을 거둘 가능성은 통계적으로 꽤 높다. 또한 이 분석에서는 폰 리히트호펜과 같은 최고급 조종사들은 재주가 평균보다 30퍼센트쯤 더 뛰어나고, 그 이상으로 우수하지는 않다는 결과가 나왔다. 이 저자들의 결론에 따르면, "이 최고 조종사는 거의 운으로 승리를 올렸다."[10]

부자 게임은 특정한 국가나 개인의 세부 사항을 포함하지 않았고, 미국, 독일, 영국, 컬럼비아 같은 구체적 국가의 상황을 설명하려는 의도도 없었다. 그러나 이것이 바로 핵심이다. 여기에 묘사된 과정은 셸링의 인종 분리 게임처럼 매우 근원적이고 세부 사항보다 훨씬 더 근본적인 수준에서 작동하는 것이다. 따라서 어떤 나라가 되었든, 그 나라의 상황을 그럴듯하게 설명할 수 있다.[11] 이러한 기본적인 이해는 특정한 정치 논쟁에서 한 걸음 물러나도록 도와주고, 무대 뒤에서 작동하는 단순한 힘에 따라 인간 사회에서도 법칙에 가까운 수학적 결과가 나올 수 있음을 보여 준다. 그러나 여기에는 더 중요한 요점이 있다. 현대 과학의 맥락에서 볼 때 이런 것들은 그리 놀랄 만한 일이 아니다. 부의 불평등의 보편 법칙은 단순히 인간 세상과 자연 세계의 수학 법칙들 사이에 심오한 공명이 있음을 보여 주는 사례 중 하나에 불과하기 때문이다.

화성의 강과 돈의 흐름의 공통점

미시시피 강은 동서로 어지럽게 갈라진 지류를 타고 미국 중부를 지나서 멕시코 만으로 흘러든다. 그 규칙성은 놀라울 것이 없다. 어떤 강이든 지류가 뻗어 있는 모습은 그 지역의 지구 물리학적 역사를 반영하는데, 여기에는 물길을 변경시킨 지진, 강우 패턴 등이 모두 포함되기 때문이다. 강과 그 지류의 전체적인 구조는 그 지역과 역사의 지문 같은 것이다. 그러나 이러한 불규칙성 뒤에는, 어쩌면 그러한 불규칙성에도 불구하고, 미시시피 강으로 흘러드는 모든 냇물과 작은 강들은 다른 모든 네트워크와 마찬가지로 놀라운 자기 조직화의 패턴을 보인다.

특정한 강의 네트워크에 흐르는 물의 양은 그 강으로 물을 흘려보내는 '유역'의 넓이를 반영한다. 멕시코 만 근처에서 미시시피 강은 꽤 커져서, 미국 서부와 중서부 지역의 물이 거의 다 이 강으로 흘러 들어간다. 북쪽의 상류로 올라가면 강들과 지류들은 점점 좁아지는데, 강줄기들로 물을 흘려보내는 유역의 넓이가 줄어들기 때문이다. 주목할 만한 것은, 지류로 가면서 점점 더 좁아지고 강줄기가 많아지는 추이가 정확한 수학적 패턴을 따른다는 것이다. 물이 많이 흐르는 강을 '풍부한' 강이라고 하고, 물이 조금 흐르는 강을 '빈곤한' 강이라고 부를 수 있다. 매우 풍부한 강에서 아주 빈곤한 강까지 수량에 따라 강이 얼마나 많은지 세어 볼 수 있다. 많은 지역의 강들을 조사하면 수량이 많아짐에 따라 강의 수가 대단히 규칙적으로 줄어든다는 것을 알게 된다. 정확하게 말하면, 수량 W가 흐르는(예를 들어 하루 동안) 강의 수는 $1/W^{\alpha}$에 비례하고, 이때 α 값은 대략 1.43이다.[12] 어디선가 본 적이 있다는 느낌이 들 것이다. 바로 앞에서 살펴본 인간 사회의 부의 분포와 기본적으로 같은 수학적 형태인 것이다(α 값은 다르지만 형태는 같다.). 이상하게도 강에 흐르는 물은 사람들의 손에 재산이 모이는 것과 매우 비슷하다.

그러므로 미시시피 강과 지류 네트워크의 모양새는 아무렇게나 만들어진 것이 아니다. 그러나 이 이야기에는 더 많은 것이 있다. 다른 강을 조사해 보면 중국의 양쯔 강, 이집트의 나일 강, 러시아의 볼가 강에서도 똑같은 패턴을 발견하게 된다. 사실 지구 물리학자들은 그들이 이제까지 조사한 모든 강에서 이 패턴을 발견해서, 무질서하고 서로 닮지 않은 모습 뒤에 질서가 숨어 있음을 보였다. 이러한 강 네트워크의 보편적인 멱함수 법칙은 케플러가 행성 궤도에서 발견한 것의 현대적 친척뻘이 될 만한 규칙성을 보여 준다. 물론 멱함수 법칙이 좀 더 미묘하지만 말이다. 뉴턴의 역할을 맡은 현대의 지구 물리학자들은 이 규칙성을 설명하는 이론을 발견했다. 간단하게 말해서 이것은 되먹임의 산물이다. 물이 흐르면 침식이 일어나고, 침식은 지형을 바꾸고, 지형이 바뀌면 물의 흐름이 바뀐다. 이 되먹임이 이런 식으로 수만 년간 계속된다. 몇 가지 간단한 방정식으로 이 과정을 잡아낼 수 있다. 이것은 사람들 사이에 부가 흘러 다니고 곱셈으로 불어나서 결국 몇몇 부자와 다수의 가난뱅이가 나오는 것을 몇 가지 간단한 방정식으로 나타낼 수 있는 것과 같다.

강의 예를 든 것은 이것이 인간 세상에 대해 뭔가를 직접 말해 주기 때문이 아니라, 두 가지 다른 상황에서 똑같은 수학적 규칙성이 나타나는 것은 단순한 우연이 아님을 보여 주기 위해서이다. 이러한 규칙성을 '멱함수 법칙'이라고 부른다. 이 법칙에서는 한 가지 양 A가 다른 양 B의 n거듭제곱에 비례한다. 다시 말해 $A \propto B^n$이다. 부와 강의 집수 유역 말고도 나무, 구름, 부서진 표면이 모두 멱함수 법칙을 따르며, 인터넷을 흐르는 데이터 양의 변이, 면역 체계의 반응을 비롯해서 방대한 자연 현상들이 이 법칙을 따른다. 멱함수 법칙은 지진과 산불처럼 완전히 무작위인 사건들의 통계에도 나타난다. 예를 들어 에너지 E(지진의 세기를 나타내는 척도)를 방출하는 지진의 횟수는 단순히 $1/E^2$에 비례한다.[13]

이러한 발견들은 복잡성 뒤에 도사리고 있는 단순성을 반영하며, 이것은 현대 과학에서 근본적인 중요성을 지닌다. 물리학은 100년 동안 '평형'에만 주목했다. 금속과 액정, 반도체에서 초유동체에 이르는 물질들의 성질에 대해 우리가 알고 있는 거의 모든 것들은 평형 이론에서 나온다. 양자 컴퓨터처럼 꽤 '매혹적인' 물리학의 응용 분야에서도 마찬가지이다. 여기에 비해 멱함수 법칙은 평형이 아닌 계에서 나온다. 지각이나 인터넷처럼 끊임없이 진화하며, 불변인 상태로 안정되는 법이 결코 없는 계에서 나오는 것이다. '비평형계'라는 거대한 미탐사 영역을 이해하기 위한 이론을 만들려는 시도는 물리학, 화학, 생물학뿐만 아니라 경제학에도 적용되기에 이르렀다. 요즘은 이것을 '복잡계 과학'이라고 부른다. 복잡계 과학의 주된 통찰 한 가지는, 복잡한 비평형계에서 법칙에 가까운 패턴이 나오면 세부 사항에 집착할 것이 아니라, 더 큰 그림에 주목해야 한다는 것이다. 우리는 정확하게 누가 부자가 되고 누가 가난뱅이가 될지 알 수 없으며, 다음에 얼마나 큰 지진이 일어날지 알 수 없다. 그러나 수많은 사건들을 함께 놓고 보면 법칙적이고 예측 가능한 패턴이 통계적으로 나타난다. 이러한 통찰은 인간 과학에 더 많이 받아들여져야 한다. 특수한 것보다는 더 일반적인 것에 대한 예측으로 물러선다고 해서 중요한 질문에 대답하는 능력을 포기하는 것은 아니다. 몇 년 전에 NASA의 화성 탐사선은 화성을 스쳐 지나가면서 화성 표면의 세밀한 영상을 얻었고, 언덕과 골짜기의 지형도를 만들었다. 이탈리아의 물리학자 구이도 칼다렐리(Guido Caldarelli)와 동료들은 이 데이터를 디지털 형태로 받아서 얽혀 있는 골짜기들을 추적했다. 화성의 지형은 육안으로 보기에 말라 버린 강줄기와 같았다. 하지만 이것이 정말로 물이 흐른 흔적인지는 분명하지 않았다. 물리학자들은 이 골짜기들의 통계적인 특성을 분석했고, 지구의 강에서 나타나는 멱함수 법칙을 그대로 따른다는 것을 알아냈다. 수학적 일치는 화성의 지형이 지구의 강과 똑같은 과정으로 만들어졌다는 것을 설득력 있게 보여 준다. 중력에 따라 흐른 액체가 그런 지형을 만들었다는 것이다.[14]

협력의 섬, 기업이 존재하는 이유

애덤 스미스 이래로(아마 그 전부터) 철학자와 경제학자 들은 사람들의 경제 활동을 도와주는 '시장'의 능력에 놀라워했다. 이러한 경탄 바탕에는 시장이 집단의 사회적 행동을 이용해 세상을 움직인다는 인상적이 사실이 있다. 분명히 우리는 시장 덕분에 어떤 일을 낭비 없이 할 수 있다. 시장은 어떻게 사람들이 영특하게 행동하도록 할까? 이런 의미에서 사람들의 합리성이 시장을 효율적으로 만들기보다는 시장의 효율성이 사람들을 합리적으로 만든다고 한 경제학자 프리드리히 아우구스트 폰 하이에크의 주장이 타당하다고 할 수 있다. 청바지에서 모차렐라 치즈까지 무엇이든 만드는 데 드는 인건비와 재료비가 얼마인지 나는 전혀 모른다. 하지만 내가 이것들을 살 수 있고, 너무 비싸지 않게 살 수 있는 것은 시장이 가격을 알려 주기 때문이다. 구매자이기도 하고 판매자이기도 한 많은 사람들의 독립적인 행동이 적절한 가격을 만들어 내는 것이다.

그러나 하이에크의 주장과 자유 시장의 우월성에 대해 한결같이 쏟아지는 찬양은 더 깊은 수수께끼를 보여 준다. 자유 시장이 그렇게 위대하다면 왜 모든 것이 자유 시장이 되지 않는가? 또는 다른 관점에서 기업은 왜 있는가? 베이글과 베개 제조에서 투자 서비스까지 우리가 사용하는 거의 모든 것은 사람들이 기업에서 함께 일하면서 만든 것이고, 기업에는 두 사람이 일하는 베이글 가게부터 제너럴 일렉트릭처럼 초거대 기업까지 있다. 기업 안에서 사람들은 자유 시장과 달리 자유롭게 자신의 목적을 추구하는 것이 아니라 위에서 내려오는 계획에 따라 움직인다. 왜 근로자들과 경영자들은 이런저런 근로자의 '뛰어난 기술'과 '파격가' 같은 광고판을 흔들면서 거래하지 않는가? 왜 자유 시장은 회사 밖에만 있고 회사 안에는 없는가? 자유 시장 지지자들은 (구)소련과 다른 공산주의 국가들에서 채택했던 '중앙 집권적 계획 경제'에 비교해 자유 시장의 우월성을 예찬한다. 그러나 역설적으로, 캘리포니아 대학교의 경제학자 할 배리언(Hal Varian)이 말했듯이 "자본주의의 단위들을 자세히 들여다보면 중앙 집권적 계획 경제와 아주 비슷하다."[15]

물론 인간의 경제 생활처럼 복잡한 것을 "시장이 언제나 최고다." 같은 상투적인 문구로 요약할 수 있다고 본다면 너무 순진하다. 요약할 수도 없을 뿐만 아니라, 그것에는 타당한 이유가 있다. 아주 오래전에 경제학자 로널드 해리 코스(Ronald Harry Coase, 1910년~)는 자유 시장은 생각만큼 자유롭지 않다고 지적했다. 자동차를 살 때는 단순히 계약서에 적힌 금액만 지불하는 것이 아니다. 차를 사려면 먼저 판매자를 방문하고, 신문을 뒤지고, 《컨슈머 리포츠(Consumer Reports)》 같은 잡지를 읽는 등의 노력을 해야 한다. 차종과 판매자를 정했으면, 그다음에는 더 좋은 가격으로 사기 위해 씨름해야 한다. 모든 구매나 교환에는 표면에 드러나지 않고 회계 장부에 기재되지 않는 숨은 '거래 비용'이 있다. 기업들은 늘 비싼 변호사들을 고용해서 교환 조건이 유리한 계약서를 쓰려고 노력한다. 로널드 코스는 이 숨은 비용이 자유 시장을 겉보기보다 비싸게 만들고, 기업은 이 숨은 비용을 줄이기 위해서 존재한다고 주장했다. 기업 안에서는 사람들이 숨은 비용에 대한 염려 없이 기술을 공유하고 교환한다. 기업이 상명하달식 통제를 통해 관리해 주기 때문이다.

이것이 통상적인 설명이지만 다른 방식으로 볼 수도 있다. 우리 대부분은 기업에서 일하고 사장의 통제를 받아도, 궁극적으로 결정은 스스로 한다. 우리는 사직할 수 있고 자신의 뜻에 따라 입사하기도 하고 회사를 떠나기도 한다. 여기에 자유 시장이 존재하는 것은 의문의 여지가 없다. 질문은 다음과 같다. 어째서 자유 시장이라는 틀 속에서 자연스럽게 중앙 집권적 계획 경제 체제에 속한 것처럼 보이는 무언가(기업)가 나타나는가? 사람들이 집단을 이루어서 거래 비용을 줄이려 하기 때문에 기업이 설립된다고 하는 것은, 부분적인 설명일 뿐이지 전부는 아니다.

몇 해 전에 브루킹스 연구소의 사회학자 로버트 액스텔(Robert Axtell)은 미국에서 영업 중인 영리 기업 500만 개 이상에 대해 통계 분석을 수행했다. 그는 규모(매출액 S 기준)별 회사의 수에서 놀라운 멱함수 패턴을 발견했다. 매출액이 S인 회사의 수는 단순히 $1/S^2$에 비례했다. 이것은 매출액이 100만 달러인 회사는 매출액이 200만 달러인 회사보다 정확히 네 배 많고, 또 매출액이 200만 달러인 회사의 수는 매출액이 400만 달러인 회사보다 정확히 네 배 많다는 뜻이다. 여기에 대해 잠시 생각해 보자. 관심사와 재능이 다른 수백만의 사람들이 회사에 들어가서 함께 일하는데, 어떤 이는 단지 돈을 벌기 위해 일하고, 어떤 이는 가족들끼리 사업을 하는 등 그 형태가 매우 다양하다. 이 기업들은 세차를 하거나 개를 산책시키거나 크루즈 미사일을 만드는 등 온갖 일을 한다. 그러나 이 모든 혼돈 속에서 놀라운 단순성을 가진 수학적 패턴이 출현한다. 이것은 어쩌면 미국 정부가 목표

를 정하고 일사불란하게 경제 정책을 추진해서 얻은 결과처럼 보인다.[16]

화성의 강 이야기에서 보았듯이, 이런 종류의 정밀한 법칙은 탐사의 도구가 될 수 있다. 기업을 설명하려는 이론이라면 이 단순한 패턴을 재현할 수 있어야 한다. 물론 다른 것들도 바르게 설명해야 한다. 알려져 있듯이, 기업의 성장 속도도 또 다른 멱함수 법칙을 따른다. 큰 기업에서는 성장 속도의 변동폭이 적고 작은 기업에서는 큰데, 이것도 정확하게 수학적 형태를 따른다.[17] 또 성공적인 이론이라면 기업들이 끊임없이 나타났다 사라지는 것도 설명해야 한다. 제너럴 모터스, 마이크로소프트, 엑손 같은 기업들은 영구히 존속할 것 같지만, 그들도 그리 안전하지는 않다. 미국에서 1980년대 상위 5,000대 기업 중에 지금까지 살아남은 기업은 절반도 안 된다. 마지막으로 이런 이론은 적응적이고 목표 지향적인 존재인 사회적 원자를 충실히 고려하면서 이 모든 일을 해야 한다.

이것은 과도한 요구처럼 보인다. 경제학의 어떤 정통 이론도 비슷하게 간 적이 없었다. 놀랄 것도 없이, 경제학은 오랫동안 비현실적으로 정적이고 평형인 세계상에 집착했기 때문이다.[18] 그러나 훨씬 더 나은 이론을 어렵지 않게 찾을 수 있다. 이것은 단지 함께 일하고 협력할 때 얻는 이익이라는 실제의 결과를 파악한다는 뜻이고, 이것을 효율적으로 하려고 할 때 피할 수 없는 문제들을 파악한다는 뜻이다.

협력을 좀먹는 무임 승차

앞의 장들을 읽었다면 누구나 그다음에 무엇이 나올지 추측할 수 있을 것이다. 인간 세상처럼 복잡한 계조차 그 뿌리는 단순한 것이라는 이야기는 이 책의 중요한 주제들 중 하나이다. 이 특정한 수수께끼는 낯익은 방식으로 풀린다. 실제 경제 세계에 대해 우리가 알고 있는 많은 것들(방금 설명한 수학적 패턴을 포함해서)은 너무나 단순해서 논의의 가치조차 없어 보이는 기본 아이디어만 겨우 들어 있는 과도하게 단순화된 모형에서 나온다. 본질적인 부분의 움직임을 바르게 잡으면, 나머지가 뒤따라온다.

거의 모든 세부 사항을 없애 버린 모형 세계에서는 전 세계를 날아다니는 중역도 없고, PDA와 비용 계산도 없다. 이 모형은 실세계의 핵심만을 반영하는 세 가지 기본 특성을 담고 있다. 첫째, 세계에는 많은 사람들이 있고 혼자 일할지 기업에 들어가 다른 사람과 함께 일할지 각자 결정할 수 있다. 둘째, 팀워크와 협력 때문에 함께 일하면 이익을 얻을 가능성이 있다. 예를 들어 열 사람으로 이루어진 성공적인 기업은 일반적으로 한 사람이 얻는 것의 열 배 이상을 얻고, 고용자들은 혼자 일할 때보다 돈을 더 많이 벌어서 이익을 나눠 가진다. 세 번째 요소도 똑같이 명백하다. 사람들이 협력을 시작하고 유지하는 일은 끊임없는 속임수의 위협 때문에 쉽지 않다. 잘 알다시피 '무임 승차'가 집단의 협력을 좀먹는다. 똑똑하고 이기적인 사람들은 일을 게을리하면서 집단 전체의 생산 성과를 똑같이 나눠 먹을 수 있다. 따라서 기업의 일원이 된다고 해서 많이 번다는 보장은 없다. 게으름뱅이로 가득한 사무실에서 부담을 혼자 떠안으면 독립해서 일하는 것보다 못 벌 수도 있다.

이렇게 몇 안 되는 요소들이 서로 작용하면, 극단적으로 풍부하고 역동적인 인공 세계를 만들어 낸다. 이 모형은 진짜 기업의 본질을 설명해 주는 듯하다. 몇 년 전에 액스텔은 개인들이 모여서 기업을 만들 수 있는 인공 경제를 컴퓨터 프로그램으로 연구했다. 처음에는 모든 사람들이 독립적으로 일하지만, 이익이 더 날 경우에는 다른 사람과 합칠 수 있다. 모형을 좀 더 정밀하게 만들기 위해, 액스텔은 약간의 개성 차이를 포함시켰다. 어떤 사람들은 야심가여서 열심히 일하면서 높은 소득을 열망하는 반면에, 어떤 사람들은 야심이 없어 적게 벌고 자유 시간을 많이 갖기를 원하게 한 것이다. 먼저 열심히 일하는 개인들은 따로 떨어져 있을 때보다 모여 있을 때 더 많이 벌기 때문에 야심적인 사람들은 모여서 기업을 만들기 시작했다. 시간이 지나자 기업이 커지고 생산성이 높아졌으며 더 많은 사람을 고용했는데, 여기에는 야심가와 야심 없는 사람이 모두 있었다. 이것은 더 흥미로운 이야기의 서막이었다.

작은 기업에서는 한 사람, 한 사람의 노력이 전체 생산량에 큰 영향을 주며, 따라서 구성원들의 소득은 그 사람들이 얼마나 노력하느냐에 따라 달라진다. 이런 작은 기업에서는 아무도 무임 승차로 이익을 볼 수 없다. 모두가 열심히 일해야 이익이 된다. 그러나 큰 기업에서는 개인의 기여가 전체 생산량에 비해 아주 작다. 따라서 어떤 사람이 진짜로 열심히 노력하지 않고 그저 열심히 하는 척만 해도 기업의 전체 생산량에는 거의 영향을 미치지 않고, 따라서 똑같이 많은 돈을 받는다. 액스텔의 모의 실험에서 기업이 커지면 대개 야심 없는 몇몇 개인들이 속임수를 쓰기 시작했다. 불행하게도 열심히 일하는 사람들도 금방 그들을 따라한다. 자기 노력의 성과가 자신에게 돌아오지 않고 게으름뱅이들에게 돌아가는 것을 보면서 불만이 서서히 쌓여 간다. 액스텔은 개인들이 더 나은 상황을 찾으면 기업을 떠나거나 다른 기업으로 옮길 수 있도록 했다. 컴퓨터는 큰 기업들이 무임 승차자들로 인해 겪는 곤란을 보여 주었다. 열심히 일하는 사람들은 무임 승차자들이 적은 다른 기업으로 옮기거나 독립해서 일하게 된다.

요약하면 기업은 협력과 그에 따른 이득을 통해 성장하지만, 기업이 성공하면 나중에 게으름뱅이가 나타나서 협력을 좀먹는다. 결과는 평형이나 그 비슷한 것이 아니다. 열심히 일하는 사람들로 구성된 새로운 기업이 만들어지고 점점 커진다. 그러나 오랜 시간이 흐르면 그 기업도 결국 무임 승차자들로 오염되고, 그 결과 요동이 끊임없이 계속된다. 이 '장난감' 같은 컴퓨터 모형 세계는 현실을 놀라울 정도로 정확하게 재현한다. 모의 실험에서 기업들의 규모 분포는 재빨리 안정되어 불변하는 형태가 되고, 기업의 규모(척도는 구성원 수나 매출액)는 현실에서 관찰되는 것과 같은 멱함수 법칙을 따른다. 더욱 놀랍게도 여기에서 성장 속도의 멱함수 법칙도 나왔고, 기업의 수명에 대한 멱함수 법칙도 나왔다. 이 컴퓨터 모형은 단순한 것에서 출발했지만, 복잡성을 만드는 단순한 법칙의 힘을 신뢰했다는 것만으로, 어떤 경제 이론도 설명하지 못한 패턴을 설명하는 데 성공한 것이다.[19]

이러한 수학적 성공은 이 모형은 기업이 돌아가는 방식을 바르게 짚었다는 확고한 증거이다. 이런 것들이 모두 알려진 지금의 시점에서는 놀랍지 않지만, 이 모형은 비즈니스 세계에 대한 비범한 관점을 제시한다. 우리는 대개 비즈니스에는 '냉혹'하고 '무자비'한 인물과, '잔인한' 결단을 내리는 역량과 '적극적인' 경쟁력을 가진 인물이 필요하다고 말한다. 이런 상투 어구는 끝이 없다. 그러나 경쟁력을 가진 현대 기업들을 보면, 협력이 낳는 사회적 응집력이야말로 성공의 원천으로 보인다. 장기간 동안 잘 되는 회사는 구성원들의 협력 정신을 계속 유지하고, 그들이 열심히 일하기 때문에 잘 된다. 현대 기업의 중심에는 인간 사회를 기능하게 하는 원천이 있는 것이다. 역설적으로 수십만 년 전 수렵 채집으로 살아가던 우리 조상들에게 도움이 되었던 힘이 현대 기업의 중심부에서도 발견되는 것이다.

우연과 예측

기원전 700년에 바빌로니아 사람들은 월식을 예측하는 방법을 알아냈다. 그들은 이전 사람들보다 세계를 더 잘 이해했다. 그 후 2,500년 동안 과학은 정확한 예측 능력을 갈고 다듬었고, 갈릴레오, 케플러, 마침내 뉴턴이 세계의 기계적인 예측 가능성을 중심 무대로 가져왔다. 뉴턴의 우주에서는, 피에르시몽 라플라스(Pierre-Simon Laplace, 1749~1827년)가 지적했듯이, 지적 능력이 충분한 존재는 어느 한순간에 모든 입자의 위치와 속도를 알면 미래를 정밀하게 예측할 수 있다. 오늘날의 과학은 **예측**이라는 말을 좀 더 느슨하게 사용한다. 예를 들어 어떤 신물질이 절대 온도 40도 이하에서 초전도성을 띤다고 예측할 수도 있고, 특정한 유전자가 없는 생쥐는 특정한 기질이 없다고 예측할 수도 있다. 이러한 예측에는 언제나 실험적 검증이 따라붙는다. 그리고 이러한 예측은 미래에 대한 예언보다는 과학 지식의 탐구와 관련이 있다. 이런 의미의 예측은 과학의 동력이다. 우리는 현재(실험)

를 설계하고 미래(결과)를 관측함으로써 이론을 실험으로 대표되는 현실과 비교하는 것이다.

　이 장에 나오는 예들을 볼 때 현대 과학은 지금 예측이라는 개념을 더 다듬어 가고 있다고 할 수 있다. 우리는 갓 태어난 아이가 나중에 얼마나 많은 부를 축적할지 확실하게 예측할 수 없다. 이런 일에는 수많은 우연이 개입한다. 수천 가지 요인들이 얽혀 있어서 예측은 불가능하다. 마찬가지로 우리는 아마존이나 이베이 같은 기업이 얼마나 오랫동안 살아남을지 확신을 가지고 예측할 수 없다. 그러나 이러한 특정 세부 사항에 대한 예측이 불가능한 경우에도, 그러한 사건들이 여럿 모였을 때 일어날 통계적 결과는 수학적으로 정밀하게 예측할 수 있다. 부의 불평등과 기업의 규모 분포에서 보듯이, 인간 세상에 나타나는 수학적 규칙성은 개인 수준이 아니라 많은 사람들이나 많은 기업들을 모아 놓은 집단 수준에서 나타난다. 연구자들은 이러한 법칙들을 재현하는 단순한 과정들을 구축해서(물론 쉬운 일은 아니다.), 물리학에서 하는 것과 똑같은 방법으로 자신들이 알아낸 바를 검증한다.

　그러나 똑같은 정도로 중요한 것은, 이러한 멱함수 패턴이 절대로 정지 상태에 이르지 않는 계들에 대한 이해를 돕는다는 것이다. 이러한 계는 언제나 요동치고 변화하고 진화해서 어떤 일도 가만히 있지 않으며, 어떤 것도 반복되지 않는다. 과거와 현재의 거의 모든 사회 과학은 평형 개념의 기초 위에 세워졌다. 다양한 사회적 힘이 서로 싸우고 있고, 현실은 그것들의 궁극적인 균형을 반영한다는 것이다. 몇몇 사회 과학자들은 사회에서 일어나는 모든 일은 정의상 어떤 평형을 반영한다고 가정하기도 했다. 그러나 우리가 이 장에서 본 것은 매우 다른 전망을 제시한다. 세상의 많은 부분은 평형 상태가 아니며, 일반적으로 평형에서 멀리 떨어져 있다. 세계는 끊임없이 진화하면서 되먹임을 하고, 새로운 패턴을 만들어 오래된 것을 밀어낸다. 그리고 미래에는 이것도 결국 밀려난다. 사람들은 부를 얻었다가 잃으며, 어떤 경우에는 평생 동안 여러 번 그런다. 매년 회사들이 만들어졌다 사라진다. 그러나 이러한 과정 속에서 복잡성 뒤에 어떤 질서 잡힌 과정이 작용함을 보여 주는 단순한 수학 법칙들이 그 모습을 드러내기 시작한다. 인간 세상도 물질 세계 못지않게 수학적인 정확성을 가진 법칙의 지배를 받는 것이다.

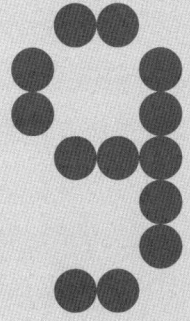

우리는 아는 만큼 나아간다

사람이 과학적이 될 때 예언자와 신들은 끝이다.
교훈: 과학은 금지되었다. 과학만이 금지되어 있다.
과학은 첫 번째 죄악이며, 모든 죄악의 씨앗이며, 원죄이다.
— 프리드리히 니체

 1968년, 버몬트 주 고속 도로 주변의 숲과 목초지의 아름다운 경관이 레스토랑 등의 광고판 때문에 망가지고 있었고, 주 당국은 이것을 막기 위해 고심했다. 주 의회는 간단한 해법을 내놓았다. 일정한 크기 이상의 모든 광고판과 안내판을 금지하는 것이다. 어떤 의미에서 이 방법은 잘 통했다. 금방 도로의 광고판은 더 작아지고 수도 줄어들었다. 하지만 다른 일도 일어났다. 엄청나게 크고 기괴한 조각상들이 늘어난 것이다. 어떤 자동차 판매상은 자기 매장을 광고하기 위해 높이 4미터에 무게 16톤이나 되는 고릴라가 진짜 폭스바겐 비틀 자동차를 껴안고 있는 조각상을 세웠다. 여기에 질세라 양탄자 가게 주인은 김이 무럭무럭 나는 거대한 찻주전자에서 나온 거인이 팔에 양탄자를 들고 있는 모습의 조각을 세웠다. 이 조각상들은 특정한 메시지를 전달하지 않기 때문에 법의 금지 대상이 아니었다. 입법가들은 사회의 악명 높은 원칙을 몰랐던 것이다. "규정은 의도하지 않은 결과를 가져온다."[1]

사회학자 로버트 킹 머튼(Robert King Merton, 1910~2003년)은 한때 「목적을 가진 사회 행동의 예상하지 않은 결과」[2]라는 제목의 논문을 썼다. 머튼은 특정한 목적을 위해 설계된 규칙은 여러 가지 이유로 예상하지 못한 결과를 가져온다고 주장했다. 우리를 유혹하고는 하는 단기 이득은 때때로 덜 바람직한 장기 결과를 가져온다. 지금 세금을 적게 내고 나중에 나쁜 도로와 학교를 감수하는 것이다. 그래도 예상하지 못한 나쁜 결과는 대개 무지와 오류의 산물이다. 사회는 너무나 복잡해서 어떤 한 조치의 결과를 정확히 내다볼 수 없다.

1970년대에 미국 정치가들은 많은 경제학자들의 도움을 받아 항공 산업의 규제를 철폐하면 요금도 싸지고 서비스도 좋아진다는 결론을 얻었다. 규제 철폐에 따라 항공사들이 스스로 경쟁을 하게 되어 그렇게 된다는 것이다. 자유 시장을 믿으라는 것이다. 하지만 일이 언제나 그렇게 돌아가지는 않는다. 교통 관련 저술가 알렉스 마셜(Alex Marshall)의 지적에 따르면, 규제 철폐 30년 뒤인 지금은 "직항 노선이 줄어들었고, 항로도 줄어들었고, 가격도 예측하기 어렵고, 제한 규정들 때문에 비용이 많이 든다. 그리고 거의 대부분의 주요 항공사들이 재정적인 파탄을 겪었는데, 이것은 우연이 아니다. 분석가들에 따르면 항공사들은 규제 철폐가 시작된 뒤에 전체적으로 500억 달러 이상의 손실을 보았다. 소비자들은 몇몇 항로에서 싸게 여행할 수 있게 되었지만, 이것 역시 다른 사람들이 천문학적인 가격을 물면서 새로운 제한을 받아들이는 희생을 겪고 나서의 일이다."

규제 철폐의 옹호자들이 생각하지 못한 것은, 경쟁의 최상의 방법은 경쟁자를 쫓아내는 것이라는 점이다. 1978년 이전 27년 동안에는 도산한 항공사가 한 군데도 없었다. 그러나 규제 철폐 이후로 160개 회사가 사라졌고, 대부분의 대도시 항로는 거대한 항공사 한두 개가 주도하고 있다. 가장 큰 공항 몇 군데에서는 한 항공사가 출발편의 90퍼센트를 운영하고 있다. 그리고 자주 여행하는 사람들은 누구나 알듯이, 항공사들이 더 작은 공간으로 승객들을 몰아넣으면서 비행이 불편해졌다. 마셜이 지적했듯이, 이 변화는 의도하지 못한 다른 결과도 가져왔다.

규제를 하는 동안에는, 대형 항공사들이 정기적으로 연료 효율이 높은 새 비행기를 사들였고, 이것은 승객에게 더 저렴한 티켓으로 돌아왔다. 그러나 규제가 철폐된 상황에서 재정적 곤란을 겪는 항공사들은 몇 년 뒤에나 들어올 새 비행기를 사기 위해 수십억 달러를 쓰기 어렵다. 오늘날 위험할 정도로 낡은 비행기들이 여전히 하늘을 날아다니는 것도 이런 이유 때문이다. 보잉 사가 최근에 사세가 기울고 유럽의 에어버스 사가 번성하는 것도 이런 이유가 아닌가 의심된다. 규제 철폐 이전에는 미국 항공사들이 몇 년마다 주기적으로 보잉 사의 비행기를 사들였다. 보잉 사는 이 수익으로 혁신을 이끌어 상업적인 경쟁력을 유지할 수 있었던 것이다.[3]

온전히 이해하지 못한 복잡한 계에 손을 대면 언제나 의도하지 않은 결과가 나온다고 보아야 한다. 이것이 역사 전체에 걸쳐 사회와 경제를 다루는 인간의 운명이었다. 그러나 우리가 계속 무지하며 의도

하지 않은 결과를 얻을 수밖에 없다고 누가 말하는가? 우리는 더 잘할 수 있다. 사회 물리학의 도움을 받으면 말이다.

일리노이 주가 최근에 전기 시장의 규제를 철폐할 때, 지적 정직성을 가진 주 정부는 이념과 이해는 같지 않다는 것을 알고 있었다. 캘리포니아의 오류를 반복하지 않기 위해(캘리포니아 주에서는 규체 철폐로 엔론과 다른 에너지 회사들이 시장을 주물러서 2000년의 전력난을 불러일으키고 수십억 달러의 돈을 대중으로부터 갈취했다.) 일리노이 주는 아르곤 국립 연구소의 과학자들을 끌어들여서 비슷한 문제가 일어날 수 있는지 알아보았다. 여러분은 미래를 어떻게 보는가? 이것은 그리 어렵지 않지만, 상당한 노력과 세밀한 주의가 필요하다. 찰스 마칼(Charles Macal)이 연구진을 이끌면서 개별 소비자와 규제 당국, 전력 생산 회사, 송전 회사, 전기 분배 회사, 전력 소비 기업 등의 가상적 행위자들이 있는 컴퓨터 모형을 만들었다. 이 행위자들은 여러 가지 전략으로 회사를 운영했고, 무엇이든 경험을 통해 학습하고 적응하며, 끊임없이 더 나은 전략을 탐색했다. 어떤 행위자들은 시장을 속이려고 했고, 마칼의 팀은 그들이 그렇게 한 것을 발견했다. 어떤 회사들은 지리적인 '공백 지대'를 만들어서 자기들 마음대로 가격을 매겼다. 이런 사태들은 규제 완화를 하면 생기지 않는 문제라고 여겨지는 것들이었다. 규제 완화 찬성측이 보기에는 나쁜 뉴스이지만, 연구진은 이 문제를 막는 방법을 찾아냈다.

이런 방식으로 통찰과 지식을 축적하는 방식에는 이 책에서 내가 이야기한 것들이 반영되어 있다. 사회적 원자의 대략적인 특징을 알아내고, 사람들이 어떻게 상호 작용하는지 알아낸 다음에, 여러분이 가진 도구, 그것이 수학이든 컴퓨터든 뭐든, 그 도구를 사용해서 거기에서 나타날 수 있는 패턴의 종류를 알아내고, 그 결과가 어떻게 될지 알아본다. 이것이 바로 과학을 하는 방식이다. 인간을 다루는 '과학'들 말고 말이다. 사회 과학이 아직도 이 방식을 받아들이지 않은 것은 이상한 일이다. 위대한 사회 사상가들이 과거에 했던 것이 바로 이런 방식이었기 때문이다.

흄과 스미스의 가르침을 돌아보라

경제학자들의 전통적인 아이디어(우리는 모두 초이성적인 계산 기계여서 실수 없이 자기 이득을 위해 행동한다.)는 생산적인 과학의 아이디어에 속하지 않는다. 이것은 완전히 비과학적인 방식이 인간 과학에 침입하는 데 성공했음을 보여 주는 기념비라고 할 수 있다. 사실 인간 과학은 아주 오래전에 의미 있는 기초를 갖추었다. 아이작 뉴턴의 다음 세기에 살았던 스코틀랜드의 철학자 데이비드 흄은 과학적 진보의 열렬한 신봉자였고, 뉴턴이 물리학을 이해한 것과 같이 이성으로뿐만 아니라 실험과 관찰로 인간을 이해하려고 했다. 『인간 본성에 대한 논고(*A Treatise on Human Nature*)』에서 흄은 "추론의 실험적 방법"으로 "인간 본성의 과학"을 확립하겠다는 희망을 말했다. 역사적으로 철학자들은 인간을 열정의 노예로 보거나 아니면 논리와 이성으로 자기를 통제하는 반신(半神)으로 보았다. 그러나 흄은, 관찰에 따르면 두 관점이 모두 충분하지 않다고 주장했다. 사람은 때때로 이성적이기도 하지만 이성의 지배를 받지 않을 때도 있다. "사람들은 대개 논리적으로 추론하지 못하며, 당구공이 부딪히듯이 서로 충격을 준다. 사람들의 행동을 일으키는 것은 관습이다. 관습은 행위자 속에 숨어 있는 때가 많고, 이 관습이 행위자로 하여금 자기도 왜 하는지 모르는 일을 하게 한다."[4]

찰스 로버트 다윈(Charles Robert Darwin, 1809~1882년) 이전의 저술가인 흄은 '관습'을 대단히 광범위한 의미로 사용했다. 관습은 전해 내려온 사회 규범, 습관, 행동의 집합이다. 이것들은 생물학적 경로나 문화를 통해 전승되며, 사람들 사이를 연결해 서로 비슷한 일을 하게 만든다. 또한 흄은 욕망이 인간의 행동 동기라는 기존 주장들을 부정했고, 이타주의야말로 인간 특성의 진정한 요소라고 보았다. 이기적인 존재로서의 인간이라는 생각은 그가 보기에 "상식적인 감각과 선입견을 배제한 생각과도 반대된다."

사회에 대한 우리의 실용적인 이해가 흄의 시대에 주로 그의 스코틀랜드 인 동료 애덤 스미스의 노력으로 크게 발전한 것은 우연이 아닐 것이다. 흄과 마찬가지로 애덤 스미스도 인간이 언제나 이기적이라고 생각하지 않았다. 오늘날 애덤 스미스는 엄격한 개인주의의 원조 옹호자로 묘사되지만, 그는 건강한 사회 질서가 "우리가 남들을 위해 많은 것을 하고 자기를 위해서는 조금 한다고 느낄 때" 성취될 수 있다고 믿었다. 그러나 흄이 사회적 원자의 특성에 집중한 반면에, 스미스는 그러한 원자가 상호 작용을 통해 어떤 사회적 결과를 가져오고, 그것이 얼마나 놀라운 결과를 가져오는지에 더 주목했다. 스미스의 책 『국부론(*The Wealth of Nation*)』은 "인간사에서 의도하지 않은 결과의 백과 사전"이라고도 불린다.[5] 이것은 정말 적절한 표현이다.

개인이 자기 목적을 추구하도록 내버려 두면 사회에 이득을 주는 경향이 있고, 이때 그들은 의도하지 않은 채 사회에 도움이 되는 일을 하게 된다는 애덤 스미스의 주장은 아주 유명하다. 그러나 그의 가장 큰 관심사는 적절한 지식을 통해 의도하지 않은 사회적 결과를 예측하는 방법을 알아내는 것이었다. 애덤 스미스는, 사람들이 본래 이성보다 욕망의 지배를 더 많이 받으며, 감정을 "바른 방향으로 이끌어" 바람직한 결과를 낳도록 하는 방법을 이해해야만 사회 개선을 가장 잘 이룰 수 있다고 믿었다.

흄과 스미스가 오늘날까지 살아 있었다면 부의 불평등(지난 25년 동안 모든 나라에서 극적으로 커졌다.)이 사회 통합의 심각한 장애라고 했을 것이다.[6] 스미스는 개인의 활동으로 만들어진 사회 패턴이 다시 개인들에게 작용해 그들의 행동을 변화시킨다고 주장했을 것이다. 사람들이 자신의 형편을 절대적이 아니라 상대적으로 평가하며, 자신의 부를 주위 사람들과 비교 평가한다는 현대의 심리학 연구 결과를 듣고 애덤 스미스는 놀라지 않을 것이다. 이런 의미에서 높은 불평등 수준은 인간의 만족감을 갉아먹는 경향이 있다. 또한 애덤 스미스는 오늘날에도 그의 시대처럼 부의 불평등은 비생산적인 '지대 추구(rent seeking, 경제 주체들이 자신의 이익을 위해 비생산적인 활동에 경쟁적으로 자원을 낭비하는 현상 — 옮긴이)'를 야기할 것이고, 부자들이 가난한 사람들을 숨막히는 경쟁으로 몰아넣고 가난한 이들에게 가야 할 소득을 착취한다고 지적할 것이다. 또 그는 최근의 국제 연합(UN) 보고서에서 언급된 불평등 심화의 경향에 우려를 나타낼 것이다.

소득과 부의 불평등이 심화되면서 생기는 분리는 국가의 경제 활동 저하에 실제로 반영된다. 국가들이 서로 평등할 때 교육의 기회와 소득이 국가 안에서도 더 평등하게 분배된다. 어떤 사회에 가난한 가구가 아주 많으면, 평균적인 교육 성취는 서구 여러 나라처럼 균일한 중산층 인구가 훨씬 더 많은 사회에 비해 크게 뒤질 것이다. 따라서 불평등이 심한 나라에서는 인적 자원의 개발이 저하되고, 이것은 결국 그 나라의 경제에 영향을 줄 것이다.[7]

흄과 스미스가 개인은 고립되어 있고 사회로부터 영향을 받지 않는다는 견해는 틀렸다고 말할 것은 물어볼 필요도 없다. 개인은 사회적 패턴을 만들고, 사회적 패턴은 다시 개인들에게 영향을 주어 행동을 변화시킨다. 이것은 파괴적인 방식이 될 수도 있지만 생산적인 방식이 될 수도 있다. 흄, 스미스를 비롯한 여러 계몽 사상가들은 사회의 복잡성을 추적하는 것이 얼마나 어려운지 깨닫지 못했고, 깨달을 수도 없었다. 물리학의 정신으로 인간 세계의 과학을 구축하겠다는 희망을 가졌지만, 그들의 도구는 제한되어 있었다. 그들에게는 물리학이 두 세기 동안 다듬어 낸 개념이 없었고, 단순한 법칙들의 결과를 '실험적인 방법으로' 추적하는 것을 도와줄 컴퓨터가 없었다.

마침내 두 세기가 지나서, 우리는 흄과 스미스가 남긴 숙제를 집어들 능력을 얻었다. 우리는 앞의 장들에서 여러 가지 예를 보았다. 이제는 좀 더 확장된 방식으로 인간 역사 전체에서 의미 있는 패턴을 찾아볼 수 있을 것이다.

역사의 방정식을 찾아

카를 마르크스는 역사가 노동자에 의한 세계 정부라는 원대한 목적을 향해 꾸준히 진보한다고 보았다. 영국의 역사가 아널드 조지프 토인비(Arnold Joseph Toynbee, 1889~1975년)는 문명의 성쇠가 순환적인 패턴을 이룬다고 주장했다. 오늘날의 역사가들은 대개 마르크스와 토인비가 잘못 생각했다고 보고, 역사 법칙을 추구하는 것은 어리석은 일이라고 본다. 그러나 지구상의 모든 생명체 집단이 식별 가능한 변화의 패턴을 따르는데, 유독 인류만이 형태와 과정의 자연의 논리에서 벗어나 있다면 그 역시 기괴한 일이다. 역사 법칙을 자세히 이해하는 단계까지는 아직 멀었지만, 이제까지 배운 것을 어떻게 합칠 수 있는지 추측해 보면 아주 재미있고도 유익할 것이다.

인간이 뛰어난 지성을 가졌다는 점을 제쳐 두면, 인간이 진정으로 다른 종과 다른 점은 협력할 수 있다는 것이고, 친족이 아닌 낯선 사람들과도 협력할 수 있다는 것이다. 어쩌면 이것이 인간이 이 행성을 지배하게 된 가장 중요한 요인일 것이다. 영국의 정치 철학자 존 그레이(John Gray, 1948년~)가 썼듯이 "자연 세계의 파괴는 전 지구적 자본주의, 개인주의화, '서구 문명' 또는 어떤 인간 제도의 결점 때문이 아니다. 이것은 극단적으로 탐욕스러운 영장류 한 무리가 진화적으로 성공한 탓이다."[8] 그리고 인간이 특별히 탐욕스러운 것은 혼자서는 성취할 수 없는 것을 협력과 조직적 노력으로 해결하는 능력 때문이다.

인간의 행동 기질에서 보이는 '강한 호혜주의'는 협력적인 사회를 만드는 핵심 부품이다. 이 기질에 대한 가장 적절한 설명은 이것이 집단의 경쟁과 갈등의 긴 역사 속에서 다듬어졌다는 것이고, 이 과정에서 더 협력적인 사람들만 살아남았다는 것이다. 코네티컷 대학교의 진화 생물학자 피터 터친(Peter Turchin)은 이 경쟁이 사실은 아직 끝나지 않았다고 세밀하게 논했다. 이 경쟁은 역사 속에 스며들어 있으며, 이것이 제국의 흥망을 자연스럽게 설명한다는 것이다.[9] 이 설명은 매우 사변적이지만, 패턴과 되먹임의 논리와 심리학을 함께 고려할 때 나오는 통찰의 잠재력을 보여 준다. 이 통찰을 사용하면 이야기 형식의 역사 설명을 넘어설 수 있다.

터친의 논의에 따르면 세계 전체에서 민족 집단(인종, 언어 또는 다른 표지들로 구분되는 집단)들은 언제나 자원과 땅 등을 두고 경쟁하며, 단결이 잘 되는 집단이 번성하는 경향이 있다. 집단적으로 방어하고 다른 집단을 조직적으로 공격할 수 있기 때문이다. 러시아는 3세기 동안 타타르의 살인적인 침략에 맞서 싸우면서 강대국으로 일어섰고, 미국은 3세기 동안 원주민과 치열한 전투를 치르면서 강해지고 단결력을 키웠다. 이것은 액스텔의 연구에서 나타난, 경쟁에서 이겨 결국 살아남는 데 성공하는 현대 기업들의 차별적인 능력과 같은 것이기도 하다.

역사는 집단 사이의 진화적 경쟁이며 집단 내의 협동이 경쟁에서 이기는 데 큰 역할을 한다는 생각은 또 다른 질문을 낳는다. 처음에 협력적이어서 번성하던 집단이 나중에 일어난 어떤 일로 인해 무너지는데, 이것이 모든 제국이 결국 멸망하는 이유를 설명할 수 있을까? 물론 자세한 내막은 경우마다 다를 것이다. 지리적 위치, 새로운 기술의 성공 또는 실패 등 모든 요인이 제국의 흥망에 영향을 줄 것이다. 그러나 이러한 세부 사항 뒤에서 더 근본적인 과정이 제국의 번성에 필요한 협력을 망가뜨릴 수 있다.

파레토의 부의 자연 법칙에 따르면 강력한 국가는 언제나 부유한 소수와 가난한 다수로 나뉜다고 한다. 바로 앞 장에서 보았듯이 불평등은 신뢰와 협력을 바탕으로 하는 효율적인 경제를 망친다. 이러한 붕괴는 아주 뿌리가 깊어서 불가피해 보인다. 하버드 대학교의 경제학자 에드워드 글레이서와 동료들에 따르면, 불평등은 부자와 가난한 사람 모두에게 효율적인 통치 제도를 좀먹고 전체 사회에 피해를 입혀 자신의 이익을 챙기려는 동기를 제공한다.

> 불평등은 명확하게 구분되는 두 가지 방식으로 제도를 좀먹는다. 첫째, 가지지 못한 자들은 폭력, 정치 과정 또는 다른 수단들로 소유를 재분배할 수 있다. 이러한 '로빈 후드' 식 재분배는 재산권을 위협하고, 부자들의 투자를 막는다. …… 둘째, 가진 자들은 법, 정치, 규정 등의 제도를 마음대로 주물러서 가지지 못한 자들의 것을 재분배할 수 있다. 그들은 정치 후원금을 낼 수도 있고, 뇌물을 쓰거나 단순히 법적, 정치적 자원을 자기들 뜻대로 배치해서 그렇게 할 수 있다. 이 '존 왕' 식 재분배는 자리가 확고하지 않은 사람들(소기업가를 포함해서)의 재산권을 위협하고, 그들의 투자를 막는다.[10]

이런 관점에서 보면, 제국의 멸망은 제국의 성공을 불러왔던 바로 그 요인에 의해 일어난다. 터친의 말에 따르면, "불평등은 사람들의 자발적인 협력 의사를 부식시킨다."

불평등이 낳는 결과는 그 자체로 우리에게 중요한 가르침을 준다. 그러나 이것보다 이 사고 방식을 더 흥미로운 것으로 만드는 것이 있다. 그것은 이 사고 방식이 사건과 날짜와 판단 들을 하나의 이야기로 엮는 역사 이상의 통찰을 준다는 것이다. 이 사고 방식은 우리가 보기에 나름의 역할을 하는 게 분명한 근본적인 과정을 고려해 역사를 설명하려고 하고, 심리학과 실험 경제학에서 물리학까지 과학을 끌어들이려 한다. 역사에는 명백한 경향이나 단순한 순환 과정은 없는 것 같다. 뉴턴 방정식 같은 몇 가지 방정식으로 역사를 설명할 수는 없다. 그러나 우리가 사람들만 아니라 패턴에 주목했을 때, 역사에 어떤 식별 가능한 과정이 있다면, 그리고 그 자신만의 리듬과 특징이 있다면, 그것이 바로 우리가 찾는 것이다.

사회 뒤에 숨어 있는 조직화의 힘

이 책에서 나는 처음부터 사람보다 패턴이 중요하다고 말했고, 인간 세상의 수많은 수수께끼를 설명하려고 할 때 근본적인 오류가 문제에 접근하는 방법이 잘못되었기에 생긴다는 주장을 해 왔다. 사람들은 위대한 지도자나 사악한 미치광이 등의 개인 성격에서 원인을 찾으려고 할 뿐, 평범한 사람들이 평범하게 행동한 결과로 상상도 못할 일이 일어난다는 것을 알지 못한다. 우리는 인종주의가 없는데도 공동체가 인종 집단으로 저절로 쪼개지는 것을 보았고, 문명 국가에서 사람들이 이웃과 친구를 흉내 내는 것만으로(유행하는 신발을 사는 것처럼) 출생률이 뚝 떨어지는 것도 보았다. 따뜻하고 인간미 넘치는 이타주의가 차갑고 야수적인 집단 경쟁과 전투에서 나왔다는 것도 보았고, 이 오래된 역사가 현대 기업들의 성장과 사멸에서도 나타난다는 것을 보았다. 똑같은 과정이 제국의 흥망과도 관계가 있으며, 이것은 전 세계의 기업에도 적용된다고 생각된다. 어떤 경우에는 단순한 논리 과정이 배후에서 작용해 물리학에서 나타나는 것과 똑같은 수학적 법칙이 나타난다. 사람들이 자유 의지를 갖고 자기 마음대로 행동하는 데도 말이다.

이 패턴과 법칙 들에 대한 통찰을 얻고 나면, 인간은 신비롭고 이상할 정도로 합리적인 신 같은 존재라는 오만과 망상에서 벗어나 자연 속에서 인간이 점하고 있는 위치를 받아들일 수 있게 된다. 사람은 펭귄들이 하는 것과 똑같은 이유로 서로 모방한다. 자기와 다른 경험을 한 사람들에게서 가치 있는 정보를 배우는 것이다. 현대 심리학에 따르면 우리의 지성은 정확한 계산에서 나오는 것이 아니라, 학습하고 적응하는 능력에서 나온다고 한다. 우리는 거의 언제나 학습하고 적응하는 방식으로 우리 자신의 문제를 푼다. 이것보다 더 중요한 것은 함께 문제를 푸는 재주이다. 서로 돕는 것을 배우거나, '좋은 수'를 아는 다른 사람에게 배우는 것이다. 가장 중요한 것은 우리가 상호 작용을 통해 사회적으로 결속하고 복잡한 연결망을 구축해서 집단을 부분의 합보다 더 크게 만들 수 있다는 것이다. 우리는 믿을 수 없을 정도로 풍부한 사회에서 살고 있지만, 이 풍부함은 어느 한 개인의 풍부함 덕분이라고 할 수 없다. 중요한 것은 사람들, 그들의 생각, 작용과 반작용의 어울림이다.

사회를 이해하려고 할 때의 핵심 문제는 사회적 패턴과 조직화가 창발하는 기원을 이해하는 것이다. 이런 면에서, 요즘 들어 사회 과학과 물리학의 공명이 차츰 커지는 것은 우연이 아니다. 물리학자들은 오래전에 세계를 이루는 원자와 그 성질에 대해 꽤 좋은 그림을 그리는 데 성공했다. 오늘날 물리학자들은 이 원자들이 모여서 만드는 끝없이 다양한 형태의 패턴과 조직화를 이해하는 거대한 학문적 과업을 수행하고 있다. 여기에는 모든 종류의 물질들, 눈송이와 잎과 별, 은하, 블랙홀이 포함된다. 우리가 조직화와 형태의 중요성을 알고 나면 모든 곳에서 이것을 보게 된다. 가장 근본적인 자연 법칙 자체에서도 이것이 발견된다. 노벨상을 받은 물리학자 로버트 로플린(Robert Laughlin, 1950년~)의 말을 들어보자.

> 물리학의 법칙은 그 일부가 아니라 전부가 집합적인 기원을 가지고 있다는 확신이 점점 더 강해진다. 다시 말해 근본 법칙과 파생된 법칙의 구별은 신화이다. …… 물리 법칙은 일반적으로 순수 사고만으로 발견할 수 없고, 실험적으로 발견되어야 한다. 자연을 통제한다는 것은 자연이 그 조직화의 원리로부터 그러한 통제를 허용할 때에만 가능하기 때문이다. …… 물질 과학이 우리에게 말할 수 있는 것은, 부분의 합보다 더 큰 모든 존재들은 단지 개념이 아니라 물리적인 현상이라는 것이다. 자연은 미시적인 규칙에 따라 조정되는 것이 아니라, 강력하고 일반적인 조직화의 원리에 따라 지배된다.[11]

사회의 경우, 우리는 그 조직화의 원리를 이제 겨우 어렴풋이 보기 시작했고, 우리의 세계를 지배하는 패턴과 숨은 힘을 겨우 감지하기 시작했다. 지난 20년 동안의 발견은 전망의 변화를 가져왔고, 이 변화는 장기적이고 방대한 반향을 일으킬 것이다. 우리는 주식 시장, 인종 분리, 민족 증오 뒤에 숨어 있는 조직화의 기본적인 힘을 차츰 이해하기 시작했다. 우리는 이제 이 지식을 활용할 수 있게 되었고, 최소한 약간이나마 앞을 내다볼 수 있게 되었다.

지식의 분리를 넘어서

인간이 처한 상황을 종래의 관점보다 자연 과학적인 관점에서 봤을 때 나오는 이 짜릿한 결과들을 이제까지 간략하게 살펴보았다. 그러나 이러한 관점에 반감을 가질 이들도 적지 않을 것이다. 그러나 이제까지 설명한 사고 방식은 인생의 의미를 없애거나 가치를 훼손하지 않는다. 그저 통상적인 세계에 적용되는 수학과 역학이 사람에게도 똑같이 적용된다는 사실을 받아들인 것뿐이다. 이것은 언제 어디서나 당연시되어야 하는 사실이다. 하지만 많은 사람들은 이러한 자연 과학적인 설명 방식을 실망스럽고, 거슬리고, 어쩌면 좀 위협적인 것으로 느낀다. 인간은 다른 생명체와 다른 존재라고 생각하는 사람들은 사실을 바탕으로 하는 설명을 잘 받아들이지 않는다. 세계의 역사는 성스러운 창조주의 기적을 드러낸다고 생각하는 수천만의 사람들에게 이런 견해는 호소력이 없고, 이런 이들에게 과학적 사실은 성스러운 자유에 대한 침해일 뿐이다.

종교는 여전히 세계의 대부분을 대표한다. 스탠퍼드 대학교의 철학자 샘 해리스(Sam Hirris)의 말에 따르면, 종교와 관련해 우리가 직면한 상황은 다음과 같다.

> 이 세계의 사람들 대부분은 우주의 창조주가 책 한 권을 썼다고 생각한다. 그러나 우리는 이런 책들을 많이 갖고 있다는 불운을 맞았고, 이 책들은 제각기 자기는 절대로 틀리지 않았다고 배타적으로 주장한다. …… 이 문헌들은 각각 독자들에게 다양한 믿음과 관습을 받아들이라고 강요한다. 이것들 중 일부는 호의적이고 다른 많은 것들은 그렇지 않다. 그러나 모든 것은 근본적으로 중요한 한 점에서 일치한다. 다른 믿음 또는 불신자에 대한 '존중'은 신이 승인한 태도가 아니다.[12]

종교가 존재하는 데에는 뭔가 이유가 있는 듯하다. 민족주의적 편견처럼, 종교적 신앙도 그것이 가진 에너지와 신도들의 헌신을 통해 과거에 우리 조상과 소속 집단의 구성원들에게 도움이 되었다. 우리의 뇌는 누구를 믿을 만한지 본능적으로 판단하는 것과 아주 비슷하게 종교적이도록 '준비되어' 있는 것 같다. 맹목적인 신앙은 어쩌면 집단 통합의 궁극적인 무기일 것이다. 우리가 모두 한 집단이면, 이것은 아무 문제가 없다. 우리는 우주적인 꿈속에 살듯이 살아갈 수 있고, 우리가 좋아하는 대로 믿고, 서로 잘 지낼 것이다. 그러나 역사 속에서 종교 집단은 자신들만이 옳다고 확신해서 서로 학살하고 불신자들을 죽이는 일을 자행해 왔다. 이러한 상황이 미래에는 달라질 것이라고 보기는 어렵다. 오히려 더 강력한 무기로 그 만행을 반복할 것이다. 이런 면에서 사라지지 않는 우리의 종교적 본능은 우리의 가장 위험한 '부적응'일 것이다.

사실 완벽하게 이성적인 존재인 인간이 자연 위에 군림한다는 오래된 견해는 종교적 사고가 철학으로 넘어간 결과이다. 사회 과학은 그 본질상 물질 과학과 다르다는 생각도 같은 뿌리에서 나왔다. 이 생각에 따르면 우리는 세계에 명확한 경계선을 긋고 한쪽에 인간을, 다른 한쪽에 나머지 자연 모두를 놓아야 한다. 그러나 우리는 자연의 일부이다. 이 사실을 받아들여야만 우리 자신을 더 잘 이해할 수 있다. 그렇게 한다면, 우리는 '과거의 지혜'를 되살려 흄과 스미스의 시대 사람들이 높이 쳐들었던 횃불을 이어받아, 진실이 무엇이든 그 진실을 찾을 수 있다는 낙관과 확신으로 세계에 접근할 수 있을 것이다. 우리는 확실히 여러 해 동안 헤맬 것이며, 어쩌면 영원히 헤맬지도 모른다. 그러나 우리는 적어도 독일의 극작가 고트홀트 에프라임 레싱(Gotthold Ephraim Lessing, 1729~1781년)이 1778년에 남겼던 말을 마음속에 간직하고 계속 전진할 수 있을 것이다.

사람은 자신의 소유물이 아니라 진실을 발견하기 위한 정직한 노력에 따라 가치가 매겨진다. 사람의 힘을 늘리는 것은 소유물이 아니라 진리 탐구이며, 이것을 통해서만 인간의 완성에 끝없이 다가갈 수 있다.

감사의 글

　많은 분들이 이 책을 쓰는 데 도움을 주었다. 내게 아이디어를 제공한 영감 넘치는 연구를 한 많은 연구자들에게 감사해야겠다. 「주(註)」에 소개한 이들의 문헌을 찾아 읽어 보기를 바란다. 내가 짧게 요약할 수밖에 없었던 풍부한 내용들을 직접 독자들이 맛보았으면 좋겠다. 개러몬드 에이전시(Garamond Agency)의 케리 너젠트 웰스(Kerry Nugent Wells)와 그녀의 동료 리사 애덤스(Lisa Adams), 데이비드 밀러(David Miller)는 이 책의 기본 아이디어와 논리를 구축하는 데 큰 도움을 주었다. 이들의 노력이 없었다면 책이 훨씬 더 혼란스러웠을 것이다. 마지막으로, 아내 케이트는 언제나처럼 책을 쓰는 여러 달 동안 어렵고 불가해한 내 감정의 기복을 참아 주었고 내가 계속할 수 있도록 힘을 주었으며, 책 전체를 여러 번(정말로 여러 번) 읽고 수많은 오류를 바로잡아 주었고 모든 설명과 문장을 다듬어 주었다.

주(註)

책을 시작하며

1. 분리에 관한 셸링의 유명한 논문은 *Journal of Mathematical Sociology* 첫 호에 발표되었다. 출처는 다음과 같다. T. C. Schelling, *Journal of Mathematical Sociology* 1(1971): 143-186. 물론 이 모형이 실세계의 인종 분리가 인종주의와 전혀 관계가 없다고 증명하지는 않는다. 인종주의도 분명히 한 요인일 것이다. 그러나 이 모형에 따르면 인종 분리가 있다고 해서 곧바로 인종주의 때문이라고 말할 수는 없다. 이것은 숨겨진 과정이 작동할 수도 있음을 극적으로 입증했고, 분리에 대한 모든 진짜 과학은 이것을 다루어야 함을 알려 주었다. 셸링은 이러한 사고 방식을 나중에 책으로 더 자세히 다루었다. *Micromotives and Macrobehavior* (London and New York: W. W. Norton, 1978). (한국어판『미시동기와 거시행동』(이한중 옮김, 21세기북스, 2009) ― 옮긴이)

2. 내가 이 책을 쓰던 중인 2005년에 셸링은 노벨 경제학상을 받았다. 오랫동안 노벨 경제학상은 주류 경제학에 주로 주어졌다. 그의 노벨상 수상 연설을 꼭 들어보기 바란다. 인터넷에서 수상 연설 비디오를 볼 수 있다. http://nobelprize.org/nobel_prizes/economics/laureates/2005/schelling-lecture.html. 연설문도 인터넷에서 볼 수 있다.

1. 사람이 아니라 패턴을 보라

1. Peter Maas, *Love Thy Neighbor* (New York: Knopf, 1996)

2. Sebastian Haffner, *Defying Hitler* (London: Weidenfeld & Nicolson, 2003)
3. 필립 짐바르도와의 흥미로운 인터뷰를 인터넷에서 볼 수 있다. http://www.edge.org/3rd_culture/zimbardoo5/zimbardoo5_index.html.
4. M. A. Kessler and B. T. Werner, "Self-Organization of Sorted Patterned Ground," *Science* 299 (2003): 380-383.
5. 원래의 논문은 다음과 같다. D. Helbing, I. Farkas, and T. Vicsek, *Physical Review Letters* 84 (2000): 1240-1243. 헬빙의 홈페이지에서 사람들의 흐름이 형성되는 모의 실험을 볼 수 있다. http://rcswww.urz.tu-dresden.de/~helbing/Pedestrians/Corridor.html.
6. 원래의 논문은 다음과 같다. D. Helbing, I. Farkas, and T. Vicsek, *Nature* 407 (2000): 487-490. 사람들의 탈출과, 적절한 자리에 테이블이 있으면 탈출에 도움이 된다는 모의 실험을 인터넷에서 볼 수 있다. http://angel.elte.hu/~panic/.
7. 예를 들어 《사회학 이론(*Sociological Theory*)》의 편집자였던 크레이그 캘혼(Craig Calhoun)에 따르면, 이 학술지에 접수된 전형적인 논문들(포스트모더니즘 사촌들보다는 훨씬 낫지만)은 여전히 모험 정신이 부족하다. 캘혼에 따르면, "죽은 사람이 한 말을 요약하고 나서 산 사람들이 왜 이 말에 귀를 기울여야 하는지, 존경받는 옛사람들의 연구를 왜 지금 분석하는지에 대해서 설명하지 않거나," 더 나쁘게는 "죽은 사람이 했던 말에 대해 다른 사람이 한 말을 비평하면서, 왜 우리가 그 비평 대상에 관심을 가져야 하는지는 전혀 설명하지 않는다."

　이러한 태도와 관련 주제에 대해 더 많이 알기 위해서는 다음의 책을 참조할 것. Peter Hedström, *Dissecting the Social* (New York: Cambridge University Press, 2005). 명백히, 이것은 어떤 과학에서든 용기를 북돋우는 징표는 아니다. 과학에서 과거는 더 나은 미래를 위한 도약판 구실을 한다고 여겨진다. 영국의 철학자 앨프리드 노스 화이트헤드가 말했듯이, "창시자를 잊어버리기를 주저하는 과학은 망한다."
8. 이상하다고 해서 모두 지적인 허풍이라고는 할 수 없지만, 아이디어의 표현을 명확하게 하지 않으려고 작심한 태도는 대개 지적인 허풍이라고 볼 수 있다. 전형적인 포스트모더니즘적 명료성의 예로 유명한 이론가 펠릭스 가타리(Félix Guattari)의 글을 보자.

> 우리는 저자에게 의존하는 선형적 의미화의 고리들, 즉 원저술과 다수의 지시 대상과 다수의 차원을 갖는 이 기계적 촉매 작용 사이에는 일의적 일대일 대응이 성립하지 않는다는 것을 분명히 알 수 있다. 척도의 대칭, 횡단, 확대의 희생적 비논증적 성격, 이 모든 차원들은 우리한테서 배중률을 앗아가면서 앞서 비판한 대로 존재론적 이원주의를 거부하는 우리의 입장을 강화해 준다.

1996년에 물리학자 앨런 소칼(Alan Sokal)은 포스트모더니즘 이론이 그들이 가졌다고 가장하는 깊은 의미가 없다고 의심하고, 시험해 보기로 마음먹었다. 그는 「경계를 넘어서: 양자 중력의 변형 해석학(Transgressing the Boundaries: Towards a Transformative Hermeneutics of Quantum Gravity)」이라는 제목으로 완전히 엉터리 논문을 썼다. 문법 규칙에 맞춰 글을 쓰고 포스트모더니즘에서 유행하는 해석학이나 해체 따위의 용어를 많이 썼지만, 그의 글은 그것 말고는 완전히 무의미했다. 소칼은 이 원고를 번창하는 포스트모더니즘 학술지 《소셜 텍스트(Social Text)》에 보냈고, 이 논문은 검토 과정을 거쳐 채택되어 출판되었다. 겉보기에 '심오한' 포스트모더니즘 스타일의 글을 쓰기가 얼마나 쉬운지 보여 주는 재미난 예가 포스트모더니즘 제너레이터(http://www.elsewhere.org/pomo) 홈페이지에 있다. 이 홈페이지에서는 앤드루 벌학(Andrew Bulhak)이 만든 컴퓨터 프로그램이 자동으로 인상적인 글을 써 준다. 나를 위해 1초도 안 걸려서 프로그램이 써 준 「철자 작업의 신문헌 이론(Neotextual Theory in the Works of Spelling)」이라는 글은 다음과 같이 시작한다.

"사회는 원래 적법한 허구이다."라고 푸코가 말했다. 그러나 폰 루트비히[1]에 따르면 사회는 원래 적법한 허구일 뿐만 아니라 사회의 균형조차도 적법한 허구이다. 드 셀비[2]는 우리가 변증법적인 해체와 변증법적인 객관주의 중에서 선택해야 한다고 말한다. 라캉의 신문헌 분석 이론에 따르면 학문 사회가 의도를 가질 수 있으나 서술적으로 실재와 동등할 때만 그럴 수 있다고 말할 수 있다.

2. 인간이라는 문제

1. William Stern, "The Unexpected Lessons of Times Square's Comeback," *City Journal*, Autumn 1999. See http://www.city-journal.org/html/9_4_the_unexpected.html.
2. Pierre Gassendi, *Tycho Brahe: The Man and His Work* (original in Latin) (1654).
3. 행성의 궤도를 확실히 보려면 NASA 홈페이지 참조. http://mars.jpl.nasa.gov/allabout/nightsky/nightsky04-2003animation.html. 화성과 지구의 궤도가 정확히 같은 평면에 있으면 화성은 하늘에서 루프를 그리지 않고 단일한 곡선으로 돌 것이다. 역행하는 궤도를 더 자세히 들여다보면 두 행성의 궤도 평면이 살짝 벗어나 있기 때문에 행성 운동이 더 복잡하다는 것을 알 수 있다.
4. 이 분야의 가장 정확한 계산은 코넬 대학교의 기노시타 도이치로(木下東一郎)의 것이다. 그의 코넬 대학교 동료 짐 세스나(Jim Sethna)가 여기에 대해 잘 설명하고 있다. http://www.lassp.cornell.edu/sethna/Cracks/QED.html.
5. 여기에서 '대부분이'라고 쓴 것은 1장에서 많은 사회 연구자들이 사회 변수들 사이의 통

계적 상관 관계를 연구한다고 말했고, 이것은 케플러가 행성 운동에서 패턴을 찾는 것과 대략 비슷하다고 볼 수 있다. 그러나 발견된 상관 관계의 종류는 전형적으로 케플러의 패턴처럼 단순하지 못할 뿐만 아니라 보편적인 성격이 결여되어 있다. 그것보다 더 중요한 것은, 사회 연구자들은 전통적으로 단순한 메커니즘에 따라 상관 관계를 설득력 있게 설명하지 못했다는 점이다. 브라헤, 케플러, 뉴턴이 보여 준 좋은 과학의 요리법을 사회 연구에서는 매우 찾아보기 힘들다.

6. Henry Thomas Buckle, *History of Civilization in England* (London: 1857), 1: 6-7.
7. John Kay, "Cracks in the Crystal Ball," *Financial Times*, September 29, 1995.
8. Friedrich Nietzsche, *Beyond Good and Evil* (New York: Random House, 1992), 202. (한국어판『선악의 저편·도덕의 계보』(김정현 옮김, 책세상, 2002년) — 옮긴이).
9. Edward Hallett Carr, *What Is History?* (New York: Penguin, 1990), 14. (한국어판『역사란 무엇인가』(김택현 옮김, 까치, 2007년) — 옮긴이).
10. 이 관점은 내가 보기에 꽤 웃긴다. 사회적인 힘을 이해하기 위해 노력하는 연구자들은 다행스럽게도 이것을 그리 심각하게 보지 않는다.
11. Fyodor Dostoyevsky, *Notes from Underground* (New York: Dover Books, 1992). (한국어판『지하로부터의 수기』(계동준 옮김, 열린책들, 2010년) — 옮긴이).
12. Karl Popper, *The Poverty of Historicism* (London: ARK Publishing, 1957). (한국어판『역사주의의 빈곤』(이석윤 옮김, 벽호, 1998년) — 옮긴이).

3. 인간의 사고 본능

1. Isaiah Berlin, *Concepts and Categories* (New York: Pimlico, 1999), 159.
2. 두 해 전에 코넬 대학교 수학자 스티브 스트로가츠(Steve Strogatz)와 동료들이 이 설명을 내놓았다(*Nature* 438[2005]: 43-44). 그들은 이 사건의 기본적인 측면을 물리학자들이 사용하는 작은 전기 장치 수백만 개의 집합적인 진동이나 들에서 귀뚜라미들이 울음소리를 맞추는 것을 서술할 때 사용하는 방정식으로 설명할 수 있다는 것을 알아냈다. 이 현상들은 모두 되먹임과 자기 조직화에서 나온다. 그러나 전체적인 이야기는 그리 간단하지 않을 수도 있다. 사람들과 다리 사이의 어떤 되먹임이 진동을 일으켰다는 것은 의심의 여지가 없지만, 스트로가츠의 말에 따르면 "보행자들과 흔들리는 다리 사이의 상호 작용에는 많은 수수께끼가 있다." 런던 시는 그 사건 이후로 다리를 안정되게 하는 거대한 브레이크를 설치했다.
3. 제임스 글릭(James Gleick)의 책은 여전히 혼돈에 대한 대중적인 설명의 고전이다. *Chaos* (New York: Penguin, 1987). (한국어판『카오스』(박배식, 성하운 옮김, 누림, 2006년) —

옮긴이).

4. Francis Galton, *The Art of Travel* (London: Weidenfield & Nicolson, 2000).
5. 게리 베커, 1992년 노벨상 수상 강연. 인터넷으로 이 강연을 볼 수 있다. http://home.uchicago.edu/~gbecker/Nobel/nobellecture.pdf.
6. D. K. Foley, "Introduction," in *Barriers and Bounds to Rationality*, ed. P. S. Albin (Princeton: Princeton University Press, 1998), 3-72.
7. 현대 경제 이론과 합리성에 대한 거의 경배에 가까운 태도는 경제학계 안팎의 수많은 사상가들로부터 혹독한 비판을 받았다. 다른 책들 중에서 리처드 탈러의 *Winner's Curse* (Princeton: Princeton University Press, 1992)는 보통 사람들과 합리성의 여러 변이에 대해 경험적 증거를 풍부하게 보여 준다. (한국어판 『승자의 저주』(최정규, 하승아 옮김, 이음, 2007년) ─ 옮긴이) Paul Ormerod's *Death of Economics* (London: Faber and Faber, 1994)는 전통적인 경제학 전체에 대한 감동적인 비평이다. 로버트 솔로(Robert Solow)의 에세이 "How Did Economics Get That Way and What Way Did It Get?", *American Academic Culture in Transformation* (Princeton: Princeton University Press, 1997)는 한 술 더 뜬다. 그는 실세계의 단순한 모형을 구축하는 경제학의 관행은 바른 방향이라고 칭찬하면서도 완벽한 개인의 합리성에 지나치게 매료된 잘못을 지적한다. 현대 경제 이론의 이상한 특성에 대한 가장 뛰어난 혹평은 아마도 로버트 넬슨(Robert Nelson)의 *Economics as Religion* (University Park: Pennsylvania State University Press, 2001), 일 것이다. 넬슨은 현대 경제학의 합리적 선택 가정, 그리고 저속하게 화려한 수학적 형식론은 냉전의 이데올로기 대립에 뿌리를 두고 있으며, 마르크스주의의 '과학'에 맞서기 위해 자유 시장의 우월성을 입증할 '과학'이 필요했기 때문에 나왔다고 주장했다. 사람을 합리적인 행위자로 보는 견해에 대해 찬반을 논하는 글은 말 그대로 수천 편이 있다. 그러나 오늘날에는 이 논쟁이 시들해졌고, 효율적인 사회 과학 방법들이 이런 전망을 역사책으로 밀어내고 있다. 경제 이론이 현실화 되면서 향하는 방향에 대해서는 리처드 탈러의 글을 참고할 것. "From Homo Economicus to Homo Sapiens," *Journal of Economic Perspectives* 14 (2000): 133-141.
8. Robert Axelrod, '사회 과학에서 모의 실험의 발전("Advancing the art of simulation in the social sciences," in *Simulating Social Phenomena*, ed. Rosaria Conte, Rainer Hegselmann, and Pietro Terna (Berlin: Springer, 1997), 21-40.)' 액설로드는 어쩌면 학생 시절에 경제학 강의 시간에 겪은 재미난 경험 때문에 이런 결론에 도달했는지도 모른다. 그는 이렇게 회상했다. "나는 그때 일을 확실히 기억하고 있다. 한 교수(나중에 노벨상을 받았다.)가 소비자 행동의 형식적 모형을 설명하고 있는데, 한 학생이 이렇게 말했다.

'하지만 사람들은 실제로 그렇게 행동하지 않습니다.' 교수는 단순히 '자네가 옳아.'라고 대답하고는 다른 말은 하지 않고 바로 칠판으로 돌아서서 자기 모형을 계속 설명했다. 우리는 모두 핵심을 알았다."

9. Thaler, "From Homo Economicus."
10. 비합리적인 투자자가 합리적인 투자자를 이긴다는 것을 잘 보여 주는 논증은 다음 문헌에서 볼 수 있다. Andrei Shleifer, *Inefficient Markets* (Oxford: Oxford University Press, 2000).
11. 카너먼과 그 분야의 다른 사람들의 연구에 대한 좋은 설명을 인터넷에서 볼 수 있다. http://nobelprize.org/nobel_prizes/economics/laureates/2002/kahneman-lecture.html.
12. 기거렌저의 책은 사람들의 마음을 현혹시키는 비슷한 수수께끼들에 대해 매혹적으로 논하고 있다. Gerd Gigerenzer, *Reckoning with Risk* (London: Penguin, 2002)
13. 이 멋진 구절은 명료하고 간결한 다음의 책에 나온다. *Evolutionary Psychology: A Primer*, by Leda Cosmides and John Tooby. 인터넷에서도 이것을 볼 수 있다. http://www.psych.ucsb.edu/research/cep/primer.html.
14. M. K. Chen, V. Lakshminarayanan, and L. Santos, *Journal of Political Economy*, 발표 예정. 초고를 인터넷에서 볼 수 있다. http://www.som.yale.edu/Faculty/keith.chen/papers/LossAversionDraft.pdf. 사람들의 손실 혐오에 대해서는 캐너먼의 노벨상 수상 연설을 참조할 것.
15. Benjamin Libet, *Behavioural and Brain Sciences* 8 (1985).
16. Francis Fukayama, *Trust* (New York: Simon and Schuster, 1995). (한국어판 『트러스트』(구승회 옮김, 한국경제신문, 1996년) — 옮긴이).

4. 적응하는 원자

1. Brian Arthur, "Inductive Reasoning and Bounded Rationality," *American Economic Review* 84, no. 2 (Papers and Proceedings of the Hundred and Sixth Annual Meeting of the American Economic Association) (May 1994): 406-411.
2. 다음의 책은 파생 상품의 가격 책정에 관련된 수학을 잘 설명하고 있다. Paul Wilmott, Sam Howison, and Jeff Dewynne, *The Mathematics of Financial Derivatives* (Cambridge: Cambridge University Press, 1995). 이 분야에서 우아하고 놀라운 측면은 열 전달의 수리 물리학과 깊은 연관이 있다. 두 경우 모두에 대해 본질적으로 똑같은 방정식이 지배한다. 머튼과 숄스의 노벨상 수상 강연을 인터넷에서 볼 수 있다. http://

nobelprize.org/nobel_prizes/economics/laureates/1997/press.html.
3. 롱 텀 캐피털 매니지먼트 사의 이야기는 다음 책에 나온다. Nicholas Dunbar, *Inventing Money* (Chichester: John Wiley & Sons, 2000).
4. 종 모양 곡선이 널리 적용되는 것은 수학자들이 '중심 극한 정리(central limit theorem)'라고 부르는 것의 결과이다. 이 무시무시한 이름은 다음과 같은 단순한 사실을 일컫는다. 어떤 경우이든 굉장히 많은 독립적인 영향들이 어떤 사건의 결과에 기여하면, 이 사건은 종 모양 곡선을 그린다. 주사위를 100번 던져서 나온 눈을 모두 더한다고 하자. 그리고 이것을 다시 하고, 또 다시 해서, 결과를 그래프로 그려 보면 평균 350이 중심이 된다. 주사위를 100번 던지는 것이 각각 서로 독립적이기 때문에 이렇게 된다. 중심 극한 정리는 대단히 강력한 수학이지만, 그렇다고 모든 것이 종 모양 곡선을 따르지는 않는다. 현대 과학은 똑같이 수많은 사건들이 그렇지 않다는 것을 알아냈다.
5. 이 결론은 내가 말한 것으로는 명백하지 않고, 좀 더 전문적인 논증에서 나온다. 전형적인 논증은 주식 가격에 영향을 주는 많은 요인들이 독립적으로 영향을 준다는 것이다. 요인들이 서로 연관성이 없으면 중심 극한 정리에 따라 전체적인 분포가 종 모양 곡선을 따른다.
6. Benoit Mandelbrot, *Journal of Business* 36 (1963): 294.
7. P. Gopikrishnan, M. Meyer, L. A, N. Amaral, and H. E. Stanley, *European Physical Journal B* 3 (1998): 139.
8. R. N. Mantegna, "Levy walks and enhanced diffusion in the Milan stock exchange," *Physica A* 179 (1991): 232.
9. O. V. Pictet et al., "Statistical study of foreign exchange rates, empirical evidence of a price change scaling law and intraday analysis," *Journal of Banking and Finance* 14 (1995): 1189-1208.
10. D. Cutler, J. Poterba, and L. Summers, *Review of Economic Studies* 58 (1991): 529-546.
11. Arthur, "Inductive Reasoning and Bounded Rationality." Available online at http://www.santafe.edu/arthur/Papers/El_Farol.html.
12. 아서의 모형은 사람 수와 가정된 문턱값에 민감하게 영향을 받지 않으며, 술집이 혼잡할 때 사람들이 정확히 어떻게 고통을 받는지와도 무관하다. 손님이 59명만 있을 때는 모두들 즐겁게 놀았는데 단지 두 사람이 더 들어와 끔찍하게 고통스럽다는 것은 명백히 비현실적이다. 아서는 이것을 단지 단순화로 이용했다. 더 현실적인 가정으로 모의 실험을 해도 거의 비슷한 결과가 나온다.
13. Eugene Wigner, *Communications in Pure and Applied Mathematics* 13, no. 1 (1960).

http://www.dartmouth.edu/~matc/MathDrama/reading/Wigner.html.

14. W. B. Arthur, J. Holland, B. LeBaron, R. Palmer, and P. Tayler, "Asset pricing under endogenous expectations in an artificial stock market," in *The Economy as an Evolving Complex System II*, ed. W. B. Arthur, S. Durlauf, and D. Lane (Reading, MA: Addison-Wesley, 1997), 15-44.

15. 여러 가지 모형들이 개발 중이고, 이 모든 것들은 환경에서 전략을 바꿔 가면서 학습하고 적응할 수 있는 목표 지향적인 행위자의 집합이 시장이라고 가정한다. 낡은 '합리적 행위자' 관점보다 이것이 미래의 물결이 될 가능성이 더 커 보인다. 이 분야의 대표적인 연구는 다음과 같다. T. Lux and M. Marchesi, *Nature* 397 (1999):498-500;and D. Challet, A. Chessa, M. Marsili, and Y.-C. Zhang, *Journal of Quantitative Finance* 1 (2001): 168. A recent and up-to-date review is T. Galla, G. Mosetti, and Y.-C. Zhang, "Anomalous fluctuations in Minority Games and related multi-agent models of financial markets," http://www.arxiv.org/pdf/physics/0608091.

16. Milton Friedman, *Essays in Positive Economics* (Chicago: University of Chicago Press, 1953), 14.

17. 누가 투자에 성공했는지 볼 때 우리는 그 성공을 다른 것보다 그의 능력 때문이라고 생각하려고 한다. 그러나 수많은 뮤추얼 펀드들 중에서 매년 1위 기업은 항상 나오고, 완전히 행운으로 1위가 될 수도 있다. 학문적인 연구에 따르면 시장 가격의 오르내림은 본질적으로 예측 불가능한데, 아주 드물게 예외인 경우가 있다. 예를 들어 몇 년 전의 연구에서는 최근의 주가가 1월에는 오르는 경향이 상당히 강해서 이것이 1월 효과라고 알려졌다. 그러나 이것이 널리 알려진 다음에는 이 효과가 사라졌다. 또한 지난해에 대부분의 기간 동안 내린 주가는 다음해에 오르는 경향이 있다. 아마 투자자들이 과잉 반응하여 가격이 너무 내린 탓일 것이다. 이러한 여러 가지 특별한 경향들은 예측 불가능한 혼돈 속에서 어쩌다 예측 가능성이 있음을 보여 준다. 다음 문헌 참조. Andrei Shleifer's *Inefficient Markets* (Oxford: Oxford University Press, 2000)

18. John Kenneth Galbraith, *A History of Econimics* (London: Penguin, 1987), 4. (한국어판『경제학의 역사』(장상환 옮김, 책벌레, 2002년) ― 옮긴이).

19. 다음 문헌 참조. N. Gupta, R. Hauser, and N. F. Johnson, "Using artificial markets to forecast financial time-series," 인터넷에서 예비 논문을 볼 수 있다. http://www.arxiv.org/pdf/physics/0506134.

20. 이 주제에 관해 저자가 쓴 기고문 참조. "Supermodels to the rescue," *strategy+business* 38 (2004).

21. 이 매혹적인 연구에 대해서는 다음 문헌 참조. Luc Steels, *The Talking Heads Experiment, Volume 1, Words and Meanings* (Antwerp: Labrotorium, 1999). 다음 문헌도 참조하라. Andrea Baronchelli et al., "Sharp Transition Towards Shared Vocabularies in Multi-Agent Systems," *Journal of Statistical Mechanics* P06014 (2006).

5. 사회적 원자는 흉내쟁이

1. 이 매력적인 이야기에 대한 설명은 다음 문헌을 보라. Robert Bartholomew and Simon Wessely, "Epidemic hysteria in Virginia," *Southern Medical Journal* 92 (1999): 762-769.
2. 다음의 책은 이러한 대중적인 열풍에 대한 고전이다. Charles Mackay's *Extraordinary Popular Delusions and the Madness of Crowds* (New York: Three Rivers Press, 1980) 원판은 1841년에 발간되었다. (한국어판 『대중의 미망과 광기』(이윤섭 옮김, 창해, 2004년) — 옮긴이).
3. 파묻혀 있다(embeded)는 말은 사회학자 마크 그라노베터가 영향력이 큰 1985년 논문을 발표한 뒤로 사회 이론에서 특별하게 사용된다. 그라노베터는 당시의 확립된 경제학에는 반대되는 의견을 내세웠다. 그것은 개인이나 기업은 그들이 교류하는 다른 사람들과 기업의 영향을 받는다는 주장이었다. 믿거나 말거나, 이 주장은 당시로서는 매우 파격적인 생각이었다. 그의 논문은 다음과 같다. "Economic Action and Social Structure: The Problem of Embeddedness," *American Journal of Sociology* 91 (1985): 485-510. 그라노베터의 생각에 영향을 받은 칼 폴라니(Karl Polanyi)는 초기 저작에서 이렇게 썼다. "인간의 경제학은 경제적이든 비경제적이든 단체에 푹 빠져 있고 휘말려 있다. 여기에서 비경제 기구를 포함시키는 것이 특히 중요하다. 종교와 정부는 금융 기관이나 노동의 고통을 밝혀 주는 도구와 기계의 활용성만큼이나 경제의 구조와 기능에 중요하다." 출처: K. Polanyi, C. Arensberg, and H. Pearson, eds., *Trade and Market in the Early Empires: Econimies in History and Theory* (Chicago: Henry Regnery, 1957).
4. 이 책에 인용된 많은 예의 출처인 다음의 문헌은 모방을 다룬 고전이며, 대단히 재미있게 읽을 수 있다. S. Bikhchandani, D. Hirshleifer, and I. Welch, "Learning from the behavior of others: conformity, fads and informational cascades," *Journal of Economic Perspectives* 12 (1998): 151-170.
5. Solomon Asch, "Studies of independence and conformity: A minority of one against a unanimous majority," *Psychological Monographs* 70 (1956). 이 실험에 대한 뛰어난 설명을 인터넷에서 볼 수 있다. http://www.age-of-the-sage.org/psychology/socia/asch_conformity.html.

6. Solomon Asch, "Opinions and social pressure," *Scientific American* 193 (1955): 33-35. 1950년대 이후로 애시의 실험과 비슷한 133개의 실험에 대한 조사에 따르면 사회에 순응하는 경향은 지난 50년 동안 조금 약해졌다. 다음 문헌 참조. Rod Bond and Peter Smith, *Psychological Bulletin* 119 (1996): 111-137.
7. G. S. Burns et al., *Biological Psychiatry* 58 (2005): 245-253.
8. See Christophe Chamley, *Rational Herds* (Cambridge: Cambridge University Press, 2004).
9. Bikhchandani, Hirshleifer, and Welch, "Learning from the behavior," 151-170.
10. See Edward Glaeser, Bruce Sacerdote, and Jose Schienkman, "Crime and Social Interactions," *Quarterly Journal of Economics* III (1996): 507-548.
11. Mark Granovetter, "Threshold Models of Collective Behavior," *American Journal of Sociology* 83 (1978): 1420-1443.
12. Q. Michard and J.-P. Bouchaud, "Theory of collective opinion shifts: From smooth trends to abrupt swings," *European Physhical Journal B* 47 (2005): 151-159.

6. 협력하는 원자

1. 톰슨의 끔찍스러운 쓰나미 경험담은 인터넷에서 볼 수 있다. http://www.sonomacountylaw.com/tsunami/timeline.htm.
2. Joseph Alexander, *Utmost Savagery* (New York: Random House, 1995).
3. 친족 선택이라고 부르는 이 아이디어는 작고한 생물학자 윌리엄 해밀턴(William Hamilton)이 처음으로 제안했다. 참고 문헌은 다음과 같다. William Hamilton, "The genetical evolution of social behavior, 1, II," *Journal of Theoretical Biology* 7 (1964): 1-16, 17-52. 사고 방식의 뛰어남을 보여 주는 이러한 사례는 다음 문헌을 참고하라. Richard Dawkins, *The Extended Phenotype* (Oxford: Oxford University Press, 1982).
4. 다음 문헌에 인용됨. Frans de Waal, "How Animals Do Business," *Scientific American*, April 2005, 73-79.
5. Robert Frank, *Passions Within Reason: The Strategic Role of the Emotions* (New York: W. W. Norton, 1991).
6. David Hume, *A Treatise of Human Nature*, ed. L. A. Selby-Bigge and P. H. Nidditch (Oxford: Clarendon Press, 1975).
7. 두 농부 이야기는 유명한 죄수의 딜레마를 조금 바꾼 것이다. 메릴 플러드(Merrill Flood)와 멜빈 드레셔(Melvin Dresher)는 1950년대의 경쟁 상황에서 전략의 논리를 탐

구하기 위해 죄수의 딜레마라는 가상의 시나리오를 고안했다. 원래의 시나리오는 다음과 같다. 경찰이 죄수 두 명을 분리 수감했는데, 두 죄수는 범죄 사실을 털어놓거나 입을 다물 수 있다. 두 사람이 다 입을 열지 않으면 그들은 가벼운 처벌을 받는다. 둘 다 범죄 사실을 말하면 두 사람은 무거운 처벌을 받지만 수사에 협조한 점을 감안해 조금 감형된다. 죄수의 입장에서 보면 두 사람 다 입을 다물고 있으면 가장 좋은 결과를 얻게 된다. 그러나 여기에는 상황을 딜레마로 만드는 요소가 있다. 경찰은 각각의 죄수에게 거래를 제안한다. 동료에게 죄를 뒤집어 씌우면 석방해 주겠다는 것이다. 이렇게 되면 동료는 가장 무거운 처벌을 받게 된다. 이제 죄수들은 고민스러운 상황에 처한다. 그들이 서로를 믿고 입을 굳게 다물면, 그들은 가벼운 벌만 받는다. 그러나 두 사람 다 배신에 대한 유혹을 받아서, 동료를 팔아먹고 자기만 석방될 수 있다.

게임 이론에서는 이런 상황에서 배신이 최선의 전략이라고 말한다. 이런 상황에 처한 사람은 동료가 어떻게 나오든 무조건 배신하는 것이 나은 선택이라는 것이다. 동료가 배신해서 범죄를 털어놓으면, 자기도 범죄를 털어놓았기 때문에 비교적 가벼운 처벌을 받는다. 동료가 입을 다물고 있었다면, 자기는 배신했기 때문에 석방될 수 있다. 그 결과로 (합리적인) 두 사람이 이런 상황에 처하면 두 사람 다 범죄를 시인할 것으로 기대된다. 물론 그들로서는 조금 불행한 일이다. 협력했다면 짧은 형기를 언도받을 수 있지만 협력에 실패해서 더 무거운 처벌을 받기 때문이다. 다음의 책에는 죄수의 딜레마의 역사와 이것을 탐구한 과학자들에 대한 흥미로운 이야기가 나온다. William Poundstone, *Prisoner's Dilemma* (New York: Random House, 1992). (한국어판 『죄수의 딜레마』(박우석 옮김, 양문, 2004년) — 옮긴이). 죄수의 딜레마(와 연관된 게임들)는 미국과 소련의 냉전 때 전략 분석에 큰 역할을 했다. 다행스럽게도 정치가들은 단순한 게임에 대한 '합리적' 분석에 전적으로 귀를 기울이지는 않았다. 1950년대 초에 영특한 수학자이며 게임 이론의 창시자 중 한 사람인 존 폰 노이만(John von Neuman)이 미국의 유일한 합리적인 선택은 소련에 즉각 전면적인 핵 공격을 퍼붓는 것이라고 주장한 이야기는 유명하다.

8. 호혜적 이타주의의 아이디어는 다음의 문헌에 처음 소개되었다. Robert Trivers in "The evolution of reciprocal altruism," *Quarterly Review of Biology* 46 (1971): 35-57. 오늘날 연구자들은 호혜적 이타주의의 논리를 계속 연구하고 있고, 이것은 처음 나왔을 때보다 좀 더 미묘한 점이 있음이 알려졌다. 두 행위자가 죄수의 딜레마 게임을 한 번만 하지 않고 여러 차례 반복할 때의 상황을 생각해 볼 수 있다.

행위자들이 엄밀하게 합리적이면, 그들이 정해진 횟수만큼 만나는 상황에서는 협력하지 않으려고 한다. 설명은 다음과 같다. 그들이 100번 만난다고 하자. 합리적인 행위자는 먼저 마지막 만남에서 어떤 일이 일어날지 생각한다. 이 만남에서는 미래에 다시 마주칠 일이 없기 때문에 지금 잘해 줘도 돌려받을 것이 없다. 그러므로 마지막 만남에서는 두 행위자가 모두 배신하는 것이 현명한 일이라고 판단할 것이다. 따라서 마지막 만남에서는 두 행위자가 서로 배신한다는 것이 결론이다 그러면 99번째 만남은 어떨까? 100번째 결과가 정해졌기 때문에, 99번째 만남에서도 협력할 이유가 없다. 따라서 이때도 배신하는 것이 더 나은 전략이며, 이렇게 계속된다. 이 논리에 따라 합리적인 두 행위자는 한 번도 협력하지 않겠다고 결정할 것이다. 불행하게도 이렇게 되면 깊이 생각하지 않는 두 행위자에 비해 당사자들은 큰 손해를 입게 된다. 하지만 다행스럽게도 실제의 사람들은 실제의 죄수의 딜레마 게임을 할 때 이런 방식으로 생각하지 않는다. 1950년대의 초기 연구에서는 만남의 수를 정해 놓아도 행위자들은 협력해서 더 나은 결과를 얻는 법을 금방 배운다는 것이 알려졌다.

아마도 호혜적 이타주의에 대한 가장 매력적인 연구는 1980년대에 수행한 액설로드의 연구일 것이다. 액설로드는 여러 가지 견해를 가진 과학자들이 내놓은 논리적 전략으로 반복적인 죄수의 딜레마 토너먼트를 벌였다. 각각의 전략은 다른 게임 참가자들의 최근 행동을 바탕으로 다음 게임에서 협력할지 배신할지를 결정한다. 연구자들은 매우 정교한 알고리듬을 내놓았지만, 그중에서 가장 단순한 전략이 토너먼트에서 우승했다. '맞대응(tit for tat) 전략'이라고 부르는 이 전략은 처음에는 협력하고, 그다음부터는 상대방이 바로 전 게임에서 했던 대로 한다는 것이다. 상대방이 협력했으면 그다음 게임에서 나도 협력하고, 상대방이 배신했으면 나도 배신하는 것이다. 이 전략은 배신에 대해 벌을 주고 협력에 대해 상을 주는 것이다. 액설로드가 말했듯이, "맞대응 전략이 항상 성공하는 것은 잘 대해 주고, 보복하고, 용서하고, 명확하기 때문이다. 잘 대해 주기 때문에 불필요한 갈등이 일어나지 않는다. 보복하기 때문에 상대방이 계속해서 배신하지 못한다. 용서하기 때문에 상호 협력이 회복될 수 있다. 그리고 명확하기 때문에 다른 게임 참가자들이 잘 알 수 있고, 따라서 장기간 협력이 가능하다."

호혜적 이타주의에 관해 액설로드가 쓴 고전적인 책은 다음과 같다. *The Evolution of Cooperation* (New York: Basic Books, 1985). (한국어판 『협력의 진화』(이경식 옮김, 시스테마, 2009년) — 옮긴이).

9. 다음 책에서 인용했다. Robert Axelrod, *The Evolution of Cooperation* (New York: Basic Books, 1985).
10. 앞의 책.
11. 앞의 책.
12. 다음 문헌 참조. Leda Cosmides and John Tooby, *Evolutionary Psychology: A Primer*, 인터넷에서도 이 문헌을 볼 수 있다. http://www.psych.uscb.edu/research/cep/primer.

html.
13. 다음 문헌 참조. Joseph Henrich et al., "In Search of Homo Economicus. Behavioral Experiments in 15 Small-Scale Societies," *American Economic Review* 91 (2001): 73-78.
14. 연구자들은 최근 몇 해 동안 여러 차례 이 게임을 수행했고, 여기에서 수많은 매혹적인 변형을 시도해 보았다. 전체적인 개관은 다음 문헌 참조. Ernst Fehr and Urs Fischbacher, "The Nature of Human Altruism," *Nature* 425 (2003): 785-791.
15. 다음 문헌 참조. Robert Frank, Thomas Gilovich, and Dennis Regan "Does Studying Economics Inhibit Cooperation?" *Journal of Economic Perspectives* 7 (1993): 159-171: and also Robert Frank, Thomas Gilovich, and Dennis Regan, "Do Economists Make Bad Citizens?" *Journal of Economic Perspectives* 10 (1996): 187-192.
16. 이 연구는 반복적인 죄수의 딜레마 게임을 하는 개인에 주목한다. 다음 문헌 참조. James Rilling et al., "A neural basic for social cooperation," *Neuron* 35 (2002): 395-405.
17. Dominique J.-F. de Quervain et al., "The Neural Basis of Altruistic Punishment," *Science* 305 (2004): 1254-1258.
18. "Accessing Technology Transfer," 1966 NASA report SP-5067, 9-10.
19. Terence Burnham and Dominic Johnson, "The Biological and Evolutionary Logic of Human Cooperation," *Analyse & Kritik* 27 (2005): 113-135.
20. Ernst Fehr and Joseph Henrich, "Is Strong Reciprocity a Maladaptation?" in *The Genetic and Cultural Evolution of Cooperation*, ed. P. Hammerstein (Cambridge: MIT Press, 2005).
21. Gereth Hardin, "The Tragedy of the Commons," *Science* 162 (1968): 1243-1248. 인터넷에서도 이 문헌을 볼 수 있다. http://dieoff.com/page95.htm.
22. 다음 문헌 참조. Fehr and Fischbacher, "Nature of Human Altruism," 785-791.
23. Ernst Fehr and Simon Gachter, "Altruistic Punishment in Humans," *Nature* 415 (2002): 137-140.
24. Reay Tannahill, ed., *Paris in the Revolution* (London: The Folio Society, 1966).
25. Robert Wright, *Nonzero* (New York: Pantheon, 2000). (한국어판 『넌제로』(임지원 옮김, 말글빛냄, 2009년) — 옮긴이).
26. 전통적인 경제학에서는 피고용자들은 처벌의 위협을 받았을 때 일을 더 잘한다고 한다. 그러나 공정성의 감각 때문에 놀라운 일이 일어난다. 예를 들어 에른스트 페르와 동료들은 처벌할 때 피고용자들의 노력이 감소하는 것을 실험에서 관찰했는데, 이것은 공

정하지 못한 대우를 받았기 때문에 나오는 대응이다. 상을 주는 것이 처벌보다 더 잘 듣는다는 것은 동물 조련사들이 오래전에 터득한 교훈이다. 그렇다고 처벌이 무용하지는 않다. 어떤 경우에는 처벌이 유용하지만, 실제로 처벌을 가하지 않을 때 그렇다. 페르와 동료들의 관찰에 따르면 처벌이 원칙적으로 가능하지만(예를 들어 계약에 명시되는 등) 관리자가 절대로 사용하지 않거나 거의 사용하지 않을 때 가장 좋은 결과가 나왔다. 피고용자들은 처벌하지 않는 것을 협력적인 행동이라고 보고 더 열심히 해서 감사의 뜻을 전하려고 하며, 처벌이 불가능할 때보다 더 열심히 일한다.

7. 왜 우리는 집단주의에 빠지는가?

1. 파워가 그의 책 *A Problem from Hell: America in the Age of Genocide* (New York: Basic Books, 2002). (한국어판 『미국과 대량 학살의 시대』(김보영 옮김, 에코리브르, 2004년) — 옮긴이).에서 웅변적으로 보여 주듯이, 모든 나라 사람들 특히 미국 사람들은 20세기에 일어난 인종 청소에 대해서 믿을 수 없다면서 아무 대응도 하지 않는 전형적인 반응을 보였다. 믿을 만한 증언, 사진, 동영상으로 시체가 산처럼 쌓인 극악무도함이 너무나 뚜렷한데도 사람들과 정치가들은 언제나 느리게 반응했다. 마치 이런 일은 믿을 수 없다는 듯이 말이다.
2. Friedrich von Hayek, *The Road to Serfdom* (London: Rout ledge, 1944). (한국어판 『노예의 길』(김이석 옮김, 나남출판, 2006년) — 옮긴이).
3. 셰리프의 고전적인 연구를 인터넷에서 볼 수 있다. http://psychclassics.yorku.ca/Sherif/.
4. 다음 문헌 참조. "Pardons Granted 88 Years After Crimes of Sedition," *New York Times*, May 3, 2006.
5. 물론 더 복잡한 전략도 있을 수 있다. 예를 들어 노란 사람들은 초록과 파란 사람들과 협력하고 빨간 사람과 노란 사람과는 협력하지 않을 수도 있다. 이런 전략을 포함시켜도 큰 효과는 나타나지 않았다.
6. 액설로드와 해먼드는 컴퓨터 모형에 실제로 학습을 추가하지는 않았고, 잘해 나가는(타인과의 상호 작용에서 번성하는) 행위자들이 더 많은 자손을 낳는 경향이 있다고 가정했다. 이렇게 하면 같은 기질(색깔, 전략)을 가진 사람들이 늘어나게 된다. 그러나 이렇게 해도 전체적인 추이는 개인들이 잘 되는 사람들의 전략을 모방할 때와 비슷하다고 그들은 지적했다. 둘 다 효과적인 전략이 그렇지 않을 것들을 밀어내는 메커니즘을 제공한다.
7. Ross Hammond and Robert Axelrod, "The Evolution of Ethnocentrism,". 인터넷에서도 볼 수 있다. http://www-personal.umich.edu/~axe/research/Hammond-Ax_Ethno.pdf.
8. Peter J. Richerson and Robert Boyd, *Not By Genes Alone: How Culture Transformed*

Human Evolution (Chicago: University of Chicago Press, 2004). (한국어판 『유전자만이 아니다』(김준홍 옮김, 이음, 2009년) — 옮긴이). Richard McElreath, Robert Boyd, and Peter J. Richerson, "Shared norms and the evolution of ethnic markers," *Current Anthropology* 44 (2003): 122-129.

9. Power, *Problem from Hell*.
10. 단일 원자의 힘은 아주 작지만, 작은 쇳조각의 모든 원자들(그 수는 대략 1에 0이 24개 붙는 정도이다.)의 힘이 합쳐지면 무시할 수 없는 정도가 된다.

8. 부자 아빠의 음모, 가난한 아빠의 과학

1. 폴 퍼셀은 이 예를 그의 뛰어난 책에서 언급했다. *Wartime*(Oxford: Oxford University Press, 1989) 이 책은 루머 등의 심리 장치가 전시에 병사들과 민간인들이 느끼는 공포와 불확실성을 완화하는 역할을 탐구했다.
2. Donna Kossy, *Kooks: A Guide to the Outer Limits of Human Belief* (Los Angeles: Feral House, 1994).
3. Edward Wolff, "Changes in Household Wealth in the 1980s and 1990s in the U.S." Working Paper No. 407, The Levy Economics Institute. Available online at www.levy.org.
4. Donald Brown, "Human Universals, Human Nature and Human Culture," *Daedalus* 33 (2004): 47-54.
5. J. Flemming and J. Micklewright, "Income Distribution, Economic Systems and Transition," Innocenti Occasiona Papers, Economic and Social Policy Series No. 70 (Florence UNICEF International Child Development Centre, 1999). 다음 문헌도 참조. Michael Alexeev, "The Effect of Privatization on Wealth Distribution in Russia," Working Paper No. 86 (The William Davidson Institute, 1998).
6. John Kenneth Galbraith, *A History of Economics* (London: Penguin, 1991).
7. 부의 분포를 설명하기 위한 표준적인 경제학 모형은 많이 제안되어 있다. 그것들은 일반적으로 함께 작동하는 많은 복잡한 요인들에 호소한다. 예를 들어 이 주제에 관한 한 논문은 "소득의 변화, 기업 소유의 변화, 우량 자산의 높은 수익률, 무작위적인 자본 획득, 최소 소비 수준 보장을 위한 정부 정책, 결혼과 건강의 변화"가 모두 부의 분포에 기여한다고 말한다. 부의 분포 형태는 모든 나라에서 보편적인데도 말이다. 다음 문헌 참조. V. Quadrin and J. V. Rios-Rull, "Understanding the U.S. Distribution of Wealth," *Federa Reserve Bank of Minneapolis Quarterly Review* 21 (1997): 22-36.
8. Jean-Philippe Bouchaud and Marc Mezard, "Wealth condensation in a simple model of

economy," *Physica A* 282 (2000): 536.
9. 그렇다고 재능과 노력이 아무런 역할을 하지 않는다는 것은 아니고, 주도적인 요인이 단순한 운 때문이라는 것뿐이다. 사실 경제학자들은 오래전부터 운이 중요한 역할을 한다고 의심해 왔다. 예를 들어 하버드 대학교의 교수 크리스토퍼 젱크스(Christopher Jenks)와 동료들은 오래전에 비슷한 환경에서 자란 유전적인 형제들 사이의 소득 불평등은 전체 인구의 불평등과 대략 비슷하다고 논했다. 다음 책 참조. Christopher Jencks, *Inequality* (New York: Basic Books, 1972).
10. 다음 문헌 참조. M. Simkin and V. Roychowdhury, "Theory of aces: high score by skill or luck?" 인터넷에서도 볼 수 있다. http://www.arxiv.org/pdf/physics/0607109 물리학자 엔리코 페르미(Enrico Fermi)는 원자 폭탄 개발 계획 당시에 미국 장군 레슬리 그로브스(Leslie Groves)에게 비슷한 점을 지적했다. 페르미는 그로브스 장군에게 당신은 "위대한 장군"을 어떻게 정의하느냐고 물었고, 그로브스는 "전투에서 다섯 번 거듭 이기는 사람"이라고 대답했다. 그러자 위대한 장군이 몇 사람이나 있느냐고 페르미가 물었고, 그로브스는 100명에 셋쯤 된다고 대답했다. 페르미는 장군들이 단순히 운에 의해 이긴다고 해도 다섯 번 거듭해서 이길 확률은 32분의 1이라고 지적했다. 따라서 장군 100명 중에 5연승을 거두는 장군이 세 명쯤 있게 된다. 따라서 페르미는 위대한 장군이 능력보다는 운으로 만들어진다고 결론을 내렸다.
11. 다른 연구자들이 이 초기 연구를 계속하고 있다. 특히 연구자들은 아주 조금 복잡한 모형이 부유한 끝쪽뿐만 아니라 부의 전체 분포를 잘 설명한다는 점은 입증했다. 다음 문헌 참조. Nicola Scafetta, Bruce West, and Sergio Picozzi, "A trade-investment model for distribution of wealth," *Physica D* 103 (2004): 338-52.
12. 이것은 유역 면적이 두 배가 되면 그런 규모의 강은 2.7배로 줄어든다는 뜻이다. 유역이 1,000제곱킬로미터인 강이 100개이면, 유역이 2,000제곱킬로미터인 강은 37개뿐이라는 뜻이다. 다음 책 참조. Ignacio Rodriguez-Iturbe and Andrea Rinaldo, *Fnactal River Basins* (Cambridge: Cambridge University Press, 1997).
13. 나는 자연 세계에서 멱함수 법칙이 널리 퍼져 있음을 설명하는 책을 썼다. 다음 책 참조. *Ubiquity* (London: Weidenfeld & Nicolson, 2000) (한국어판 『세상은 생각보다 단순하다』(김희봉 옮김, 지호, 2004년) — 옮긴이). and *Nexus* (New York: W. W. Norton, 2002). (한국어판『넥서스』(강수정 옮김, 세종연구원, 2003년) — 옮긴이).
14. G. Caldarelli et al., *European Physical Journal B* 38 (2004): 387-91.
15. 다음 문헌 참조. Hal Varian, "In the debate over tax policy the power of luck shouldn't be overlooked," *New York Times*, May 3, 2001.

16. Robert Axtell, "Zipf Distribution of U.S. Firm Sizes," *Science* 293 (2001): 1818-20.
17. 이것은 처음에 물리학자들과 공동으로 연구하던 경제학자가 발견했다. 다음 문헌 참조. Michael Stanley et al., "Scaling Behavior in the Growth of Companies," *Nature* 379 (1996): 804-806.
18. 통상적인 경제학의 세 번째 비현실적인 기둥은 평형 개념이다. 통상적인 경제 이론은 개인을 철저하게 합리적이고 탐욕스럽다고 보며, 경제적 결과는 작용하는 여러 힘들의 집합적인 균형을 반영한다고 본다. 경제 이론의 표준적인 처방은 어떤 상황에서 다양한 참여자들이 추구하는 것에 대한 가정을 만들고, 그들의 충돌하는 목표들의 상호 작용이 어디로 가는지 알아보고, 이때 어떤 종류의 시장 메커니즘에 의해 정적인 '평형'이 이루어진다고 본다. 경제학자들은 이 평형을 이해하고 특성을 알아보려고 한다. 불행하게도 이러한 제한적인 전망은 경제학의 사고가 변화와 진화를 고려하지 못하도록 했다. 이것은 경제계가 평형을 찾아가는 동역학에 관한 것이다. 더 나쁜 점은, 많은 연구자들이 경제 분석 자체가 처음부터 평형이 있다고 가정하고 시작한다는 사실을 잊어버린다는 것이다. 이것은 활동이 평형에 도달하지 않고 계속해서 진화하고 새로움을 만들어 내는 계를 전혀 이해할 수 없게 한다. 이것이 아마 브라이언 아서의 엘 파롤 바 게임을 바탕으로 하는 시장 모형이 진짜 시장을 그렇게 효율적으로 묘사하는 이유일 것이다. 이것들은 자연스러운 '비평형계'의 모형을 제공하는 반면에, 정통 경제학은 실제의 시장을 평형의 틀에 가두려고 한다.
19. Robert Axtell, "The Emergence of Firms in a Population of Agents," Technical Report CSED, Working Paper No. 3 (Brookings Institution, 2001).

9. 우리는 아는 만큼 나아간다

1. 이 예는 롭 노턴(Rob Norton)의 에세이에서 다루어졌고, 이것을 인터넷에서 볼 수 있다. http://www.econlib.org/library/Enc/Unintended Consequences.html.
2. Robert K. Merton, "The Unanticipated Consequences of Purposive Social Action," *American Sociological Review* 1, no. 6 (December 1936): 894-904.
3. Alex Marshall, "Crash and Burn," *Salon*, April 16, 2006. Available online at http://dir.salon.com/story/opinion/feature/2005/04/16/airline_woes/print.htm.
4. David Hume, *An Enquiry Concerning Human Understanding* (Boston: P. F. Collier & Son, 1910), originally published in 1748.
5. Jerry Muller, *Adam Smith in His Time and Ours* (Princeton: Princeton University Press, 1995).

6. 여러 연구들이 1980년대 이후에 전 세계적으로 부의 불평등이 심화되었음을 보여 준다. 아르헨티나, 중국, 파키스탄, 남아프리카와 같은 개발 도상국뿐만 아니라 오스트레일리아, 핀란드, 영국, 미국과 같은 산업 국가에서도 그렇다. 뉴욕 대학교의 경제학자 에드워드 울프(Edward Wolff)의 자세한 연구에 따르면, 미국에서 부의 불평등은 1929년부터 1970년대 중반까지 천천히 줄어들었다. 그러나 그때부터 부의 불평등이 거의 두 배로 늘어났다. 이 기간 동안에 최상위 1퍼센트의 가구의 소득이 두 배로 늘었고, 가장 가난한 10퍼센트의 가구들은 한 세대 전의 표준보다 생활 수준이 낮아졌다. 1998년에 실시된 연방 준비 은행 소비자 가계 조사에 따르면 최상위 1퍼센트의 가구들이 모든 부의 38퍼센트를 소유하고, 상위 5퍼센트가 부의 절반을 소유하고 있다. 이것은 모든 선진국들 중에서도 가장 높은 수준이다.
7. Giovanni Cornia and Julius Court, "Inequality, Growth and Poverty in the Era of Liberalization and Globalization" (World Institute for Defelopment Economics Research, 2001).
8. John Gray, *Straw Dogs* (London: Granta, 2002). (한국어판 『하찮은 인간, 호모 라피엔스』(김승진 옮김, 이후, 2010년) — 옮긴이).
9. Peter Turchin, *War & Peace & War* (New York: Pi Press, 2005).
10. Edward Glaeser, Jose Scheinkman, and Andrei Shleifer, "The Injustice of Inequality," *Journal of Monetary Economics* 50 (2003): 199-222.
11. Robert Laughlin, *A Different Universe* (New York: Basic Books, 2005). (한국어판 『새로운 우주』(이덕환 옮김, 까치, 2005년) — 옮긴이).
12. Sam Harris, *The End of Faith* (New York: W. W. Norton, 2004). (한국어판 『종교의 종말』(김원옥 옮김, 한언출판사, 2005년) — 옮긴이).

옮긴이 후기

사회도 원자로 이루어져 있다

리처드 파인만은 그의 유명한 『물리학 강의』 1강에서 이렇게 질문한다. "만약에 인류가 파멸을 맞게 되어 모든 과학 지식이 없어진다고 하자. 그래서 다음 세대의 생물에게 남길 수 있는 말이 단 한 마디만 허용된다면, 어떤 문장이 가장 짧은 말로 가장 많은 정보를 전달할 수 있을까?" 이렇게 말한 파인만은 그 답으로 "세계는 원자로 이루어져 있다."라는 문장을 선택한다.

말할 것도 없이 원자는 현대 과학의 핵심적인 개념이다. 100여 종류의 원자가 어떻게 덩어리를 이루는가에 따라 온갖 성질을 가진 물질이 된다. 원자들이 촘촘히 늘어서 있으면 고체가 된다. 이 원자들은 한자리에 있기는 하지만 그 자리에서 요동을 치는데, 이것을 열이라고 부른다. 원자들이 요동을 심하게 치다 보면 고체가 깨져서 액체가 된다. 원자의 요동 또는 운동이 더 심해지면 액체 상태를 유지하지 못하고 기체가 된다. 물질은 원자로 이루어져 있다는 한 마디 말로 물이 왜 얼음도 되었다가 증기도 되었다가 하는지 모두 이해할 수 있다.

파인만의 말을 다시 들어보자.

모든 물체는 원자로 이루어져 있다.—이 작은 입자는 조금 떨어져 있으면 서로 끌어당기고, 밀착되면 반발하면서 영구히 운동한다. 상상력을 조금만 발휘하면, 이 한 문장에 세계에 대한 **방대한** 정보가 들어 있음을 알게 될 것이다.

그렇다. 상상력을 조금만 보태면, 세계를 통째로 이해할 수 있다. 이제 중요한 건 해결되었고, 사소한 상상력만 남았다. 이 상상력을 어떻게 펼쳐 나가는가에 따라 화학도 만들어지고 물리학도 만들어질 것이다. 그런데 이 책은 원자라는 아이디어를 엉뚱하게도 사람과 사회에 적용하자고 말한다. 원자로 이루어진 물질을 이해하는 방식으로 사람으로 이루어진 사회를 이해하자는 것이다. 그래서 사람을 '사회적 원자'라고 부른다.

이 책을 이미 읽은 독자는 신선한 이야기들과 의외의 통찰들에 재미를 느끼면서도 낯설고 혼란스럽다는 느낌을 지우기 어려웠을 것이다. 이런 독자들을 위해 이 책의 흐름을 조금 살펴보자.

'인간'을 과학적으로 다룬다는 것

물질 세계에서 엄청난 힘을 발휘하는 원자라는 아이디어가 과연 사람 사는 세상에도 통할 수 있을까? 사회적 원자를 말하려면 먼저

이 질문부터 설득력 있게 답해야 할 것이다. 「책을 시작하며」와 1장, 2장이 이 문제를 다루고 있다. 지식의 갈래를 대략 생각해 보면, 인간 자신에 직접 관련된 것과 그렇지 않은 것으로 나눌 수 있을 것이다. 이 두 갈래의 지식을 알아내는 방법은 전통적으로 구분되어 있다. 이런 구분이 있는 이유는 어쩌면 너무 뻔하겠지만, 여기에서 다시 말해 보면, 인간은 자연의 나머지 부분과 달리 대단히 복잡하고 변덕이 심하며 또 클레오파트라의 코처럼 인간사에는 사소한 일이 결정적인 흐름을 돌려 놓는 일이 많다는 것이다. 거칠게 요약하면 복잡성과 우발성이라고 볼 수 있겠다. 여기에 대한 답은 이렇다. 먼저 구성 단위가 매우 복잡하다고 해도 집단에 중요한 것은 패턴이며, 전체의 패턴을 결정하는 요소는 의외로 간단할 수 있다. 또 인간 역사에 우발성이 있지만 지질학이나 생물학에도 우발성이 존재하며, 이 과학들은 우발성에 효율적으로 대처하고 있다. 따라서 인간이라고 해서 굳이 특별한 접근법이 필요하지 않고, 자연 과학에서 검증된 방법을 적절히 사용하면 좋은 결과가 나올 수 있을 것이다.

  미국에서 흑인과 백인의 주거 지역이 확연히 나뉘어 있었던 이유가 두 집단이 서로를 싫어해서가 아니라, 마치 얼었다 녹았다를 반복하는 동안 조금씩 분리되는 북극의 자갈과 흙더미처럼 작은 차이의 반복 때문에 분리된 결과일 수 있다고 암시한다. 또 불이 난 극장에서 군중들이 탈출할 때 입구에 장애물이 적절한 위치에 있으면 더 효과적으로 여러 사람이 빠져나갈 수 있다든가, 인파들로 빽빽한 곳에서 누구의 의도와도 다른 흐름이 생겨나는 것과 같은, 개인보다는 전체적 패턴이 더 중요하다는 예를 보여 준다. 그런데 종래의 사회과학은 고전에 주석을 달고 주석에 또 주석을 달고, 여기에 대해 논쟁하는 방식을 고수하고 있다. 여기에 비해 자연 과학은 자료 축적, 자료에서 규칙성 찾기, 그 규칙성의 배후에 있는 원인을 찾아내기로 나아간다. 그 예가 바로 브라헤-케플러-뉴턴으로 이어지는 발전이다. 브라헤는 행성 운행의 정확한 자료를 남겼고, 케플러가 엄청난 수학적 노고로 행성 운행의 규칙성을 찾아냈고, 뉴턴은 이 규칙성이 거리의 역제곱에 비례하는 중력 때문임을 밝혔다. 개체보다는 전체의 패턴을 중시하면서 이러한 과학의 방법을 사용하면 인간 과학을 시도해 볼 만하다는 것이다.

단순화가 과학적 '설명'이라는 '기적'을 낳는다

그렇다면 사회적 원자라는 아이디어를 어떻게 전개해 나갈 수 있는가? 우선 원자의 성질을 어느 정도 밝혀내야 할 것이고, 그러한 원자가 이루는 원자 집단, 즉 사회가 어떻게 작동하는지 살펴봐야 할 것이다. 3장은 사회적 원자의 기초적 성질을 다루고 있고, 그 뒤의 장들은 사회적 원자가 여럿이 한 데 뭉쳐 있을 때 어떤 일이 일어나는지 탐구하고 있다.

우선, 사회적인 원자인 인간의 사고 본능은 합리적이지 않다. 인간의 뇌는 석기 시대나 그 이전의 수렵과 채집으로 살아가던 상황에 맞게 진화했고, 현재의 사람들도 크게 다르지 않다. 또 우리가 마주치는 많은 일들이 합리적인 사고로는 해결 불가능한 문제들도 많다. 예를 들어 사람들이 붐비지 않는 한가한 날만 골라서 바에 가는 게임

이 그런 것이다. 이것은 타인의 생각을 추측해서 반대로 행동해야 하고, 나의 결정이 타인의 견해에 영향을 주고, 또 타인의 견해가 나의 결정에 영향을 주기 때문에 합리적인 사고만으로 풀 수 없는 문제이다. 이것은 단지 재밋거리에 불과한 문제가 아니다. 주식 가격, 부동산 투기 열풍, 패션의 유행 등이 모두 논리적으로 이것과 유사하기 때문이다.

게다가 사람은 천성적으로 다른 사람을 잘 흉내 내기 때문에 헛소문이 쉽게 나돌고 핸드폰이 빠르게 보급되기도 한다. 이런 현상들은 물리학에서 말하는 상전이와 비슷하게 전개되며, 상전이는 원자를 자성의 방향을 나타내는 화살표로만 생각하는 방식으로 잘 설명할 수 있다. 결국 인간 세상에서 일어나는 일도 사람을 화살표처럼 단순한 대상으로 치환해 놓고 보면 더 나은 이해에 도달할 가능성이 있는 것이다.

사람은 다른 사람의 흉내를 잘 내고, 주위에 적응하며, 서로 잘 협력한다. 6장은 협력하는 사람들의 대표적인 예를 보여 준다. 동남아에 쓰나미가 일어났을 때 수많은 자원봉사자들과 기부금이 그런 예이다. 이러한 자발적인 협력은 얼핏 보기에 자연 선택 이론으로 잘 이해하기 힘들다. 자연 환경에서 두 개체가 만났을 때 협력하기보다 배신하는 것이 이득이기 때문에, 자연 선택은 협력적인 개체를 선호하지 않을 것이다. 여기에 대해서는 자연 선택이 개체 단위가 아니라 집단 단위로 이루어지고, 협력적인 개체는 집단 내 개체 간 경쟁에서는 불리하지만 그가 소속된 집단의 생존에 유리하기 때문에 후대에 살아남는다는 것이다.

그런데 이 협력이 또 동전의 양면이다. 집단 내의 협력은 집단의 구성원이 아닌 개체에 대한 배척으로 나타나고, 이것이 어떤 상황에서는 엄청난 민족 간 불화와 전쟁과 학살을 부른다는 것이다. 인간 본능에 뿌리박힌 협력은 현대 기업의 부침에도 영향을 준다. 크게 보아 기업은 협력과 무임 승차의 밀고 당기기에 따라 흥망이 결정된다. 협력이 효과적이면 집단이 융성해지고, 그 집단 속에서 협력의 열매만을 따 먹고 의무를 다하지 않는 얌체들이 늘어나면 협력이 와해되어 집단은 사멸의 길을 걷는 것이다.

다시 한번 이 책을 요약하자면, 사람을 원자로 보고, 전체의 패턴에 크게 기여하는 핵심만 남겨두고 군더더기는 없애버리는 단순화를 통해서, 통계 물리학의 아이디어로 사회 현상에 중요한 통찰을 얻을 수 있다는 것이다. 이렇게 하기 위해서는 흄과 스미스와 같은 과거의 통찰로 돌아가서 현대의 발전된 컴퓨터와 사고 방식을 가지고 연구해야 한다는 것이다.

학문의 이종 격투기 현장

이 책에는 흥미로운 이야기가 상당히 많이 들어 있다. 사회적 원자라는 아이디어 말고도, '합리적 선택'이라는 도그마에 매달린 정통 경제학의 오류, 인간의 본능적인 협력 성향의 기원, 인간의 집단성과 그 그늘, 이런저런 사회적 유행이 생멸하는 이유, 차가 막히고 기다리던 시내 버스가 한꺼번에 몰려 오는 이유 등을 흥미진진하게 설명해 낸다. 멀쩡하던 친구들이 청군과 백군으로 나눠서 운동회라도 하면

서로 잡아먹을 듯 사나워지는 것, 5000만이 축구 공 하나로 단합하는 것 등도 이 책을 읽고 나면 조금 이해가 될 것이다. 이해한다고 해서 크게 내 호주머니에 보탬이 되지 않을지도 모른다. 하지만 이 책을 읽고 난 독자는 이제 몇십 분 만에 나타난 시내 버스 기사님께 분통을 터뜨리지는 않을 것이다. 영화「모던 타임스」에서 깃발을 들었다는 이유만으로 애꿎게 군중들의 선두에 서게 된 채플린처럼, 그 기사님도 얄궂은 '사회적 원자 운동'의 희생자일 뿐이다. 이제는 이 '얄궂은 운명'에 대해 어느 정도는 이해가 될 것이다.

10여 년 전에 출판되어 많은 독자들의 사랑을 받은 정재승의『과학 콘서트』이후로 우리는 흥미롭기는 한데 딱히 어디로 분류해야 할지 모르는 과학들을 대중 과학 서적으로도 많이 보아 왔다. 복잡계 과학이라든가 다른 이름들도 있지만, 이 책은 마땅히 어느 서류함에 던져 넣어야 할지 불분명했던 흥미로운 시도들의 한 갈래를 정리해 준다. 물리학과 수학의 알려진 기법을 이용해서 다양한 현상들을 해명하는 노력, 여기에 '사회 물리학'이라는 분야도 들어갈 것이다.

이것은 과학의 시각에서 여러 가지 현상들을 이해하려는 시도이다. 여기에는 자연 과학의 통상적인 영역을 벗어난 주제들도 많이 있다. 한편으로는 과학 밖의 시각으로 과학 자체를 들여다보려는 시도도 많이 나왔다. 이런 것들을 멀리에서 보면, 오래전부터 갈라져 내려오던 지적 전통들의 투쟁이라는 어렴풋한 그림이 보인다. 어쩌면 학문의 이종 격투기라고 할까. 물론 저자는 주요 줄기를 설명하는 데 열중하고 다른 분야와의 논쟁에는 조심스럽지만, 이 책의 논지는 사람들의 종교적 감성을 건드릴 수도 있고, 자연 과학 이외의 학문 진영과도 논란이 될 수 있어 보인다.

  여러 갈래로 길을 모색하고 있는 분야이기에 조금은 명쾌하지 못할 수도 있으나, 이것저것 생각할 거리를 많이 준다. 지금 막 발전해 가고 있는 사회 물리학이라는 신선한 분야를 들여다보는 즐거움을 독자들이 누리기 바란다.

2010년 늦가을

김희봉

찾아보기

가
가상 사회 실험 10
가타리, 펠릭스 258
간디, 인디라 17~18
갈릴레이, 갈릴레오 48
강(江)의 네트워크 222~225
강한 호혜주의 163, 168, 172~174, 177, 184
객관성의 문제 53
갤브레이스, 존 케네스 112, 216
게임 이론 75~76, 154, 161, 267
경제 물리학 139
계몽 사상가 246
계층 구조 203
골턴, 프랜시스 69, 87~88
공룡의 멸종 55
공유지의 비극 169~170, 172
공황 상태 31~32
교통 정체 20~21
구성주의 34
9·11 테러 99, 150, 212
국제 연합(UN) 19, 182, 245
규제 철폐 240~242
그라노베터, 마크 134~139, 265
그레이, 존 247
그로브스, 레슬리 272
근원적 모방 130
글레이서, 에드워드 134, 249
금융 파생 상품 93~94, 100, 262
기거렌저, 게르트 80, 261
기계적 예측 가능성 233
기노시타 도이치로 259

기독교 신학 59
기업 230~232
    기업의 규모 분포 228, 234
    기업의 성장 속도 229~232
긴티스, 허버트 173~174
꼬리감는원숭이 85
끈 이론 60

나
나스닥 117
나치스 16~17, 201
    나치스 돌격대 16~17
내시, 존 75
넬슨, 로버트 261
노이만, 존 폰 267
노턴, 롭 273
뇌 활동 129, 165, 189
뉴턴, 아이작 45, 47~48, 50, 223, 243, 260
니체, 프리드리히 빌헬름 52~53, 237

다
다윈, 찰스 로버트 244
대뇌 피질 86
대통령 지지도 188
대표적 행위자 133, 136
더그데일, 제프리 155~156
도스토예프스키, 표도르 57
독재자 게임 163
되먹임 29, 66, 223, 260

283

두 시스템 79, 86, 88
두꺼운 꼬리 96, 100, 108, 116
뒤르켕, 에밀 34, 195
드레서, 멜빈 266
디페 기습 211

라

라노, 고티에 85
라이트, 로버트 177
라플라스, 피에르시몽 233
랜덤 워크 97
런던 이코노믹스 사 50
레싱, 고트홀트 에프라임 255
레이, 딕시 리 209
로봇 언어의 진화 118~119
로이초드허리, 브와니 220~221
로플린, 로버트 179, 252
롱 텀 캐피털 매니지먼트 사(LTCM) 94~95, 100, 116, 263
르바론, 블레이크 107
르완다 200~201
리더십 188
리베트, 베냐민 86
리처슨, 피터 194~195
리히텐호펜, 만프레트 폰 220~221

마

마라, 장폴 175
마르크스, 카를 49, 247
마셜, 알렉스 240~241
마스, 피터 15
마음 82~83
마이크로소프트 66, 229
만델브로, 브누아 98~100, 108
맞대응 전략 268
매카시 시대 128
맬보, 존 리 132
머튼, 로버트 킹 240
메리웨더, 존 93~94
메이, 로버트 66~67
메자르드, 마르크 218~220
멘켄, 헨리 루이스 13
먹합수 법칙 98~100, 215~216, 223~225, 229, 232, 272

모건 스탠리 41
모드 203
모방 능력 126~127, 131, 145
모의 실험 27, 30, 104, 173, 219~220
무임 승차 230~232
무하메드, 존 앨런 132
문맹 19
문턱값 135~136
믈라디치, 라트코 182~183
미샤르, 퀜틴 139, 141~142
민족 갈등 178, 197~199
민족 중심주의 35, 194, 196~197, 202
밀, 존 스튜어트 49
밀레니엄 브리지 65~66
밀로셰비치, 슬로보단 183, 200~202

바

바실리에, 루이 96, 98
바이어컴 41
반증 가능성 213
배리언, 할 227
뱀 공포증 84
버스 배차 문제 30~31
버클, 헨리 토머스 47~48
번스, 그레고리 128~129, 165
벌린, 아이제이어 63
벌학, 앤드루 259
범용 컴퓨터 82
베나, 자이드 125
베버, 막스 34
베커, 게리 스탠리 69~70, 261
베텔스만 AG 41
보이드, 로버트 173~174, 195
보잉 사 45
보편 법칙 48
보편적 인간 특성 214
복잡계 과학 224
부다페스트 30
부쇼, 장필리프 138~142, 218~220
부시, 조지 188~189
부의 불평등 213~216, 220~222, 234, 249~250, 274
부적응 168~169, 174, 255
불확실성 94
브라운, 도널드 214

브라헤, 튀코 42~45, 260
브로노프스키, 제이컵 103
브루킹스 연구소 228
비평형계 225, 272

사
사고 본능 68, 84
사고 실험 191
사회 과학 32~35, 133, 204, 243
사회 물리학 9, 185, 201~203, 213
사회적 되먹임 72
사회적 원자 28, 35, 83, 119, 176~178, 218
사회적인 되먹임 67
사회적 학습 131
산토스, 로리 85
상관 관계 33, 260
상대성 이론 45
상전이 113, 205
새커도트, 브루스 134
샌타페이 연구소 101
샬레, 다미엔 112
서구 문명 247
세르비아 민병대 15~16, 200
세스나, 짐 259
셰리프, 무자페르 185~186, 270
셸링, 토머스 5~9, 28~29, 32, 135, 190, 257
소수파 게임 105, 113~115, 117
소칼, 앨런 258~259
손실 혐오 84
솔로, 로버트 머튼 93~94, 100, 261~262
솔로몬 브라더스 93
숄스, 마이런 93~94, 262
수리 경제학 154
슈마허, 미하엘 152
스미스, 애덤 28, 34, 49, 67, 226, 244~246, 255
스미스, 프레더릭 에드윈(버컨헤드 경) 73
스턴, 윌리엄 39~42, 46~47
스트로가츠, 스티브 260
스틸스, 뤽 118
스피츠베르겐 섬 25~27, 30
신크먼, 호세 134
실증주의 49
심킨, 미하일 220~221
쓰나미 149~150, 202

아
아르곤 국립 연구소 242
아리스토텔레스 130
아마존 234
아부 그라이브 포로 학대 사건 22~23
아서, 브라이언 91, 101~104, 107~109, 112, 121, 263, 273
아이스너, 마이클 51
악티움 해전 51
안와전두엽피질 165
알렉산더, 조지프 150
애덤스, 헨리 브룩스 199
애시, 솔로몬 127~129
액설로드, 로버트 72, 155, 192~199, 261, 268, 270
액스텔, 로버트 228, 231, 248
액정 25
양자 역학 206
양자 컴퓨터 224
HIV 바이러스 80~81, 212
엑손 229
엔첸스베르거, 한스 마그누스 37
엘턴, 제프리 35
MRI 영상 129
역사 법칙 247
연방 준비 은행(FRB) 95
열역학 9
예측 45
  예측 가능성의 포켓 115
오류 본능 168
우발성 54~55
울프, 에드워드 274
워너, 브래드 26
월식 233
월트 디즈니 사 41, 137
웨스턴, 드루 189
위그너, 유진 폴 106
위어시마, 프레드 132
윈도 66
유역 222, 272
은타리아미라, 키프리엔 201
음모론 212
응집 물질 물리학 60
이베이 234
이오지마 전투 150
인간 과학 47, 54~56, 67

인간 본성 57, 76, 243
인공 경제 219
인공 주식 시장 107~109
인구 폭발 19
인류 발전 단계 49
인종주의 5~8, 185, 250, 257
인플레이션 68

자
자기 모멘트 45, 139~141
자기 조직화 27, 29~32, 60, 66, 108, 153, 214, 252~253, 260
자기 희생 150~151
자발적인 질서 28
자연 선택 83
자유 시장의 우월성 226~227, 261
자유 의지 9, 56~57, 216
잔류 예측 가능성 113~114
장이첸 112
전두엽 129
정관 수술 18
정규 분포 96~97
정밀 과학 204
제너럴 모터스 229
젱크스, 크리스토퍼 272
존슨, 닐 111~115, 117
종교 253~254
종 모양 곡선 96, 100, 263
죄수의 딜레마 266~269
중력 이론 110
중심 극한 정리 263
중앙 집권적 계획 경제 227~228
지구 온난화 10
지대 추구 245
진화적 경쟁 248
진화적 적응 환경 166~168
짐바르도, 필립 조지 22~23, 258
집단 학살 201
집단인 조직화 과정 28

차
참호전 156
처칠, 윈스턴 51
첸, 케이스 85

최후 통첩 게임 161~163
추수의 딜레마 154
친족 선택 266

카
카, 에드워드 헬릿 51, 53~54
카너먼, 대니얼 79, 86, 88, 262
카티, 게리 101
칼다렐리, 구이도 225
캐피털 펀드 매니지먼트 사(CFM) 139
캘혼, 크레이그 258
케네디, 존 F. 212
케르뱅, 도미니크 디 165
케리, 존 189
케슬러, 마크 26
케플러, 요하네스 44~45, 47~48, 50, 59, 223, 260
코르테, 샤를로트 175
코소보 폴레 200
코스, 로널드 해리 227
코페르니쿠스의 원리 59
콩트, 오귀스트 49
쿠퍼, 윌리엄 212
쿼크 206
클레오파트라의 코 문제 51~54

타
타워 브리지 65
타임스 스퀘어 39~42, 46, 51~52, 61, 137~138, 142
탈러, 리처드 73, 75~77, 101, 261
터친, 피터 248
토인비, 아널드 조지프 247
톰슨, 윌리엄 83
톰슨, 존 149~150, 266
투비, 존 83
투치 족 201
툰드라 25, 108
트라오레, 보나 125
트레이시, 마이클 132
트버스키, 아모스 79
티토, 요시프 브로즈 197

파

파레토 249
파레토, 빌프레도 215, 218
파르스베르그, 만데루프 42
파울리, 볼프강 56
파워, 사만다 181~183, 270
팔머, 리처드 107
패거리 행동 188
퍼셀, 폴 271
페르, 에른스트 165, 170, 172, 269~270
페르미, 엔리코 272
펠드먼, 줄리언 102~103
펭귄의 딜레마 130~131
평생 저축 이론 71
평형 224, 229, 234, 273
포드, 제럴드 188
포스트모더니즘 34~35, 54, 258~259
포퍼, 카를 57~58, 213
폴라니, 칼 265
프랑스 혁명 175
프랭크, 로버트 152
프레더릭, 셰인 78
프리드먼, 밀턴 33, 109~110
플라톤 195
플러드, 메릴 266

하

하딘, 개릿 170
하뱌리마나, 주베날 201
하이에크, 프리드리히 아우구스트 폰 28, 184, 226
하프너, 세바스티안 16~17
합리적 선택 이론 70~79, 87, 110~111
해리스, 샘 254
해먼드, 로스 192~199, 270
해밀턴, 윌리엄 266
핵무기 재확산 10
허리케인 카트리나 124~125
헛소문의 확산 124~125
헤지 펀드 139
헨리히, 조지프 162~163, 168
헬빙, 디르크 29~32, 258
협력 지향적 경향 167
호퍼, 에릭 145
호혜적 이타주의 155, 157, 167, 184, 267~268

혼돈 67~68, 191
홉스, 토머스 34, 152
화성
 (겉보기) 역행 운동 43~44
 하천 네트워크 225
화이트헤드, 앨프리드 노스 46, 258
환경 오염 10
환원 68
획일성 146
후쿠야마, 프랜시스 87
후투 족 17, 201
흄, 데이비드 154, 164, 170, 243~246, 255
흐로호, 미로슬라프 200
히틀러, 아돌프 201

옮긴이 **김희봉**

연세 대학교 물리학과를 졸업하고 동 대학원에서 물리학을 전공했다. 현재 과학서 전문 번역가로 활동하고 있다. 옮긴 책으로는 『아이작 뉴턴』(공역), 『냉장고의 탄생』, 『E=mc²』, 『천재성의 비밀』, 『파인만 씨, 농담도 잘하시네!』, 『나는 물리학을 가지고 놀았다』, 『과학의 변경 지대』, 『위대한 물리학자』 등이 있다.

THE SOCIAL ATOM

사회적 원자

1판 1쇄 펴냄 2010년 8월 14일
1판 18쇄 펴냄 2024년 5월 31일

지은이 마크 뷰캐넌
옮긴이 김희봉
펴낸이 박상준
펴낸곳 (주)사이언스북스

출판등록 1997. 3. 24.(제16-1444호)
(06027) 서울특별시 강남구 도산대로1길 62
대표전화 515-2000, 팩시밀리 515-2007
편집부 517-4263, 팩시밀리 514-2329
www.sciencebooks.co.kr

한국어판 ⓒ (주)사이언스북스, 2010. Printed in Seoul, Korea.

ISBN 978-89-8371-246-2 03400